복 있는 사람

오직 여호와의 율법을 즐거워하여 그 율법을 주야로 묵상하는 자로다.
저는 시냇가에 심은 나무가 시절을 좇아 과실을 맺으며 그 잎사귀가 마르지 아니함 같으니
그 행사가 다 형통하리로다.(시편 1:2-3)

교의학 개요

Karl Barth Dogmatik im Grundriß

칼 바르트

교의학 개요

사도신경에 담긴 기독교 진리

칼 바르트 지음 | **신준호** 옮김

복 있는 사람

칼 바르트 교의학 개요

2015년 3월 31일 초판 1쇄 발행
2022년 5월 13일 초판 4쇄 발행

지은이 칼 바르트
옮긴이 신준호
펴낸이 박종현

(주) 복 있는 사람
주소 서울특별시 마포구 연남동 246-21(성미산로23길 26-6)
전화 02-723-7183, 7734(영업·마케팅) 팩스 02-723-7184
이메일 hismessage@naver.com
등록 1998년 1월 19일 제1-2280호

ISBN 978-89-6360-154-0 03230

이 도서의 국립중앙도서관 출판시도서목록(CIP)은
서지정보유통지원시스템 홈페이지(http://seoji.nl.go.kr)와 국가자료공동목록시스템(http://www.nl.go.kr/kolisnet)에서 이용하실 수 있습니다. (CIP 제어번호: 2015008216)

Dogmatik im Grundriß
by Karl Barth

머리말 | 006

01 교의학의 과제 | 010

02 믿음은 신뢰다 | 019

03 믿음은 앎이다 | 031

04 믿음은 고백이다 | 040

05 높은 곳에 계신 하나님 | 051

06 아버지 하나님 | 062

07 전능하신 하나님 | 069

08 창조주 하나님 | 077

09 하늘과 땅 | 092

10 예수 그리스도 | 101

11 구원자요 하나님의 종 | 113

12 하나님의 유일하신 아들 | 130

13 우리의 주 | 139

14 성탄의 비밀과 기적 | 150

15 고난을 받으신 분 | 160

16 본디오 빌라도에게 | 172

17 십자가에 못 박혀 죽으시고 장사되시고 음부에 내려가시다 | 181

18 제3일에 죽은 자 가운데서 다시 살아나시다 | 192

19 하늘에 오르시어 전능하신 아버지 하나님의 우편에 앉으시다 | 197

20 심판자 예수 그리스도의 미래 | 205

21 성령을 믿습니다 | 218

22 공동체 그 통일성, 거룩성, 보편성 | 224

23 죄의 용서 | 237

24 몸의 부활과 영원한 생명 | 244

주 | 249

머리말

이 강의는 무너져 반쯤 폐허가 된 어느 고성에서 행해졌다. 그 성은 한때 본Bonn 선제후의 위풍당당했던 성이었으며, 후에 본 대학교 건물로 탈바꿈했다. 우리는 매일 아침 7시에 강의를 시작했는데, 시작 전 서로를 격려하는 의미에서 시편 찬송이나 찬송가에 있는 찬양 한 곡을 부르곤 했다. 8시쯤 되면 뜰에서는 건물 잔해를 치우고 재건하는 중장비의 굉음이 울리기 시작했다(잠시 양해를 구하고 고백하자면, 나는 호기심에 이끌려 폐허 더미 사이를 걸었던 적이 있는데, 그때 그 속에서 다행히도 손상되지 않은 슐라이어마허의 흉상과 마주쳤다. 그 후 그 흉상은 바로 세워졌고 성 어느 곳에서 다시 명예를 되찾았다). 강의에 들어온 학생의 절반은 신학생이었고, 나머지 반은 다른 학과에서 온 이해력 높은 학생들이었다. 오늘날 독일의 대부분의 사람들은 저마다의 자리에서 나름의 방법으로 과도하게 많은 일을 떠맡아 처리한다. 이것은 본 대학교의 나의 학생들을 통해서도 알아챌 수 있었다. 내가 처음 받은 그들의 인상은 웃는 법을 다시 배워야 할 정도로 심각하게 굳은 표정이었다. 그러나 지난날의 무성한 소문들에 둘러싸인 한 낯선 이방인으로서 내가 그들에게 준 인상 또한 마찬가지였을 것이다. 그 당시의 상황은 결코 잊을 수 없다. 그 학기는 우연하게도 내가 강단에서 보낸 50번째 학기였다. 그 모든 시간이 지난 지금, 나는 그때야말로 나의 최고의 학기였다는 깊은 인상에 잠겨 있다.[1]

나는 이 강의록을 출판하는 것을 많이 망설였다. 이미 '사도신경 해설서'를 독일어와 프랑스어로 출판하였는데, 1935년의 『사도신경』*Credo* 과[2] 1943년의 『교회의 신앙고백』*La Confession de la Foi de l'Eglise*이[3] 그것이다. 그 책들을 주의 깊게 읽은 사람이라면 이 세 번째 시도에서 새로운 내용을 거의 발견하지 못할 것이며, 두꺼운 『교회교의학』*Kirchliche Dogmatik* 을 읽은 사람은 전혀 발견하지 못할 것이다. 그러나 중요한 것은, 내가 이번에 생애 처음으로 적어 놓은 강의록 없이 강의를 했으며, 그저 각 장 서두에 고딕체로 인쇄된 '도입 명제'만 놓고서 차례대로 그러나 대단히 자유롭게 설명해 나가는 형식을 취했다는 사실이다. 독일로 돌아왔을 때 마주해야 했던 원초적 혼돈의 상황은 나로 하여금 어쩔 도리 없이 '읽기' 대신 '말하기'를 택하도록 만들었다. 그렇게 강의했던 것의 속기록이 다듬어지고 개선되어 이 책이 되었다. 사람들은 (내가 다른 곳에서 열심히 추구했고 여기서도 추구한) 엄밀한 정확성이 이 책 여기저기서 결여되어 있다고 아쉬워할 수 있다. 특히 마지막 부분에 이르러 내가 서둘러야만 했고, 이 강의 외에 많은 일에 몰두했었다는 것을 독자들은 알아채게 될 것이다. 꾸밈없는 실체를 보다 즐기는 사람은 그 단점을 오히려 장점으로 여길 수도 있을 것 같다. 나도 이 주제들을 생생한 육성으로 개진할 때, 그 기쁨을 만끽하며 강의에 임할 수 있었다. 그런데 그것들이 막상 인쇄되고 나니, 많은 약점들이 눈에 들어온다. 나는 그 약점을 명확하게 지적하는 비평가들에게 한 마디도 투덜댈 수 없을 듯하다.

출리콘 개신교 출판사Der Evangelischen Verlag Zollikon의 대표가 내게 가한 압력에 굴복하지 않을 수 없었을 때, 나는 고통 속에서 이렇게 생각했다. 내가 그곳에서 강의했던 이러저러한 내용이 느슨한 형식의 책이 된다면, 다른 곳에서 너무 엄격하고 딱딱하게 말해서 알아채기 힘들고 또 접근하기 어려웠던 내용들을 쉽게 설명하는 데 도움이 될 수 있을지도 모른다. 적어도 몇몇 사람들은 이 작은 책을 싫어하지 않을 것 같다. 비록 이 책 안에서 많은 시사적 관련성을 찾을 수 없다고 해도, 그 느슨한 형식 안에서 다시 한 번 "시간들 사이"의 시대가 되어 버린 (이제는 독일에서만 그런 것이 아닌) 우리 시대에 대한 기록이라는 특징을 발견할 수 있기 때문이다. 마지막으로 나는 나 자신에게 다음과 같이 말했다. 그리스도교적 신앙고백은 여기서의 음색과 속도로 설명되는 일을 다만 소극적으로 견디는 것에 그치지 않고, 오히려 적극적으로 요청할 수도 있겠다.

이 책을 누군가에게 헌정한다면, 그것은 1946년 여름 본에서 함께했던 나의 학생들과 청강생들이다. 두말할 필요도 없이 나는 그들과 함께 이 강의를 행하며 좋은 시간을 가졌다.

바젤, 1947년 12월

일러두기

1 본문 속의 〔 〕 표시는 독자들의 이해를 돕기 위해 옮긴이가 임의로 보충한 삽입구를 뜻한다.

2 이 책에 인용된 성경구절은 주로 개역개정 성경을 따랐으며, 간혹 옮긴이의 사역私譯도 있다.

3 모든 주는 옮긴이의 주이다.

01

교의학의 과제

교의학은 교회가 (각각의 인식론적 입장에 따라) **자신의 선포 내용을 비판적으로**(즉 성경을 기준으로 하고 교회적 신앙고백의 인도를 받으면서) **해명**解明**하는 학문이다.**

교의학은 **학문**이다. "학문이 도대체 무엇인가?"에 대해서는 이미 모든 시대에 넘치도록 많이 사고되고 언급되고 쓰였다. 여기서 우리가 그 논의까지 다룰 수는 없다. 나는 여러분에게 (논쟁의 여지는 있지만 어떻든 우리 서술의 기초가 되어 도움을 줄 수 있는) '학문' 개념을 제시한다. 나는 학문이란 특정한 대상과 활동 영역에 관련된 이해와 서술 및 연구와 가르침의 시도라고 생각한다. 어떤 인간의 행동도 자신이 하나의 '시도' 이상이라고 주장할 수는 없으며, 학문의 경우도 마찬가지다. 학문을 하나의 '시도'라고 말할 때, 우리는 어김없이 학문의 잠정성과 제한성을 확인한다. 학문이 실천적으로 진지하게 고려되는 곳에서 인간이 행하는 일은 어떤 최고 지혜 혹은 궁극적 기술을 얻으려는 과업일 수 없다. 말하자면 하늘로부터 떨어진 어떤 절대적 학문이란 있을 수 없다. 이 점에 대해 어떤 미혹도 있어서는 안 된다. 그리스도교적 교의학 또한 마찬가지로 하나의 '시도' 곧 이해와 서술의 시도이며, 특정한 사실들을 보고 듣고 이해하고, 그것들을 함께 묶어서 보고 결합시키는 질서를 찾아 그 사실들을 학설Lehre의 형태로 제공하려는 '시도'이다. 모든 학문은 하나의 대상 및 하나의 활동 영역에 관계된다. 어떤 학문도 순수하게 이론에만 혹은 순수하게 실천에만 관계되지 않으며, 오히려 한편으로는 이론에 관계되면서 다른 한편으로는 그 이론이 인도하는 실천에 관계된다. 그러므로 우리는 '교의학'을 다음 두 가지로 이해한다. 그것은 어떤 대상과 활동 영역에 관계된 연구〔이론〕이며, 또한 가르침〔실천〕이다.

교의학의 주체는 그리스도교적 교회다.[1] 어떤 학문의 주체Subjekt가 되려면, 그 주체에게는 그 해당 학문의 대상과 활동 영역이 현재하고 친숙해야 한다. 우리가 "교의학의 주체가 그리스도교적 교회다"라고 확증할 때, 이것은 학문으로서의 교의학 개념에 대한 어떤 제약이나 손상을 뜻하지 않는다. 교회는 교의학과 관계된 대상과 활동 영역을 위탁받은 공동체다. 활동 영역은 곧 복음의 선포를 뜻한다. 우리가 교회가 교의학의 주체라고 말할 때, 그것은 다음을 뜻한다. 교의학을 수행하는 사람은 배우든 가르치든 교회 공간 안에 위치한다. 교의학을 전공하려고 하면서도 의식적으로 교회 밖에 위치하려는 사람은 자신이 교의학의 대상으로부터 소외될 것을 반드시 생각해야 할 것이며, 첫 몇 걸음을 내딛은 후에 길을 찾지 못하고 망하게 된 것을 발견하더라도 놀라지 말아야 할 것이다. 교의학에는 반드시 대상과의 친밀성이 있어야 하며, 그것은 바로 교회적 삶과의 친밀성을 뜻한다. 그러나 그것은 교의학 안에서 고대 혹은 근세에 교회적 권위에 의해 언급된 것만 대변해야 한다거나, 그 권위에 의해 기록된 것만 반복해야 함을 뜻하지는 않는다. 가톨릭 교의학조차도 자신의 과제를 그렇게 이해하지는 않는다. 오히려 우리가 '교회가 교의학의 주체'라고 말할 때, 그것은 철저히 다음을 뜻한다. 교의학을 수행하려는 사람은 배우든 가르치든 반드시 그리스도교적 교회와 교회적 사역의 지반 위에 위치해야 한다. 이것은 없어서는 안 될 필수조건이다. 우리는 분명히 이해해야 한다. 중요한 것은 교회적 삶으로의 자유로운 참여이며, 그리스도인이 그 참여에 있어서 취해야 할 책임이다.

교회는 교의학 안에서 **각각의 인식론적 입장**Stand**에 따라** 해명한다. 그것은 앞에서의 '학문' 개념에 따르면 당연하다고 말할 수도 있을 것이다. 그러나 많은 사람들이 머릿속에 떠올리는 교의학에 대한 관념에 따르면 그것은 자명하지 않다. 나는 반복한다. 교의학은 하늘에서 땅으로 떨어진 어떤 일거리가 아니다. 누가 "하늘로부터 떨어진 어떤 절대적 교의학이 있다면 얼마나 좋을까!"라고 말한다면, 그 대답은 "맞아, 우리가 천사라면!"이 될 것이다. 그러나 우리는 하나님의 뜻에 따라 천사가 아니기 때문에, 인간적이고 이 세상적인 교의학을 갖는 것이 나아 보인다. 그리스도교적 교회는 하늘이 아니라 땅 위에서 그리고 시간 안에서 실존한다. 그리스도교적 교회는 하나님의 선물이지만, 하나님께서는 그 교회를 이 세상적이고 인간적인 맥락 안에 두셨다. 교회 안에서 발생하는 모든 것도 철저히 그 사실에 상응한다. 그리스도교적 교회는 땅 위에서 살아간다. 교회는 역사 안에서 하나님께서 교회에 맡기신 고귀한 선과 함께 살아간다. 그 고귀한 선을 소유하고 관리하며, 교회는 역사를 통과하여 자기 길을 간다. 강함과 약함 안에서, 맡겨진 것에 대한 충성과 불성실함, 순종과 불순종, 이해와 몰이해 안에서 그 길을 간다. 자연사와 문화사, 도덕적 역사와 종교사, 예술사와 학문의 역사, 사회 역사와 국가 역사 등으로 전개되는 땅 위의 일반 역사 한가운데 또한 교회사가 있다. 교회사는 인간적, 이 세상적 역사이기 때문에, 괴테가 교회사란 모든 시대에 걸쳐 오류와 폭력의 뒤범벅이었다고 말할 때[2] 우리는 전적으로 반박할 수가 없다. 그리스도인들이 솔직해야 한다면, 우리는 그 사실이 세계사에 해당하는 것과 마찬가지로 또한 교회사에도 해당한다는 것을 인정해야 한다. 사정이 그렇기 때문에 우리는 교회가 할 수 있는 것에 관하여 그리고 우리가 여기서 수행하려는 (교회의 사역인) 교의학에 관하여 겸손하고 겸허하게 말해야 할 이유를 갖게 된다. 교의학은 자신의 과제를 언제나 각각의 교회의 입장에 따라 성취할 수 있다. 자신의 제약성을 의식할 때, 교회는 자신이 관리하고 보살펴야 할 고귀한 선에 관하여, 그리고 그 선을 자신에게 맡기신 분의 호의에 관하여 해명하고 책임을 지지 않을 수 없게 된다. 그러나 이것은 완성될 수 있는 일은 결코 아니다. 오히려 그리스도교적 교의학은 언제나 상대적이고 오류를 범할 수 있는 사고와 연구와 서술에 그친다. 교의학은 최선의 지식과 양심을 지니더라도 다만 더 나은 것을 질문할 뿐이며, 지속적으로 다음을 의식해야 한다. 우리 뒤에는 다른 사람들, 후대의 사람들이 뒤따라오며, 그래서 이 작업에 충실한 사람이라면 누구나 우리가 여기서 사고하고 진술하려고 시도했던 것을 다른 사람들, 후대의 사람들이 더 잘 그리고 더 깊이 사고하고 진술하게 되기를 희망하게 된다. 그러므로 우리는 냉철한 침착성 혹은 침착한 냉철함을 가지고 우리의 작업을 행해야 한다. 우리는 오늘 우리에게 주어진 그대로의 인식을 필요로 한다. 우리에게 우리가 받은 것 이상이 요청되지는 않는다. 작은 일에 충성했던 착한 종처럼 우리는 그 주어진 작은 것을 불평해서는 안 된다. 그러한 충성 이상의 어떤 것이 우리에게 요청되지는 않는다.

교의학은 학문으로서 그리스도교적 교회의 선포 내용을 해명한다. 만일 교회의 중심적 과제가 복음 선포 곧 하나님께서 말씀하신 것의 증거에 놓여 있지 않다면, 어떤 교의학도 있을 수 없을 것이며, 신학 자체도 존재할 수 없을 것이다. 언제나 또다시 제기되는 그리고 시초부터 교회에 던져졌던 가르침, 교리, 증거, 선포의 과제 혹은 문제는 참으로 단순히 신학자와 목사만의 문제가 아니라, 언제나 전체 교회의 질문이다. 우리는 그리스도인들로서 본질적으로 무엇을 말해야 하는가? 왜냐하면 교회는 의심의 여지 없이 말씀이 세상 안으로 울려 퍼지게 되는 장소여야 하기 때문이다. **하나님께서 전하신 말씀**의 선포는 동시에 **인간의 사역**이며, 그래서 교회의 과제를 형성한다. 그렇기 때문에 신학은, 그리고 오늘날 우리가—대략 17세기 이래로—교의학이라 부르는 것은 처음부터 필연적이었다. 신학 안에는 말씀의 **기원** 곧 '**어디로부터**'에 대한 질문이 있다. 이 첫 질문의 대답은 우리가 주석이라 부르는 분야에서 언제나 또다시 주어지게 될 것이다. 다른 한편으로 '**어떻게**'에 대한 질문 곧 교회에 맡겨진 선포의 형식과 형태에 대한 질문이 있다. 여기서 우리는 **실천신학**이라 부르는 분야에 위치한다. 주석학과 실천신학 사이의 정확하게 한가운데에 **교의학** 혹은 포괄적으로 말하자면 **조직신학**이 위치해 있다. 우리는 교의학 안에서 "교회적 선포가 어디서 유래하는가?"를 묻지 않으며, 또 "그 선포가 어떤 형태를 취하여야 하는가?"도 묻지 않는다. 오히려 우리의 질문은 "우리가

무엇을 생각하고 말해야 하는가?" 하는 것이다. 여기서 분명히 이해할 것은, 우리가 그 '무엇'을 어느 곳으로부터 얻어 올 것인가를 성서로부터 배운 후에, 이론적으로 무엇을 말해야 할 뿐만 아니라 또한 〔실천적으로〕 세상을 향해 무엇인가를 외쳐야 한다는 사실을 바라보는 가운데 그러한 질문을 던진다는 것이다. 바로 교의학의 관점에서 다음 사실이 명확해야 한다. 한편으로 신학 전체는 단순한 역사학Historik에 불과하지 않다. 물론 역사는 중요하지만, 그러나 저 〔예수 그리스도의〕 역사는 오늘의 현재 곧 '지금 여기' 안으로 진입하는 역사die Geschichte여야 한다. 다른 한편으로 물론 설교도 단순한 '기술적 기교'Technik로 변질되어서는 안 된다. 바로 오늘날과 같이 힘든 시대에 "그리스도교적 선포의 내용이 무엇이어야 하는가?"라는 질문은 이전보다 더욱 중요하다. 나는 여러분을 바로 그 '무엇'의 곁에 굳게 붙들어 두고 싶다. 그 질문 때문에 우리는 주석학과 실천신학뿐 아니라, 바로 **교의학**을 수행하는 것이다. **교회사**를 빠뜨릴 수는 없다. 교회사는 백과사전적 과제를 갖는다는 사실을 덧붙이고자 한다. 교회사의 영예는 특별하다. 교회사는 말하자면 도처에서 등장해야 하며, 그래서 또한 그리스도교적 가르침 안에서도 자리를 차지해야 한다.

교의학은 **비판적 학문**이다. 그렇기 때문에 교의학은, 사람들이 때때로 생각하는 것처럼, 우리가 문서로 확인할 수 있는 옛날 혹은 최근의 명제들을 확정하는 일이 아니다. 오히려 언제나 또다시 새로운 출발 가운데 다시 시작하는 비판적 학문이 있다면, 그것이 바로 교의학이다. 교의학은 외적으로는 교회의 선포가 실수가 있을 수 있는 위험 안에 있다는 사실로부터 생성된다. 교의학은 교회적 가르침과 선포의 검증이다. 그러나 어떤 자유롭게 선택된 관점에 의한 자의적 검증이 아니라, 오히려 교회적 관점에 의한 검증인데, 이 관점은 여기서 유일하게 적절한 관점이다. 그것은 구체적으로 다음을 뜻한다. 교의학은 교회의 선포를 **신구약성서의 척도에 따라** 평가한다. 성서는 교회를 근거하는 문서 곧 가장 내적인 생명의 문서이며, 예수 그리스도의 인격 안에서 현현Epiphanie하신 하나님의 말씀 문서다. 우리는 교회의 생명의 근거인 이 문서 외에 다른 어떤 것을 갖고 있지 않다. 교회가 살아 있는 곳에서 교회는 언제나 또다시 그 척도에 비추어 자신을 평가해야 한다. 이 척도가 지속적으로 눈에 보이지 않는 곳에서 교의학은 추진될 수 없다. "무엇이 증거되었는가?" 하는 것이 언제나 또다시 질문되어야 한다. 그것은 나의 생각, 나의 심정의 증거가 아니라, 하나님의 자기증거로서의 사도와 예언자들의 증거를 질문한다. 이 척도를 시야에서 놓친 교의학은 부적절한 교의학이다.

도입 명제에서 우리는 둘째로 **"교회적 신앙고백의 인도를 받으면서"**를 언급하였다. 성서와 신조[신앙고백]들은 동일한 지반 위에 있지 않다. 우리는 성서와 전통—가장 존중할 만한 형태의 전통이라고 해도—을 똑같은 경외심과 사랑을 가지고 존중해서는 안 된다. 종교개혁 혹은 오늘날의 어떤 신앙고백서도 성서가 교회로부터 유일무이하게 받고 있는 존중과 동일한 것을 각각의 교회에 요구할 수 없다. 그러나 그것이 교회 안에서 교부들의 증거가 선포되고 존중되어야 한다는 사실을 조금이라도 변경시키는 것은 아니다. 우리가 교부들의 증거 안에서 예레미야와 바울에게 듣는 하나님의 말씀을 듣는 것은 아니지만, 교부들의 증거 또한 우리에게 깊고 중요한 의미를 갖는다. 우리가 "부모를 공경하라"는 계명에 순종한다면, 우리는 교부들이 말했던 것을 선포의 과제 안에서도, 그렇기 때문에 또한 교의학의 학문적 과제 안에서도 거부할 수 없다. 성서가 가지고 있는 **구속력 있는** 권위를 우리는 신조들에 대해서는 내세울 수 없다. 그러나 구속력이 없지만 그럼에도 불구하고 진지하게 수용되어야 하는 권위도 있다. 우리 육신의 부모가 하나님처럼 우리 앞에 서는 것은 아니지만 그럼에도 불구하고 우리에게 권위를 가지는 것처럼, 여기서 고려되는 것은 그와 같은 상대적 권위다. 이 척도[성서와 교부들의 증거]에 의해 평가하면서 그리고 그 의미에 근거하여 비판하면서 교의학은 자신의 과제에 접근하여 선포의 내용을 해명하며, 교회가 실제로 선포하는 것 그리고 (교회에 언급된 것의 충실한 재현으로서) 교회 안에서 **마땅히** 효력이 있어야 하는 것 사이의 관계를 해명한다. 하나님 말씀의 재현으로서 교회 안에서 마땅히 효력이 있어야 하는 것을 우리는 **교의**Dogma라고 부른다. 교회는 다음을 질문하며 또 반드시 지속적으로 질문해야 한다. 교회적 선포에서 발생하는 것은 교의에 어느 정도나 상응하는가? 질문의 목적은 단순히 교회적 선포를 더 낫게 만들려는 것이다. 교회 안에서 가르치는 것의 수정, 심화, 상세화는 오직 하나님의 고유하신 사역이지만, 그러나 인간적 노력이 배제되는 것은 아니다. 그 노력의 한 부분이 바로 교의학이다.

우리는 여기서 **교의학을 스케치**한다. 다시 말해 이번의 짧은 여름학기에는 다만 윤곽을 그리는 데 그친다. 우리는 고전적 문서인 **사도신경**을 수용하면서, 그 해결의 실마리를 찾으며 교의학을 추구하려고 한다.

그리스도교적 교의학에 철두철미 필연적이거나 절대적으로 규정된 어떤 방법론은 없다. 다시 말해 세부적으로 진행되어야 할 길은 교의학의 문제에 몰두하는 각각의 사람의 최선의 지식과 양심에 맡겨져 있다. 물론 수백 년이 흐르는 동안 말하자면 통상적인 하나의 길이 형성되었다. 그것은 대략 그리스도교적 신론의 사고인 성부, 성자, 성령의 순서를 따르는 길이다. 그러나 세부 사항들에서는 무수히 많은 길이 취해졌으며, 그것들은 지금도 가능하다. 그러나 우리는 가장 단순한 길을 택한다. 그것은 우리 모두가 잘 알고 있고 매 주일 예배 안에서 낭송되는 교회적 사도신경의 길이다. 우리는 역사적 질문에 몰두하지는 않는다. 사도신경 중 '**사도**'라는 지칭이 따옴표 안에 놓여야 한다는 사실은 여러분도 잘 알고 있다. 이 신앙고백을 말했던 것은 사도들이 아니었다. 오히려 오늘의 의미 형태를 갖는 신앙고백문은 3세기 이래로 발전하여, 로마의 원시공동체 안에서 알려지고 승인되었던 어떤 원형으로 소급된다. 이후 그것은 그리스도교적 교회 안에서 근본적 형태가 되었으며, 그 결과 우리는 그 고백을 고전적 신앙고백으로 바르게 선택할 수 있게 되었다.

02

믿음은 신뢰다

사도신경은 "나는 믿습니다"라는 의미 깊은 말과 함께 시작된다. 이것은 우리가 우리 앞에 놓인 모든 근본적 과제를 사도신경의 그 단순한 시작 문구와 연결시켜야 함을 뜻한다. 우리는 **믿음의 본질**을 서술하는 세 가지 도입 명제들과 함께 시작한다.

> **그리스도교적 믿음은 만남의 선물(인간들은 이 만남 안에서 자유롭게 된다) 그리고 은혜의 말씀(하나님께서 이 말씀을 예수 그리스도 안에서 하셨다)을 다음의 방식으로 듣는다. 그것은 그 선물과 말씀의 확실한 약속과 인도를 그것에 반대하여 말하는 모든 것에도 불구하고 유일회적, 배타적, 전적으로 굳게 붙드는 방식이다.**

그리스도교적 믿음 그리고 (우리가 확정했던 대로 교의학의 시동이고 의미 근거인) 교회적 선포는 무엇인가를 취급한다. 선포는 무엇을 취급하는가? 그것은 그리스도인들이 믿는다는 사실인가? 혹은 어떻게 믿는가에 대한 사실인가? 실제로 우리는 믿음의 '주체'*fides qua creditur*에 대한 사실을 선포에서 완전히 배제할 수 없다. 복음이 선포되는 곳에 그 복음을 듣고 수용했던 사람들이 존재한다는 사실은 필연적으로 함께 선포될 것이다. 그러나 '우리가 믿는다'는 〔주관적〕 사실은, 교회적 선포의 중심이 되는 저 우월하고 본질적인 〔객관적〕 사실과 비교할 때 언제나 퇴각해야 하는 작고 중요하지 않은 사실이다. 그 우월하고 본질적인 것은 그리스도인이 믿는 **그것**, 곧 그의 믿음의 내용과 대상으로 확증되고 선포되어야 하는 것이며, 다시 말해 "나는 성부, 성자, 성령 하나님을 믿습니다"라고 고백하는 사도신경이 취급하는 객체다. 통속적으로 우리는 그 고백을 '믿음'이라 부르는데, 그 믿음에서 우리가 믿는다는 〔주관적〕 사실은 다만 최소한도로만 이해되어야 한다. 오히려 그리스도교적 믿음에서 결정적으로 중요한 것은 **만남**이다. "나는 …을 믿습니다"Ich glaube an...라고 신앙고백은 말하는데, 여기서 모든 것은 〔'나'가 아니라 대상을 가리키는 전치사인〕 an(희랍어로 *eis*, 라틴어로 *in*)에 달려 있다. 사도신경은 전치사 an 곧 믿음의 대상을 설명하며, 우리의 주관적 믿음은 그 대상에 의해 살아갈 뿐이다. 신앙고백은 '나는 믿습니다'라는 첫 단어 외에는 믿음의 주관적 사실에 대해 전적으로 침묵한다. 이것은 주목할 만한 것이다. 그 관계가 역전되었던 시대, 그리스도인들이 그 문제에서 자신의 행위에 대해서만 그리고 〔믿음의 대상이 아니라 믿는 주체인〕 인간 자신에게 발생하는 체험적 자극과 동요에 대해서만 논의했던 시대, 그리고 우리가 **무엇**을 믿어야 하는지에 대해서는 침묵했던 시대는 전혀 좋은 시대가 아니었다. 신앙고백이 '나는 믿습니다'의 주관적인 측면에 침묵하고 철저하게 객관적 측면에 대해서만 말할 때, 그때 그 고백은 또한 우리 인간에게 관계되는 것 그리고 우리가 어떻게 존재하고 행동하고 체험해야 하는가 하는 것에 대해서도 분명하고 깊고 완전하게 말해 준다. 누구든지 자기 생명을 보존하려는 사람은 잃을 것이요, 나를 위하여 생명을 잃는 사람은 자기 생명을 얻게 될 것이라는 말은 여기서도 타당하다. 누구든지 주체를 구하고 보존하려는 자는 잃을 것이지만, 객체로 인하여 주체를 버리는 자는 그것을 구원하게 될 것이다. "나는 믿는다." 이것은 물론 나의 경험과 행위인 동시에, 인간의 경험과 행위이며, 인간적 현존재 형식이다. 그러나 바로 그 '나는 믿는다'는 (인간이 아니시며 아버지, 아들, 성령이신) 저 한분 하나님과의 만남 안에서 철두철미 성취된다. 내가 믿을 때, 나는 철두철미 나의 믿음의 대상에 의해 채워지고 규정된다. 나의 관심사는 믿음을 가진 나 자신이 아니라, 오히려 나의 믿음의 대상이신 분이다. 그때 나는 다음에 대해서도 경험하게 된다. 내가 그분을 생각하고 그분을 바라볼 때, 나는 또한 나 자신을 최고로 잘 보살피게 된다. '나는 믿는다', 곧 라틴어로 '*credo in*'은 내가 혼자가 아님을 뜻한다. 우리 인간은 우리의 영광 혹은 비참 안에서 홀로 존재하지 않는다. 하나님께서 우리를 향해 다가오시며, 우리의 주님과 스승으로서 철두철미 우리를 위해 마주 보며 등장하신다. 우리는 좋은 날이든 힘든 날이든, 우리의 올바름 안에서든 타락성 안에서든, 바로 그 '마주 대함' 안에서 존재하고 행동하고 고난당한다. 나는 혼자가 아니다. 오히려 하나님께서 나를 만나시며, 나는 이러저러한 모든 상황에서 그분과 함께 있다. 다시 말해 나는 아버지와 아들과 성령이신 하나님을 믿는다. 하나님과의 만남은 그분께서 예수 그리스도 안에서 하신 '은혜의 말씀'과의 만남이다. 믿음은 아버지와 아들과 성령이신 하나님을 다음과 같이 말한다. 그분은 믿음의 대상이며 우리와 만나는 분이시다. 그분은 자신 안에서 한분이며, 우리를 위해 그 자신 안에서 한분이 되셨으며, 영원한 것이면서 동시에 시간의 중심에서 실행된 그분의 결정Beschluss 곧 은혜의 결의Ratschluss 안에서 새롭게 한분이 되셨다. 그 결정은 인간, 곧 모든 인간에 대한 그분의 자유롭고 흠이 없고 조건 없는 사랑의 결정이다. 하나님께서 우리에게 은혜를 베푸신다는 것, 그것이 아버지와 아들과 성령에 대한 신앙고백이 말하는 것이다. 그것은 다음 사실을 포함한다. 우리가 그분과 함께한다는 것을 우리 자신의 힘으로 성취한 적도 없고 성취할 수도 없으며, 그분께서 우리의 하나님이 되신다는 것은 우리에게 과분한 일이며, 우리는 그분에 대해 어떤 권한 혹은 권리도 갖고 있지 않지만, 그러나 그분은 흠이 없는 선하심 안에서 그리고 그분의 위엄의 자유 안에서 스스로 인간의 하나님 곧 우리 하나님이 되려고 하셨다. 상황이 그러하다는 것을 그분께서 우리에게 **말씀하신다.** 하나님께서 우리에게 "나는 너희에게 은혜를 베푼다"고 말하시는 것, 그것이 하나님의 말씀이며, 모든 그리스도교적 사고의 중심 개념이다. 하나님의 말씀은 하나님의 은혜의 말씀이다. 만일 여러분이 나에게 하나님의 그 말씀을 어디서 듣는지를 묻는다면, 나는 다만 (우리에게 그것을 듣게 해주시는 그분 자신을 가리키면서) 사도신경의 중심인 제2조항으로 대답할 수밖에 없다. 하나님의 은혜의 말씀(이 말씀 안에서 하나님은 우리를 만나신다)은 **예수 그리스도** 곧 하나님의 아들이자 사람의 아들이시며, 이 한분 안에서 우리와 함께하시는 하나님 곧 임마누엘이시다. 그리스도교적 믿음은 이 '임마누엘'과의 만남 곧 예수 그리스도와의 만남이며, 그분 안에서 살아 계신 하나님의 말씀과의 만남이다. 우리가 성서를 하나님의 말씀이라고 부를 때(하나님의 말씀이 맞기 때문에 우리는 그렇게 부른다), 그것은 성서가 '하나님의 바로 그 하나의 말씀'에 대한 예언자와 사도들의 증거임을 뜻한다. 그 말씀은 이스라엘 사람 예수이며 하나님의 그리스도이며 영원한 우리의 주님과 왕이시다. 우리가 그것을 고백하고 교회의 선포를 하나님의 말씀이라고 과감하게 부를 때, 그 말에서 예수 그리스도의 선포가 이해되어야 한다. 그분은 우리에게 선하신 참 하나님이시며 참 사람이시다. 그분 안에서 하나님께서 우리를 만나신다. 그러므로 우리가 "나는 하나님을[an] 믿는다"고 말할 때, 그것은 구체적으로 "나는 주님 예수 그리스도를 믿는다"는 것을 뜻한다.

나는 그 만남을 **선물**이라고 말했다. 그 만남 안에서 인간은 **자유롭게** 되며, 하나님의 말씀을 듣는다. 선물과 자유롭게 되는 것은 같다. 그 선물은 자유의 선물인데, 그 자유는 다른 모든 자유가 그 안에 포괄되는 위대한 자유다. 나는 여러분이 (많이 잘못 사용되었지만 그럼에도 불구하고 가장 고귀한 단어인) '자유'를 다시, 그것도 바로 이 중앙에서 그 중심으로부터 다시 사랑하게 되도록 만들려고 한다. 이 일이 이번 학기에 성공하게 되기를 바란다. 자유는 하나님의 위대한 선물이며, 그분과의 만남의 선물이다. 왜 선물이며, 왜 자유의 선물인가? 우선 사도신경이 말하는 그 만남이 그냥 발생하는 것이 아니라는 사실을 말할 필요가 있다. 그 만남은 인간의 가능성과 주도권에 의해 발생하지 않는다. 우리 인간이 하나님과 만나고 그분의 말씀을 들을 수 있는 어떤 능력을 우리 자신 안에 지니고 있지 않기 때문이다. 우리가 인간이 할 수 있는 어떤 것을 고려하려고 한다면, 그것은 하나님의 말씀에 대해 언급할 수 있는 어떤 특성과 관련하여 무엇인가를 찾으려는 노력 중 헛된 시도만을 뜻하게 될 것이다. 우리 편에서의 어떤 가능성이 전혀 없이 하나님의 위대하신 가능성은 등장하며, 우리 힘으로는 가능하지 않은 것을 가능하게 만드신다. 우리가 하나님을 만나고 그 만남 안에서 그분의 말씀을 듣는다면, 그것은 다만 하나님의 자유로운 선물이며, 우리 편에서는 무엇에 의해서도 준비될 수 없는 선물이다. 아버지와 아들과 성령에 대한 사도신경은 세 조항 모두에서 우리 인간에게 새로운, 또 우리가 도달할 수도 파악할 수도 없는 어떤 본질과 사역Werk에 관해 말한다. 아버지와 아들과 성령이신 하나님의 그 본질과 사역이 우리에게 그분의 자유로우신 은혜인 것처럼, 만일 우리의 눈과 귀가 그 은혜를 향해 열리게 된다면, 그것도 마찬가지로 다시 한 번 은혜다. 믿음의 고백의 진술이 하나님의 비밀인 것처럼, 만일 그 비밀이 우리에게 열리고 우리가 그것을 인식하고 그것 안에서 살아갈 만큼 자유롭게 된다면, 그때 우리는 그 비밀의 한가운데 있게 된다. 루터는 말했다. "나는 나 자신의 이성 혹은 능력으로는 나의 주 예수를 믿을 수 없으며, 그분께 다가갈 수도 없음을 믿는다."[1] 그러므로 '나는 **믿는다**'는 것은 그 자체가 하나의 믿음에 대한 인식이며, 다시 말해 "하나님은 오직 하나님 자신을 통해 인식될 수 있다"는 명제에 대한 깨우침이다. 우리가 그것을 믿음으로 뒤따라 말할 수 있다면, 그것은 내가 다음 사실에 찬양하고 감사함을 뜻한다. 아버지와 아들과 성령이신 하나님께서는 고유하게 존재하시며, 그분은 행하고자 하는 것을 행하시며, 그래서 그분 자신을 나에게 열어 보여주고 계시하셨으며, 그분 자신을 나를 위하여 또한 나를 그분을 향하여 규정하셨다. 또 나는 다음 사실에 찬양하고 감사한다. 나는 선택되었고 부르심을 받았으며, 나의 주님께서 나를 그분 자신을 향해 자유롭게 되도록 만드셨다. 나는 그러한 사실들을 믿는다. 내가 믿을 때 내가 행할 수 있는 그것이 내게 남겨진 일이며, 그것을 향해 나는 초대를 받았고 자유롭게 되었다. 내 힘으로는 시작할 수도 없고 완수할 수도 없는 것을 행하실 수 있는 그분에 의해 그렇게 된 것이다. 나는 하나님께서 내게 주신 선물〔자유〕을 사용한다. 나는 이제 기쁘게 숨 쉬며, 자유 안에서 자유롭게 숨 쉰다. 이 자유는 내가 취한 것이 아니며, 내가 추구하여 내 힘으로 발견한 것이 아니다. 오히려 하나님께서 그 자유 안에서 내게 오셨고, 나를 그분에게로 취하셨다. 우리는 그 자유 안에서 은혜의 말씀을 듣는데, 그 말씀을 붙드는 방식으로 듣는다. 우리가 어떤 말을 붙든다면, 그것은 그 말을 우리가 신뢰할 수 있음을 뜻한다. 세상은 말들로 가득하다. 우리는 오늘날 말들이 인플레이션에 도달하는 것이 무엇인지를 직접 체험하고 있다. 그것은 모든 옛말은 더 이상 통용되지 못할 때 그 가치를 잃게 된다는 것을 뜻한다. 그러나 복음이 믿어지는 곳에서 말씀은 신뢰를 발견하였으며, 그곳에 말씀은 들려졌으며, 그 결과 듣는 사람은 자신을 그 말씀으로부터 더 이상 분리시킬 수 없었다. 그곳에서 말씀은 말씀으로서의 자신의 의미를 얻고 또 관철시켰다. 믿음이 믿는 그 특징적인 말씀은 하나님의 말씀, 곧 예수 그리스도이시다. 그분 안에서 하나님께서 자신의 말씀을 인간에게 영원히 유일회적唯一回的으로 전하셨다. 그와 같이 믿음은 신뢰이며, 신뢰는 다음과 같은 행위를 뜻한다. 그 행위에서 한 인간은 다른 인간의 신실성에 의존할 수 있으며, 그래서 그 타자의 약속은 유효하며, 그 타자가 요청하는 것은 필연적으로 요청된 셈이 된다. '나는 믿는다'는 것은 '나는 신뢰한다'는 것을 의미한다. 그때 나는 더 이상 나 자신만 신뢰하지 않게 되며, 나 자신을 스스로 정당화하거나 스스로 변명하는 일, 스스로 구원하거나 보존하려는 일을 더 이상 필요로 하지 않게 된다. 자기 자신을 붙들려 하고 또 스스로 의롭게 되려고 하는 (가장 깊이 놓인) 인간적 추구는 무의미하게 되었다. 나는 믿는다. 나 자신이 아니라, 아버지와 아들과 성령이신 하나님을 믿는다. 그와 함께 (신뢰할 가치가 있다고 전해지며, 내가 나를 붙들어 둘 수 있는 닻으로 나 자신에게 제공하고 싶어 하는) 어떤 '최종 권위'를 신뢰하는 일도 불필요하고 무력해졌다. 어떤 우상들에 대한 신뢰도 불필요하고 무의미해졌다. 그것들은 옛날이나 지금이나 인간에 의해 세워지고 경외되고 숭배되는 우상들이며, '최종 권위들'이다. 이것이 이념의 형태 혹은 어떤 운명적 힘의 형태를 갖든지, 혹은 비슷한 어떤 것으로 말해지든지와는 관계없이 사람들은 그 권위들을 신뢰한다. 그러나 믿음은 그러한 우상들에 대한 신뢰로부터, 또한 그 우상들에 대한 두려움으로부터 우리를 해방시킨다. 그렇게 우리는 그 우상들이 우리에게 언제나 또다시 필연적으로 마련해 주는 실망으로부터도 해방된다. 우리는 우리의 신뢰를 받으실 자격이 있는 분을 신뢰하면서 자유롭게 되어야 한다. 다른 모든 권위들과는 달리 신실하시고 또 언제나 그러하실 분을 신뢰할 때, 우리는 자유하게 된다. 우리는 우리 자신에게도 결코 신실할 수 없다. 우리의 인간적인 길 자체는 하나의 불충에서 다른 불충으로 이르는 길일 뿐이며, 이 세상의 우상들의 길들도 마찬가지다. 우상들은 약속한 것을 지키지 않는다. 그렇기 때문에 그 길에는 어떤 참된 쉼도 분명함도 없다. 신실함은 오직 하나님께만 있다. 믿음은 그분을 붙드는 것이며, 그분의 약속과 인도하심을 붙드는 신뢰다. 하나님을 붙든다는 것은 하나님께서 나를 위해 여기 계심을 신뢰하는 것 그리고 그 확신 안에서 살아가는 것을 뜻한다. 다음은 하나님께서 우리에게 주시는 확실한 약속이다. "내가 너를 위해 그곳에 있다." 그러나 이 약속은 즉시 인도하심을 뜻한다. 나는 나의 자의성이나 나의 이념에 내맡겨져 있지 않으며, 오히려 나는 그분의 계명을 갖고 있다. 나는 모든 경우에 나의 이 세상적 실존 전체 안에서 그 계명을 붙들어야 한다. 사도신경은 언제나 복음 곧 인간을 향한 하나님의 기쁜 소식이며, 우리와 함께하시는 하나님 곧 임마누엘의 소식이며, 우리에게 와 닿는 소식이다. 그러나 이 기쁜 소식은 필연적으로 또한 율법이다. 복음과 율법은 분리될 수 없으며, 다음의 방식으로 하나이다. 즉 복음이 〔율법보다〕 우선적인 것이며, 기쁜 소식이 먼저 등장하여 기쁜 소식으로서 율법을 포함한다. 하나님께서 우리를 위한 하나님이시기 때문에, 우리도 또한 그분을 위한 인간일 수 있다. 하나님께서 자신을 우리에게 선사하셨기 때문에, 우리도 또한 감사하면서 우리가 마땅히 드려야 할 적은 것을 그분께 드릴 수 있다. 그러므로 하나님을 붙든다는 것은 언제나 모든 것을 철두철미 하나님으로부터 얻고 그리고 모든 것을 철두철미 그분을 위해 행한다는 것을 뜻한다.

이제 다음을 논할 차례다. "**그것에 반대하여 말하는 모든 것에도 불구하고 유일회적, 배타적, 전적으로 굳게 붙드는 방식이다.**" 네 가지 범주에서 믿음은 다시 한 번 신뢰로 특징지어진다. 우리가 믿음은 '…에도 불구하고와 유일회성, 배타성, 전체성'에 관계된다고 말할 때, 그것은 다음의 사실을 확실하게 말해 준다. 믿음은 '해야 한다'Müssen가 아니라 '자발적으로 할 수 있다'Dürfen이다. 이 문제가 이상적 경우가 되는 순간, 우리는 믿음의 영광으로부터 즉시 벗어난다. 믿음의 영광은 우리 능력의 한계를 넘어서는 일이 부과되어 우리가 그것을 행하도록 요청받는다는 데 있지 않다. 오히려 믿음은 자유이며 허락이다. 그래서 하나님의 말씀을 믿는 사람은 모든 경우에 "그것에 반대하여 말하는 모든 것에도 불구하고" 그 말씀을 자발적으로 굳게 붙들 수 있다. 또한 다음과 같이 된다. 우리는 결코 '…때문에' 혹은 '…에 근거하여' 믿지 않으며, 오히려 모든 것에도 불구하고 믿음으로 일깨워진다. 성서 안의 사람들을 생각해 보자. 그들은 어떤 증거에 근거하여 믿게 된 것이 아니라, 어느 날 문득 믿을 수 있는 자리에 세워졌으며, 그 다음에는 모든 것에도 불구하고 믿어야 하게 되었다. 하나님께서는 그분의 말씀 밖에서는 우리에게 은폐되어 계신다. 그러나 하나님께서는 예수 그리스도 안에서 우리에게 계시되신다. 예수 그리스도를 지나칠 때, 우리는 하나님을 발견하지 못하고 오류와 실망들만을 체험하게 되고 세상은 다만 어둡게 보일 것이다. 우리는 그것에 놀라서는 안 된다. 믿을 때 우리는 하나님의 은폐성에도 불구하고 믿는다. 하나님의 은폐성은 우리의 인간적 한계를 필연적으로 기억나게 한다. 우리는 우리 자신의 이성과 능력으로 믿는 것이 아니다. 참으로 믿는 사람은 그것을 안다. 믿음의 가장 큰 장애물은 언제나 우리 인간의 마음속의 오만과 두려움이다. 우리는 은혜로부터 살아가지 않으려고 한다. 우리 안의 무엇인가가 그것을 정력적으로 거부한다. 우리는 은혜를 입으려고 하지 않으며, 최선의 경우에도 우리 자신에게 스스로 은혜를 베풀려고 한다. 그렇게 오만과 두려움 사이를 왔다 갔다 하는 것이 인간의 삶이다. 믿음은 그 양자를 관통하여 깨부순다. 인간 자신의 힘으로는 그렇게 할 수 없다. 우리가 우리 자신을 오만과 (삶의) 두려움으로부터 스스로 해방시킬 수는 없다. 오히려 그때 문제되는 것은 언제나 '그럼에도 불구하고'의 운동이며, 더 나아가 '우리 자신에도 불구하고'의 운동이다. 우리가 믿음에 반대하여 말하는 모든 것을 '모순Widerspruch의 권세'라고 요약한다면, 그것은 성서가 마귀라고 말하는 것을 예감하게 한다. "하나님이 참으로 그렇게 말씀하시더냐?"(창 3:1) 하나님의 말씀이 정말이냐? 그러나 믿을 때 우리는 그 마귀에게 더 이상 뒤따라올 기회를 주지 않게 된다. 그러나 믿는 것은 어떤 영웅적 행위가 아니다. 우리는 〔유혹하는 마귀에게 잉크병을 집어던졌던〕 루터를 영웅으로 만들지 않도록 조심해야 한다. 루터 자신은 영웅의 느낌을 갖지 않았으며, 오히려 다음의 사실을 알고 있었다. 만일 우리가 '그럼에도 불구하고'를 행할 수 있다면, 그때 그것은 우리가 가장 깊은 겸손 안에서 수용할 뿐인 '해도 됨'Dürfen, 허락, 자유를 뜻한다.

믿음은 영원히 **유일회적인** 한 결단의 문제다. 믿음은 다른 견해에 의해 대체될 수 있는 견해가 아니다. 일시적으로 믿는 사람은 믿음이 무엇인지 모르는 사람이다. 믿음은 궁극적 관계를 뜻한다. 믿음은 하나님께 관계되며, 하나님께서 우리를 위해 영원히 유일회적으로 행하신 것에 관계된다. 이 사실이 믿음에 흔들림이 있다는 사실을 배제하지는 않는다. 그러나 믿음의 대상의 관점에서 볼 때, 믿음은 궁극적인 것이다. 한번 믿는 사람은 영원히 유일회적으로 믿는 것이다. 여러분은 그것에 놀라는 것이 아니라, 오히려 그것을 초대하여 관찰해야 할 것이다. 우리가 물론 혼란스러워질 수 있고 또 의심할 수도 있지만, 한번 믿게 된 사람은 어떤 지울 수 없는 흔적*character indelebilis*과 같은 것을 갖는다. 그는 자신이 보호받고 **있다는 것**을 신뢰할 수 있다. 누구든지 불신앙과 투쟁하는 사람에게는 그의 불신앙을 지나치게 심각하게 취급하지 말아야 한다고 조언해 주어야 한다. 오직 믿음만이 진지하게 취급되어야 한다. 우리가 겨자씨 한 알의 믿음을 갖는다면, 그것은 마귀를 그의 게임에서 패배하도록 만드는 데 충분하다.

세 번째 문제는 우리가 **배타적으로** 하나님만 붙들어야 한다는 것이다. 하나님께서는 유일하게 신실하신 **한분**이기 때문에, 배타적이어야 한다. 물론 그분의 피조물 중에서 우리를 다시 주목하게 하고 기뻐하게 하고 강하게 만들 수 있는 인간적 신실함, 곧 하나님께 대한 인간적 신실함도 있다. 그러나 그러한 인간적 신실함의 근거는 언제나 또다시 하나님의 신실하심이어야 한다. 믿음은 전적으로 오직 그분만 신뢰하는 자유이며, '오직 은혜'*sola gratia* 그리고 '오직 믿음'*sola fide*이다. 이것들은 인간의 삶을 비천하게 만드는 것이 아니라, 오히려 하나님의 풍요로우심을 우리에게 나누어 준다.

마지막으로, 우리는 하나님의 말씀을 **전적으로** 붙들어야 한다. 믿음은 어떤 특별한 영역, 예를 들어 종교적 영역에만 관계되지 않는다. 오히려 믿음은 현실적 삶의 완전한 전체에 관계된다. 다시 말해 믿음은 우리 외적 삶뿐 아니라 삶의 내적 질문들에도, 육체적인 것과 정신적인 것에도, 밝은 면뿐 아니라 어두운 면에도 관계된다. 우리는 물론 우리 자신을 위해 하나님을 신뢰하지만, 그러나 중요한 것은 또한 타자를 위해, 더 나아가 인류 전체를 위해 우리를 움직이게 하는 것과 관련하여 하나님을 신뢰한다. 그것은 우리의 생명 전체 그리고 죽음 전체의 문제다. 이렇게 포괄적으로 이해되는 신뢰를 행할 수 있는 자유가 바로 믿음이다.

03

믿음은 앎이다

그리스도교적 믿음은 이성을 조명한다. 인간은 조명된 이성 안에서 자유롭게 되며, 예수 그리스도의 진리 안에서 살아갈 수 있게 되며, 그렇게 하여 자신의 고유한 현존재의 의미 그리고 모든 사건의 근거 및 목적의 의미를 확신하게 된다.

아마도 **이성**이라는 개념의 등장이 여러분의 주의를 끌 것 같다. 그러나 나는 그 개념을 의도적으로 사용하고 있다. "인간 최고의 능력이라는 이성과 학문을 다만 멸시하여라"는 구호는 어떤 예언자가 아니라 괴테의 메피스토펠레스가 외친 것이다![1] 그리스도교 그리고 신학자들이 어떤 열광주의 혹은 신학적 개념에 근거하여 이성에 적대적인 진영으로 이동해야 한다고 주장했을 때, 그것은 언제나 잘못 안 것이었다. 하나님의 계시와 사역(사역이 계시의 근거다)의 총괄개념인 그리스도교적 교회 위에는 말씀이 있다. "말씀이 육신이 되셨다." **로고스**(말씀)가 인간이 되셨다. 교회의 선포는 **말함**이며, 그것은 어떤 우연적 자의적 말함이 아니며, 카오스적이고 이해될 수 없는 종류의 말함도 아니다. 그 말함은 **진리**라는 주장과 함께 등장하고, 진리로서 거짓에 저항하여 스스로를 관철시킨다. 우리는 이 명확한 입장으로부터 결코 뒤로 밀려서는 안 된다! 교회가 선포해야 하는 말씀은 어떤 잠정적 이차적 의미에서가 아니라, 오히려 그 말씀 자체의 가장 우선적 의미에서 진리에 관계된다. 말씀은 로고스이며, 로고스는 그리스어로 '누'*Nus, nous*라고 하는 인간적 이성 안에서 자신을 의미로 그리고 인식될 수 있는 진리로 예증하고 계시한다. 그리스도교적 선포의 말씀은 이성*Ratio*에 관계되는데, 말씀의 이성에는 인간적 이성*ratio*이 반영되고 재발견될 수 있다. 교회적 선포와 신학은 잡담도 아니고 자장가도 아니며, "그 말한 것이 **사실**인가? 정말로 **그러한가**?"라는 검증 요청에 굳이 붙잡히지 않아도 되는 어떤 선전 문구도 아니다. 물론 여러분은 이미 어떤 종류의 설교들 혹은 훈계적 강연들에 의해 고통을 겪은 적이 있을 것이다. 그러한 것들은 많은 수식어들과 함께 강조되면서 전해지기는 하지만, 그 전해지는 내용이란 위의 단순한 진리 질문("그것이 사실인가? 정말로 그러한가?")에 의해서도 유지되기 어려운 것들이다. 그러나 그리스도교적 믿음의 사도신경은 앎Erkenntnis에 근거한다. 사도신경이 공표되고 고백되는 곳에서는 또한 앎도 창조될 것이고 또 창조되어야 한다. 그리스도교적 믿음은 비이성적이지도 않고 반-이성적이지도 않고 초-이성적이지도 않으며, 오히려 바르게 이해된다면 이성적이다. 교회는 사도신경을 공표해야 하며 또 설교하고 기쁜 소식을 선포해야 한다는 거대한 요청과 함께 등장한다. 교회는 무엇인가를 **인지**하였으며—이성은 인지Vernehmen로부터 온다—그래서 교회는 인지된 것을 재차 인지되도록 만들고자 한다. 그리스도교적 교의학과 신학의 역사가 **앎**Gnosis과 **믿음**Pistis을 분리시켰을 때, 그 시대는 언제나 그리스도교적 교회의 불운한 시대가 되었다. 바르게 이해된 믿음은 앎과 동일하며, 바르게 이해된 믿음의 행위는 앎의 행위다. 믿음은 곧 앎이다.

물론 이 사실이 확정되면 이제 보충 설명이 필요하다. 즉 그리스도교적 믿음은 이성의 **조명**Erleuchtung에 관계된다. 그리스도교적 믿음은 대상과 관계한다. 그 대상은 사도신경이 말하는 아버지와 아들과 성령이신 하나님이다. 그 대상의 성격, 본질, 그리고 아버지와 아들과 성령이신 하나님의 본성에 이제 다음이 속한다. 그분은 인간적 인식 능력에 근거해서는 **인식될 수 없으며**, 오히려 오직 하나님의 고유하신 자유, 결정, 행동에 근거하여 인지될 수 있고 또 인지되실 것이다. 인간이 자신의 힘에 의해 (어떤 자연적 능력, 자신의 오성, 감정의 척도에 따라) 인식할 수 있는 것은, 극단적인 경우에는 어떤 최고 존재, 어떤 절대적 본질, 이러저러한 철저히 자유롭다는 어떤 권세의 총괄개념, 모든 사물 위에 있다는 어떤 본질 등과 같은 것일 것이다. 그러한 어떤 절대자 혹은 지고의 본질, 그러한 최종 존재 혹은 가장 심오한 것, 그러한 어떤 '물자체'Ding an sich는 하나님과 아무 관계도 없다. 그러한 것은 인간적 사고와 인간적 고안의 직관들과 한계 가능성에 속한다. 인간은 그러한 존재를 생각할 수는 있지만, 그러나 그 생각을 통해 하나님을 사고한 것은 아니다. 하나님께서는, 오직 그분께서 그분의 고유하신 자유 안에서 **그분 자신이 인지되도록 만드실 때**에만, 사고될 수 있고 인식될 수 있다. 우리는 하나님 그리고 그분의 본질과 본성에 관하여 나중에 다루게 될 것이다. 그러나 다음 사항은 미리 언급할 필요가 있다. 하나님은 그분의 고유한 계시 안에서 그분 자신이 인간에게 알려지도록 만드셨으며, 그분은 인간이 스스로 생각해 내서 하나님이라고 명명할 수 있는 분이 아니시다. 하나님은 언제나 그러하신 분이다. 참 하나님과 거짓 신들은 이미 인식론적 질문에서 명확하게 갈라진다. 신 인식Gotteserkenntnis은 토론에 붙여질 수 있는 어떤 가능성의 문제가 아니다. 하나님은 모든 현실성의 총괄개념이며, 더 나아가 그분 자신을 우리에게 계시하시는 현실성의 총괄개념이다. 신 인식은 하나님께서 그분 자신과 관련하여 인간에게, 인간이 더 이상 그분을 지나칠 수 없고 흘려들을 수 없다고 말씀해 주시는 곳에서 발생한다. 그곳에서 인간은 자신이 이끌어 온 것이 아닌 한 상황에 놓이는데, 그 안에서 그 자신은 도무지 이해될 수 없게 된다. 왜냐하면 그는 다음의 사실 앞에 선 것을 보기 때문이다. 그것은 (하나님께서 기뻐하시는 것처럼) 인간이 하나님과 함께, 하나님이 인간과 함께 살아간다는 사실이다. 또 신 인식은 그곳에서 발생한다. 그곳은 신적 계시, 하나님에 의한 인간의 조명, 인간적 앎의 인도, 비할 바 없는 스승에 의한 인간적 가르침 등이 발생하는 곳이다. 우리는 그리스도교적 믿음이 만남의 문제라는 사실에서 출발했다. 그리스도교적 믿음 그리고 그 믿음의 인식은 그곳에서 발생한다. 그곳은 신적 이성인 신적 로고스가 인간적 이성의 공간 안에서 그분의 법(율법)을 수립하는 곳이며, 그래서 인간적 피조적 이성이 그 법에 순응해야 하는 곳이다. 이 일이 발생할 때, 인간은 앎에 도달한다. 왜냐하면 하나님께서 그분의 법을 인간의 생각과 인간이 보고 듣고 느끼는 것 안에 수립하실 때 진리가 계시되는데, 그 진리는 또한 인간과 인간적 이성의 진리이기도 하기 때문이다. 인간은 자신의 힘으로 그 법을 이끌어 낼 수 없으며, 오직 하나님 자신에 의해서만 이끌어 내어진다. 하나님은 인식될 수kann 있는가? 그렇다. 하나님은 인식될 수 있다. "하나님은 하나님 자신을 통해 인식될 수 있다"는 명제가 사실상 참이고 현실적이라는 점에서 그러하다. 이 일이 발생할 때, 인간은 하나님을 인식할 만큼 자유롭게 되며, 강해지며, 능력을 얻게 된다. 그러나 하나님 인식은 그 인간 자신에게는 비밀로 머문다. 하나님 인식은 철두철미 인식 대상에 의해, 곧 하나님에 의해 일으켜지고 규정되는 인식이다. 그렇게 될 때 하나님 인식은 진정한 인식이며, 가장 깊은 의미에서 자유로운 인식이다. 물론 하나님 인식 또한 피조물의 제약성에 붙들린 상대적 인식이다. 우리가 하늘의 보석을 **땅의** 질그릇 안에 담고 있다는 것이 바로 그 인식에 확실히 적용될 수 있다(고후 4:7). 우리의 개념들은 그 보석을 담기에 충분하지 못하다. 진정한 하나님 인식이 발생하는 곳, 그곳에는 어떤 오만함의 계기도 있지 않다는 사실이 분명해질 것이다. 여기서 인간은 다만 무력한 인간으로 남으며, 피조적 이성은 자신의 한계선 안에 머문다. 그러나 하나님께서는 바로 그 피조물 곧 불충분한 자의 공간 안에서 그분 자신을 계시하는 일을 기뻐하셨다. 그렇기 때문에 이 지점에서 인간은 어리석을지라도 현명해질 것이며, 작을지라도 위대하게 될 것이다. 인간이 충분하지 못할 때라도 하나님께서는 충분하시다. "내 은혜가 네게 족하도다. 이는 내 능력이 약한 데서 온전하여짐이라!"(고후 12:9) 이 말씀은 하나님 인식의 문제에 대해서도 유효하다.

우리는 도입 명제에서 말했다. "그리스도교적 믿음은 이성을 조명한다. 인간은 조명된 이성 안에서 자유롭게 되며, 예수 그리스도의 진리 안에서 살아갈 수 있게 된다." 그리스도교적 믿음의 인식을 위해 다음 사항이 본질적으로 이해되어야 한다. 예수 그리스도의 진리는 생명의 진리이며, 그 진리의 인식은 생명의 인식이다. 이것은 마치 여기서는 근본적으로 전혀 **앎**에 관계되지 않는 것처럼 생각하는 어떤 [어두운] 직관으로의 회귀를 뜻하지 않는다. 마치 그리스도교적 믿음이 어두운 감정인 것처럼, 마치 비논리적 느낌, 체험, 경험인 것처럼 생각되어야 하는 것은 아니다. 오히려 믿음은 앎이며, 하나님의 로고스(말씀)에 관계된다. 그렇기 때문에 믿음은 철두철미 논리적인 일이다. 예수 그리스도의 진리는 가장 단순한 의미에서 사실성의 진리다. 그 진리의 출발점인 예수 그리스도의 죽은 자 가운데서의 부활은 신약성서가 서술하듯 공간과 시간 안에서 발생한 하나의 사실Tatsache이다. 사도들은 내적 사실성을 확고히 붙드는 것에 만족하지 않았으며, 오히려 자신들이 보고 듣고 손으로 만졌던 것을 말했다. 예수 그리스도의 진리는 그와 같이 철저하게 분명하고 그 자체로 질서를 갖추며 속박 안에서도 자유로운 인간적 사고의 일이다. 그러나 그 진리—우리는 이 사실을 분리시켜서는 안 된다—는 **생명의 진리**다. 앎 곧 라틴어 '스키엔티아'*scientia*의 개념은 그리스도교적 앎이 무엇인지 서술하는 데 충분하지 않다. 신학의 '앎'을 완전하게 이해하려면, 우리는 구약성서가 지혜라 부르는 것으로 되돌아가야 한다. 지혜는 그리스어로 소피아*sophia*, 라틴어로는 사피엔티아*sapientia*다. 사피엔티아는 좁은 개념인 스키엔티아로부터 구분된다. 다시 말해 지혜는 앎으로부터 구분된다. 그러나 지혜가 앎을 자체 안에 포함하지 않는다는 점에서 구분되는 것이 아니다. 오히려 지혜의 개념은 그러한 오해를 넘어 앎에 대해 말하는데, 그 앎은 실천적 앎이며, 인간의 실존 전체를 포괄하는 앎이다. 즉 지혜는 앎이며, 우리는 그 앎에 의해 실제로 그리고 실천적으로 살아갈 수 있다. 지혜는 경험적인 앎이며, 즉시 실천적으로 된다는 점에서 강력한 이론이다. 지혜는 우리 삶을 지배하는 앎이며, 우리의 길 위를 비추는 현실적인 빛으로서의 앎이다. 지혜의 앎의 빛은 감탄하면서 그냥 바라보는 빛이 아니며, 온갖 종류의 불꽃놀이를 점등하는 빛이 아니며—그것이 가장 심오한 철학적 사색이라고 해도 그렇지 않으며—오히려 그 빛은 우리의 길을 밝혀 주는 빛이며, 우리의 행동과 대화 위에서 비추는 빛이며, 우리가 건강한 날들 그리고 또한 병든 날들 안에서 비추는 빛이며, 가난한 날들 혹은 풍요로운 날들 안에 비추는 빛이며, 우리가 통찰력을 가지고 있다고 생각할 때만이 아니라 또한 우리의 어리석음의 날들도 동반하는 빛이며, 모든 빛들이 꺼지고 우리의 생명의 목적점이 죽음 안에 놓인 것이 보이는 순간에도 결코 꺼지지 않는 빛이다. 이 빛, 이 진리에 의하여 살아가는 것이 그리스도교적 앎이다. 그리스도교적 앎은 **예수 그리스도의 진리 안에서** 살아가는 것이다. 사도행전 17장에 따르면 그 진리의 빛 안에서 우리는 살고 활동하고 존재하며, 로마서 11장에 따르면 그 진리의 빛 안에서 우리는 그분으로부터 나와서 그분 안에 있다가 그분에게로 돌아간다. 그러므로 그리스도교적 앎은 (가장 깊은 근거에서는) 우리가 하나님의 말씀에 대한 인간의 신뢰라고 불렀던 것과 일치한다. 어떤 사람이 그 문제에서 구분과 분리를 제시하려고 할 때, 여러분은 그것을 결코 허용해서는 안 된다. 어떤 진실한 신뢰도, 하나님의 말씀에 대한 어떤 (현실적으로 유지될 수 있고 승리할 수 있는) 신뢰도 예수 그리스도의 진리 안에 근거되지 않은 것은 없으며, 다른 측면에서 어떤 앎도, 어떤 신학도, 어떤 고백도, 또한 어떤 성서적 진리도 즉시 그 생명의 진리의 성격을 갖지 않는 것은 없다. 한쪽은 언제나 다른 쪽에 비추어 측정되고 검증되고 증명된다.

우리가 그리스도인으로서 하나님을 아는 앎의 빛인 예수 그리스도의 진리 안에서, 다시 말해 조명된 이성에 의해 살아갈 수 있을 때,

우리는 우리의 고유한 현존재의 의미 그리고 모든 사건의 근거 및 목적의 의미를 확신하게 된다. 이와 함께 다시 한 번 시야의 거대한 확장이 예고된다. 진리 안에 계신 **바로 그** 대상을 아는 것은 다름이 아니라 **만물**을 아는 것이며, 인간과 자기 자신과 우주와 세계를 아는 것이다. 예수 그리스도의 진리는 다른 것들 중의 하나의 진리가 아니다. 그것은 **유일하게 특정한**die 진리Wahrheit이며, 모든 진리들을 창조하는 보편적 진리이며, 또한 확실하게 하나님의 진리이며, 궁극적 진리ultima veritas로서 제일의 진리prima veritas다. 왜냐하면 하나님께서는 예수 그리스도 안에서 **만물**과 우리 모두를 창조하셨기 때문이다. 우리는 (우리가 알든지 모르든지 상관없이) 그분 없이는 존재할 수 없으며, 오히려 그분 안에서 존재한다. 우주 전체도 그분 없이는 존재할 수 없으며, 오히려 전능하신 말씀이신 그분 안에서 존재하고 그분에 의해 지탱된다. 그분을 인식한다는 것은 모든 것의 인식을 뜻한다. 이 영역에서 영에 의해 감동되고 사로잡히는 것은 **모든** 진리 가운데로 인도되는 것을 뜻한다. 하나님을 알고 믿는 자는 더 이상 "내 삶의 의미가 무엇인가?"라고 묻지 않는다. 오히려 그는 믿기 때문에, 이미 그의 삶의 의미를 체험하며 살아간다. 그 의미는 한편으로 각각 **한계** 안에 있고 실존의 **오류 가능성** 안에 있으며 죄 안에 있는 그의 피조성과 개체성의 **의미**다. 그는 죄 가운데 서 있으며, 매일 매시간 잘못을 저지른다. 그러나 그의 삶의 의미는 다른 한편으로 그에게 매일 매시간 주어지는 하나님의 **도우심**의 의미도 갖는다. 하나님께서는 받을 자격이 없는 존재임에도 불구하고 그의 편을 들어주신다. 그는 이러한 전체성 안에서 그에게 주어진 **과제**를 인식하며, 그 과제와 함께 (그의 삶의 당위적 전제인 은혜에 근거하여) 그에게 선사된 **희망**을 인식하며, 또 저 명예로운 **영광**을 인식한다.

그 영광은 그에게 약속되어 있고, 그는 지금 여기서 이미 비밀리에 비록 조금이지만 그 영광에 의해 둘러싸여 있다. 현실에서 믿는 자는 그의 이러한 현존재의 의미를 고백한다. 그리스도교의 사도신경은 하나님께서 존재하는 모든 것의 근거와 목적이심을 말한다. 우주 전체의 목적과 근거는 **예수 그리스도**다. 이제 다음의 전대미문의 것이 마땅히 그리고 반드시 감행되어야 한다. 그리스도교적 믿음이 있는 곳에는 (하나님을 신뢰하기 때문에) 또한 모든 사건 및 사물의 근거와 목적에 대한 가장 친밀한 신뢰가 있으며, 그곳에서 인간은 반대하여 말하는 모든 것에도 불구하고 평화 안에서 살아간다. 이 평화는 모든 이성보다 더 높으며, 그렇기 때문에 우리의 이성을 조명하는 빛이다.

04

믿음은 고백이다

그리스도교적 믿음은 결단이다. 그 결단 안에서 인간들은 하나님의 말씀에 대한 신뢰 그리고 예수 그리스도의 진리에 대한 앎과 관련하여 책임을 질 자유를 갖는다. 그 책임은 그 신뢰와 앎을 교회의 언어 안에서, 그러나 또한 세상적 견해들 안에서, 그리고 무엇보다도 그에 상응하는 실천과 행동방식들 안에서 공적으로 책임지는 것을 뜻한다.

그리스도교적 믿음은 **결단**Entscheidung이다. 우리는 이 명제와 함께 시작한다. 그리스도교적 믿음은 물론 하나님과 인간 사이의 비밀의 사건이다. 그리고 믿음은 자유의 사건이다. 그 사건 안에서 하나님께서 바로 그 인간에게 행동하셨으며, 그 인간에게 바로 그 자유를 선사하신다. 이것은 그리스도교의 사도신경이 믿어지는 곳에서 **역사**가 발생한다는 사실을 (배제하는 것이 아니라 오히려) 포함한다. 다시 말해 그곳에서는 무엇인가가 시간 안에서 인간에 의해 착수되고 완수되고 실행된다. 믿음은 뚫고 돌입하는 하나님의 비밀이며, 실행 안에 있는 하나님의 자유이자 인간의 자유다. 아무것도 발생하지 않은 곳에서는—분명히 말하자면, 시간 안에서(!) 볼 수 있고 들을 수 있게 발생하지 않은 곳에서는—믿음 또한 발생하지 않았다. 왜냐하면 그리스도교적 믿음은 하나님에 대한 믿음인데, 그 그리스도교적 고백이 아버지와 아들과 성령이신 하나님을 진술한다면, 그때 다음이 지시되기 때문이다. 하나님은 그분의 내적 생명과 본질 안에서 죽은 것 혹은 수동적 비활동적인 어떤 것이 아니시다. 오히려 아버지와 아들과 성령이신 하나님께서는 내적 관계성과 운동성 안에 존재하시며, 그것을 우리가 역사 혹은 사건이라고 표현하는 데 아무런 문제가 없다. 하나님 자신은 초역사적이 아니라, 역사적이시다. 그 하나님께서 자기 자신 안에서 한 영원한 결정Ratschluss을 내리셨다. 사도신경이 말하는 모든 내용은 그 결정에 근거한다. 우리의 조상들은 그것을 창조와 계약과 구원의 법령Dekret이라 불렀다. 하나님의 그 결정은 시간 안에서, 곧 예수 그리스도의 사역과 말씀 안에서 영원히 유일회적으로 실행되었다. 사도신경의 제2조항이 그것을 구체적으로 증거한다. "그분은 본디오 빌라도에게 고난을 받아 십자가에 못 박혀 죽으시고 장사되셨다." 믿음은 하나님의 그러한 역사적 존재와 본질과 행동에 대한 인간적 상응이다. 믿음은 하나님께 관계된다. 하나님은 자기 자신 안에서 역사적이시고, 영원한 결정을 내리셨으며, 그 결정은 역사로 향하고 역사를 실행시키고 완성한다. 그 자체로 역사가 아닌 믿음은 그리스도교적 믿음이 아니며, '…에 대한 믿음'일 수가 없다. 그리스도교적으로 믿어지는 곳에는 어떤 역사적 형태가 생성되고 자라나며, 그곳에는 동시대인들 사이에 혹은 시대를 넘어 **공동체**가 형성되며, '함께함'과 형제애가 나타난다. 그리스도교적으로 믿어지는 곳에는 이것을 넘어 그 공동체를 수단으로 하여 그 공동체와 형제애 밖에 있는 **세상**을 향한 인간적 선포와 소식 전달이 필연적으로 발생한다. 그곳에는 집안의 모든 사람을 비추는 빛이 점화된다. 다시 말하자면 그리스도교적 믿음이 있는 곳에는 하나님의 공동체가 세상 안에서 세상을 위하여 생성되고 생동하며, 세상 열방의 곁에 이스라엘이 모이며, 그곳에는 교회가 독립적으로 집결한다. 교회는 성도들의 공동체이며, 자기목적적이지 않으며, 오히려 하나님께서 **모든 인간**을 위해 세우신 하나님의 종의 나타남이며, 그래서 그리스도의 몸이다. 그 역사는 **순종**하는 상응 안에서 발생한다. 순종은 하나님의 은혜의 예정 안의 신적 사역 및 존재에 상응하는 인간적 사역이다. 믿음은 〔적극적〕 **순종**이며, 수동적 순응에 불과한 것이 아니다. 순종하는 곳에서 인간은 선택한다. 인간은 믿음의 반대인 불신앙 대신 믿음을, 불신 대신 신뢰를, 무지 대신 앎을 선택한다. 믿음은 믿음과 불신, 잘못 믿음과 미신 사이에서의 선택을 뜻한다. 믿음은 인간이 하나님께 상응하는 방식으로 자신을 하나님 앞에 세우는 행동이다. 왜냐하면 그 일은 하나님께 대한 중립성, 그분께 대한 우리의 존재와 행위의 무책임한 관계, 그리고 우리의 사적 영역으로부터 한 걸음 벗어나 발생하면서 결단, 책임, 공공성 안으로 이동하기 때문이다. 그러한 공공성을 향하지 않는 어떤 믿음, 그러한 어려움을 회피하는 어떤 믿음은 그 자체가 이미 불신앙, 잘못된 믿음, 미신이다. 왜냐하면 아버지와 아들과 성령이신 하나님을 믿는 믿음은 공적이 되는 것을 거부할 수 없기 때문이다.

"그리스도교적 믿음은 결단이다. 그 결단 안에서 인간들은 자유를 갖는다"고 도입 명제에서 말했다. 공적 책임은 인간에게 주어진 허락 곧 열려진 문에 관계되는데, 그것은 **자유**를 뜻한다. 신뢰의 자유 및 앎의 자유 안에는 필연적으로 책임의 자유가 등장한다. 여기서 하나의 자유는 다른 자유로부터 분리되지 않는다. 하나님을 자유롭게 신뢰하려 한다고 하면서 그 신뢰 중에 앎의 자유를 포기할 수 있다고 생각하는 사람은 정말로 신뢰하고 있지 않은 사람이다. 그리고 모든 신뢰와 모든 앎을 소유하지만 그러나 자신의 신뢰와 앎에 대해 공적으로 책임지는 자유를 갖고 있지 않은 사람에게는 그 면전에서 다음과 같이 말해야 한다. "그 생각은 당신의 신뢰 및 당신의 앎과 일치하지 않는다!" 그리스도교적 교회가 고백하는 하나님은 은폐되어 계시기를 원치 않으시며, 그분 자신에 대해서만 홀로 하나님이기를 원치 않으셨고 또 원치 않으시며, 오히려 그분의 왕으로서의 존엄성 안에서 그분의 신적 존재의 지고의 비밀을 깨고 벗어나 낮은 곳으로 내려오시는데, 그곳은 그분이 창조하신 우주다. 하나님은 그 자신이 하나님으로서 계시되는 분이다. 이 하나님을 믿는 사람은 바로 그 하나님의 선물, 바로 그 하나님의 사랑, 바로 그 하나님의 위로와 빛을 은폐하려고 해서는 안 되며, 그분의 말씀과 그분의 앎에 대한 신뢰도 감추려고 해서는 안 된다. 믿는 인간이 행하는 말과 일이 어떤 중립적이고 책임이 없는 것이 되기란 불가능하다. 인간이 믿는 곳에서는 하나님의 영광과 영예가, 그분의 빛나는 광채가 필연적으로 땅 위에 알려진다. 하나님의 영예가 (비록 우리의 예의 혹은 무례에 의해 혼탁해지고 가려진 상태라 해도) 이러저러하게 빛나지 않는 곳에는 믿음 그리고 (우리가 하나님으로부터 받는) 위로의 빛은 취해질 수가 없다. 인간이 믿을 수 있게 된 곳, 하나님의 백성과 하나님의 공동체가 모이고 행동하기 시작하는 곳에서 하나님의 영광은 우주 안에서 빛나며, 하나님의 이름은 땅 위에서 거룩하게 된다. 믿음이 있는 곳에서 인간은 (자신의 전적인 제약성과 무력성 안에서도 그리고 자신의 전적인 타락성과 어리석음 안에서도) 자유를 갖는다. 그 자유는 모든 비참에도 불구하고 왕과 같은 자유이며, 하나님의 영예와 영광을 빛나게 한다. 그 이상의 것이 우리에게 요구되지는 않는다. 그러나 바로 그것은 우리에게 요구된다. 하나님의 말씀에 대한 우리의 신뢰 그리고 예수 그리스도에 대한 우리의 앎에 관련된 그러한 공적 책임이 그리스도교적 의미에서 **신앙고백**과 **신조**라 불리는 것의 일반적 개념이다.

그 책임은 **교회의 언어 안에서**의 책임에 관계되지만, 그러나 또한 **세상적 견해들 안에서** 그리고 무엇보다도 **그에 상응하는 실천과 행동방식들 안에서**의 책임을 뜻하기도 한다. 공적 책임 개념의 이러한 세 가지 규정은, 내가 바로 보고 있다면, 그리스도교적 고백의 세 가지 형태들에 관계된다. 그 형태들은 서로 분리될 수 없고 서로 대립할 수 없으며, 오히려 필연적으로 함께 사고되어야 한다. 이때 그리스도교적 고백이란 그리스도교적 믿음에 있어서 필연적이고 본질적인 형식이다. 그러므로 다음 서술들은 통합적으로 이해되어야 한다.

1. 믿음 안에서 우리는 우리의 신뢰와 앎에 대해 **교회의 언어 안에서** 공적으로 책임질 수 있는 자유를 갖는다. 이것은 무엇을 뜻하는가? 하나님의 공동체는 모든 시대에 자신의 고유한 언어를 가졌고 또 지금도 가지고 있다. 이것은 변경될 수 없는 사실이다. 공동체는 역사 안에서 자신의 특별한 역사 및 특별한 길을 가졌다. 공동체가 신앙고백을 할 때, 공동체는 자신의 그 특별한 역사를 바라보면서 고백한다. 공동체는 대단히 특수하고 구체적인 역사적 맥락 안에 있으며, 그 맥락 안에서 예로부터 공동체의 언어는 형성되었고 또 언제나 형성된다. 믿음

의 언어, 공적 책임의 언어는(우리는 그리스도인으로서 필수적으로 그 언어로 말하게 된다) 불가피하게 대단히 단순해야 하며, 그렇기 때문에 성서적 언어, 곧 히브리어와 그리스어와 그 후 번역된 언어들, 그리고 그리스도교적 전통의 언어다. 그 언어는 사고, 개념, 관념의 형식을 갖춘 언어이며, 그리스도교적 교회는 그러한 언어 안에서 수십 세기 동안 자신의 앎을 획득하고 방어하고 설명해 왔다. 특별히 교회적인 언어가 있다. 그것에는 아무런 문제가 없다. 그것을 잘 알려진 이름으로 어떤 "가나안의 언어"라고 불러 보자. 어떤 그리스도인이 자신의 믿음을 고백할 때, 그리고 그것이 우리 안에 점화된 불꽃을 밖으로 빛나도록 하는 것에 관계될 때, 그가 그러한 자신의 언어로 말해야 한다는 것은 회피될 수 없고 회피되어서도 안 된다. 이제 상황은 이러하다. 그리스도교적 믿음의 일, 곧 하나님과 그분의 말씀에 대한 우리의 신뢰가 그것의 본래성 안에서 정확하게 공언되어야 한다면, 대단한 용맹 안에서 가나안의 언어가 울려 퍼지는 일은 불가피하다. 그렇게 울려 퍼지는 사건이 발생하면서 모든 상황이 분명해지는 것은 언제나 또다시 몹시 필요한 일이다. 왜냐하면 어떤 조명등, 길 안내, 경고 등은 직접적으로는 오직 그 언어로만 전해질 수 있기 때문이다. 이 문제에 관해 예를 들어 지나치게 민감하거나 혹은 자기 영혼을 지나치게 섬세하게 취급하려는 사람이 있다. 그는 이렇게 말한다. 나는 믿지만 그러나 내 믿음은 너무도 깊고 내면적이어서, 나는 성경의 말씀들을 감히 내 입술에 올릴 수가 없고, 하나님의 이름을 소리 내어 부른다는 것은 내게 너무 큰 부담을 준다. 예수 그리스도의 이름이나 예수 그리스도의 피 혹은 성령의 경우는 더 말할 필요도 없다. 그러나 그렇게 말하는 사람에게 나는 이렇게 말해 주겠다. 친애하는 그대여, 당신이 대단히 내향적인 사람임에는 틀림없다. 그러나 당신은 당신의 믿음을 공적으로 책임질 수 있을 만큼 가치 있는 사람이 되어야 한다는 것을 조심해서 생각해 보시라! 혹시 당신의 주저함은 당신이 도무지 책임지지 않으려고 하는 (당신의 사적 영역으로부터 벗어난 영역에 대한) 주저함이 아닌가? 당신 자신에게 물어보라! 다음의 사실은 명백하다. 그리스도교적 교회가 자신의 언어로 고백하기를 감행하지 않는 곳에서, 교회는 흔히 아무것도 고백하지 않은 셈이 되었다. 그곳에서 교회는 침묵의 연합체가 되었다. 간절히 바라건대 교회가 말 못하는 개들의 공동체가 되지 말았으면 한다. 우리가 믿는 곳에서는 다음의 질문이 긴급하게 요구된다. 혹시 그곳에서 성서가 말했던 것처럼, 그리고 고대와 근세에 교회가 선언했고 또 지금도 선언해야 하는 것처럼, 기쁘게 위로를 받으며 말해져야 하는 것이 아닌가? 믿음이 자유와 기쁨 안에서 등장하는 곳에서 하나님 찬양은 진실로 바로 그러한 언어로 조율되고 불리게 된다.

2. 그러나 그것이 아직은 증거 전체일 수는 없다. 고백의 완전한 개념은 그것 이상이다. 우리는 신앙고백이 믿음의 문제이며, 믿음은 이제 오직 '교회의 공간'에서만 크게 들릴 수 있고 또 들려야 한다는 〔잘못된〕 생각에 조심해야 한다. 신앙고백에서 최고의 과제는 바로 그 교회적 공간을 눈에 보이게 만드는 것이며, 그리고 세상을 향해 약간이라도 넓히는 것이다. 교회가 외적으로 (어떤 마을 혹은 도시에서) 학교나 극장이나 기차역 옆에 있는 것처럼, 교회의 공간은 **세상** 안에 있다. 교회의 언어는 자기목적적일 수 없다. 교회가 세상을 위해 현존해야 한다는 것, 빛이 어둠 속에 비쳐야 한다는 것이 분명히 드러나야 한다. 마치 그리스도께서 섬김을 받으러 오신 것이 아닌 것처럼, 믿음 안에서 오직 자기 자신만을 위해 현존하는 것은 그리스도인의 바른 자세

일 수 없다. 그것은 이제 다음을 뜻한다. 믿음은 신뢰와 앎이 공개되어야 한다는 특성 안에서 필연적으로 **특정한 세상적 견해들**을 필요로 한다. 신앙고백이 진지하고 분명한 곳에서 그 고백은 근본적으로 일반인의 언어 곧 거리에 지나는 남자와 여자의 언어로 **번역될 수 있어야** 한다. 그것은 성경을 읽는 것과 찬송가를 따라 부르는 것에 익숙하지 않은 사람들의 언어이며, 전혀 다른 의미론을 갖고 전혀 다른 관심 영역을 가진 사람들의 언어를 뜻한다. 그것이 그리스도께서 제자들을 파송하신 그 세상이라면, 우리 모두도 그 세상 안에 실존한다. 우리 중 누구도 다만 그리스도인이기만 한 것은 아니다. 오히려 우리 모두는 세상의 한 조각이다. 그러므로 신앙고백이 세상의 견해들에 관계되고, 우리의 책임이 그 세상적 영역 안으로 번역되는 일은 필연적이다. 왜냐하면 믿음의 고백은 우리 모두가 살아가고 있는 삶에 적용되어 그리고 (우리 일상에서의 이론적·실천적 질문들 안의) 우리의 실제적 존재의 문제들에 적용되어 완성되려고 하기 때문이다. 우리의 믿음이 현실적이라면, 그 믿음은 반드시 우리의 삶 깊숙이 적용되어야 한다. 교회적 용어의 그리스도교적 신앙고백은 언제나 다음의 오해에 노출되어 있다. 즉 그리스도인은 사도신경을 양심 혹은 마음속의 문제로 간주하고, 땅에서 혹은 세상 안에서는 다른 진리들이 통용된다고 〔잘못〕 생각한다. 세상은 그러한 오해 속에서 살아가며, 그리스도교 전체를 어떤 친절한 '마법'으로 여기거나 혹은 존경받을 만하지만 손대지 않은 채 버려 두어야 하는 '종교적 영역'에 속한 것으로 여긴다. 그리고 그것으로 그 문제는 끝이다! 한편 그러한 오해는 내부로부터 올 수도 있다. 어떤 그리스도인은 그러한 영역을 흔히 홀로 소유하려고 하며, 자신의 믿음을 '내게 손대지 마세요!'라는 푯말의 작은 꽃과 같이 보호하려고 한다. 교회와 세상의 관계는 경계선을 명확하게 정리하는 문제와도 같이 계속해서 파악되어 왔으며, 비록 그 경계선에서 때때로 소규모 전투가 벌어지기는 했지만 각자는 자기 경계선의 후방에 안전을 확보했다. 그러나 교회의 입장에서 볼 때, 그러한 경계선 정리가 교회의 과제의 전부일 수는 없다. 오히려 그리스도교적 교회의 본질로부터 볼 때 교회의 과제는 오직 하나뿐이다. 그것은 신앙고백이 또한 세상의 영역 안에서도 크게 들려지는 것이다. 이제는 가나안의 언어로 반복되는 것이 아니라, 오히려 저기 '밖에서' 말해지는 대단히 냉철하고 대단히 비신앙적인 언어로 반복되어야 한다. 예를 들어, 신앙고백은 또한 신문의 언어로 **번역되어야** 한다. 세상 안에서는 우리가 교회 언어의 형식으로 말했던 것이 동일하게 **세속적으로**profan 말해져야 한다. 그리스도인은 또한 '비신앙적' 언어로 말하는 것을 두려워해서는 안 된다. 그렇게 말할 수 없는 사람은 자신이 교회 안에서 정말로 신앙적으로 말할 줄 아는지 조심스럽게 생각해야 할 것이다. 우리는 교회 설교단과 제단의 언어란 교회 밖의 공간에서는 마치 〔유럽 사람이 알아듣기 힘든 낯선〕 중국어처럼 작용한다는 것을 알고 있다! 우리는 구석에 처박혀서 세상적 견해들을 향해 앞으로 나아가지 않으려는 태도를 조심해야 한다. 다음이 한 예다. 1933년 독일에서는 대단히 진지하고 심오하며 생명력 있는 그리스도교 및 신앙고백이 있었지만—하나님께 영광과 감사를!—그러나 유감스럽게도 그 믿음과 고백은 '독일 국가교회' 안에 처박혀 교회의 언어 안에만 머물렀으며, 그래서 교회의 언어로는 탁월하게 말해졌던 것이 그 당시 요청되었던 정치적 입장으로 번역되지는 못했다. 그것은 개신교회가 국가사회주의Nationalsozialismus에 대해 '아니오'를, 그것도 가장 깊은 근원으로부터 '아니오'를 말했어야 했던 입장이었다. 그리스도교의 신앙고백은 그 당시 그러한 형태로는 크게 전해지지 못했다. 만일 개신교회가 그 당시에 자신의 교회적 인식을 세상적·정치적 입장의 형태로 공표했더라면 어떤 사건이 일어났을지 생각해 보라! 그러나 개신교회는 그렇게 할 수 없었고, 그 결과는 오늘에 이르기까지 이어지고 있다. 두 번째 사례로서, 오늘날에도 진지하고 생명력 있는 그리스도교가 존재한다. 나는 그 사건의 경과가 많은 사람들의 내면에서 하나님의 말씀에 대한 갈증과 공복을 일깨웠고, 그래서 교회의 위대한 시간이 도래하였다고 확신한다. 이제는 예전과 같이 단순히 교회의 공간만 건립되고 확고히 되어 그 안에 그리스도인들만 모이는 데 그치지 않기를 바란다. 물론 신학도 대단히 진지하게 추진되어야 할 것이다. 그러나 이제 우리는 12년 전보다는 더 낫게 다음을 우리 눈앞에 그려야 한다. 즉 교회 안에서 발생한 것은 반드시 세상이 가진 견해들의 형태 안으로 진입해야 한다. 예를 들어 우리의 과거에 놓인 저 사건들에 관련된 죄책의 질문에 대해 오늘날 침묵하려는 어떤 개신교회, 곧 미래를 위해 진실로 대답되어야 하는 그 질문을 흘려들으려는 교회는 첫 시작부터 결실을 맺지 못하도록 스스로를 저주하는 셈이 될 것이다. 곤경에 빠진 이 민족에 대하여 자신이 그 과제를 갖는다는 사실을 명확하게 밝히지 못하는 어떤 교회(그 과제는 그리스도교적 가르침을 직접적 형식으로 제공하는 과제일 뿐만 아니라, 오히려 바로 그 그리스도교적 가르침을 이 시대의 문제에 이르기까지 영향력을 행사하는 말들로써 분명하게 드러내야 하는 과제다) 그리고 그러한 표현을 찾으려는 근심으로 가득 채워지지 않은 교회는 첫 시작부터 스스로 공동묘지의 한 귀퉁이로 나아가는 셈이 될 것이다. 나는 모든 개별적 그리스도인들이 자신의 믿음에 관하여 다음의 사실을 분명히 하기를 바란다. 그의 믿음이 달팽이집이라면, 그래서 자기에게는 안락하게 느껴지지만 그의 민족의 삶은 염려되지 않는다면, 그와 같이 그리스도인이 이원론 안에서 살아간다면, 그는 아직은 현실적으로 믿고 있지 않다. 그러한 달팽이집은 바람직한 체류지가 아니다. 그곳은 좋은 곳이 아니다. 인간은 전체ein Ganzes이며, 오직 전체로서 실존할 수 있다.

마지막으로, 도입 명제의 마지막 강조는 "**그에 상응하는 실천과 행동방식들 안에서**"였다. 나는 이 셋째 부분을 의도적으로 다시 한 번 둘째 부분으로부터 구분하였다. 만일 가장 강력한 언어로 말하고 고백한다고 해도 사랑이 없다면, 그것이 그 사람에게 무슨 소용이겠는가? 신앙고백은 생명의 고백이다. 누구든지 믿는 자는 자신의 인격으로 그 값을 지불하도록 요청받고 있다. 이것이 다른 모든 것을 지탱하는 결정적 조건이다.

05

높은 곳에 계신 하나님

하나님은 성경에 따르면 (예수 그리스도 안에서 결정되고 완성된) 그분의 자유로운 사랑의 사역 안에서 현존하고 살아 계시고 행동하시며, 그분 자신을 우리에게 알려 주는 분이시다. 그분은 유일무이한 분이시다.

우리가 이 강의의 기초로 삼는 사도신경은 "나는 **하나님을**an Gott 믿습니다"라는 말로 시작한다. 그와 함께 우리는 저 위대한 단어[하나님]를 입 밖으로 말했다. 바로 그 단어를 전개하는 것이 그리스도교적 사도신경이다. 하나님은 믿음의 **대상**이시다. 우리는 그 사실을 지난 시간에 말했다. '하나님'은 간결하게 말하자면 그리스도교적 공동체의 선포의 내용이다. 그러나 지금 우리는 다음의 사실 앞에 서 있다. '하나님'이라는 단어와 신 개념 혹은 신의 관념은 모든 종교사와 철학사에 어떤 방식으로든 알려져 있는 현실성인 것처럼 보인다. 우리는 계속 나아가기 전에 잠시 멈추고 질문해야 한다. 그리스도교적 믿음이 말하는 '하나님'이라는 단어는 모든 시대 및 민족의 종교사와 철학사에서 말해졌던 그 단어의 의미와 어떤 관계에 있는가? 우선 그리스도교적 믿음 밖에서 '하나님'(신)이라 부르곤 했던 것을 명확하게 이해해 보기로 하자. 인간이 하나님, 신적 본성, 신적 본질, 혹은 철두철미 신 그 자체를 말할 때, 그는 그 말과 함께 (일반적으로 존재하고 작용하는 갈망의 대상, 곧 그의 현존재의 통일성과 근거 그리고 세계의 의미 등을 향한) 인간적 향수와 인간적 희망의 대상을 염두에 두며, 또 어떤 본질의 실존과 본성을 염두에 두는데, 그 본질은 (자신과 구분되는 현실성들과의 이러저러한 관계 안에서) 모든 존재자를 규정하고 지배하는 최고의 본질로 이해된다. 그러한 본질에 대한 인간적 갈망과 인간적 주장의 역사를 바라볼 때, 우리가 받는 강력한 첫인상은 모든 측면에서 활동적이고 대단히 상이한 길로 갈라지는 어떤 인간적 고안 기술의 인상이며, 그러나 또한 그 '하나님'(신) 개념에 대한 인간적 변덕과 '제멋대로의 처리' 등의 인상이다. 그곳으로부터, 인간이 가지고 있다고 보이는 결과들의 무한하게 서로 다른 상, 거대한 불확실성과 거대한 모순들의 상이 이어진다. 우리는 다음을 분명히 해야 한다. 우리가 그리스도교적 믿음으로 하나님을 말할 때, 그때 하나님이라 불리는 분은 종교적 사고 일반이 신에 관해 만들곤 하는 개념 및 관념들을 이어받아 풍부하게 만드는 것이 아니다. 그리스도교적 믿음에서의 하나님은 그러한 일련의 신들 안에 계시지 않는다. 그분은 인간적 경건성과 종교적 고안 기술의 판테온(신전)에 계시지 않는다. 신적인 것의 어떤 일반적 자질 혹은 일반적 개념이 인간성 안에 있어서, 그것을 우리 그리스도인들이 어떤 특정한 장소에서 하나님이라 부르고 또 그렇게 믿고 고백하는 것이 아니다. 그렇게 된다면 그리스도교적 믿음은 다른 많은 믿음들 중 하나일 뿐이며, 일반적 규칙 내부의 한 경우에 지나지 않을 것이다. 그리스도교 교회의 한 교부가 옛날에 올바르게 표현하였다. 하나님은 일반적 종류 안에 계시지 않는다*Deus non est in genere*.[1] 하나님은 어떤 일반적 장르 내부의 '특수한 경우'가 아니시다! 우리 그리스도인들이 '하나님'에 관하여 말할 때, 우선 우리는 마땅히 그리고 반드시 다음을 분명히 해야 한다. 그 단어는 처음 시작부터 근본적 타자이며, 저 인간적 추구, 추정, 숙고, 창작, 사변의 세계 전체로부터의 근본적 해방을 뜻한다. 그리스도교적 신앙고백의 형태는 신적인 것에 대한 인간적 추구 혹은 갈망의 긴 여정 위에서 마침내 어떤 특정한 단계에 도달하여 얻어진 것이 아니다. 그리스도교적 신앙고백의 하나님은 모든 신들과는 달리 어떤 발견된 혹은 고안된 신, 최종적으로 인간에 의해 발견된 신이 아니다. 그분은 인간이 그렇게도 찾아 발견하려고 시도했던 것의 성취, 아마도 최종적이고 최고이며 최선인 어떤 성취가 아니다. 오히려 우리 그리스도인들이 말하는 하나님께서는 '신'이라고 불리곤 하는 그 밖의 모든 것의 자리에 철저하게 서시며, 그래서 그 모든 것을 추방하고 배제하시며, 홀로 진리이심을 주장하신다. 이 사실이 이해되지 못했을 때, 그리스도교적 교회의 "나는 하나님을 믿습니다"라는 고백의 중심은 아직 이해되지 못하였다. 그 고백에서는 인간이 자기 힘으로는 결코 찾거나 발견할 수 없는 한 현실성과의 만남이 문제된다. 바울은 이 문제에 관해 다음과 같이 말했다. "하나님이 자기를 사랑하는 자들을 위하여 예비하신 모든 것은 눈으로 보지 못하고 귀로 듣지 못하고 사람의 마음으로 생각하지도 못하였다"(고전 2:9). 우리가 그와 달리 말할 방법은 없다. 그리스도교적 신앙고백 안의 하나님께서는 그밖에 신적이라 불리는 것과는 철두철미 다른 방식으로 존재하고 실존하신다. 그분의 본성과 본질은 모든 자칭 신들의 본성이나 본질과는 다르다. 우리는 그리스도교적 신앙고백 안의 하나님을 '**높은 곳에 계신 하나님**'이라는 말로 요약한다. 여러분 모두는 내가 이 구절을 어디서 얻어 왔는지 알 것이다. 그것은 누가복음 2:14에 있다. "지극히 높은 곳에서는 하나님께 영광" 그렇기 때문에 우리는 "오직 하나님만 지극히 높은 곳에서 영광을 받으시기를"이라고 찬양한다. 바로 그 '높은 곳'*in excelsis*이 설명되어야 한다.

지금까지 말했던 것에 따르면 그 '**높은 곳**'은 단순하게는 다음을 뜻한다. 그분은 우리 **위에**, 우리의 가장 높고 가장 깊은 감정, 노력, 직관들 위에, 인간적인 영의 모든 생성물들 위에 계신다. 비록 그 생성물이 최고로 장엄한 것이라 해도 그러하다. '높은 곳에 계신 하나님'은 우선—앞서 말했던 것을 뒤돌아볼 때—다음을 뜻한다. 그분은 어떤 인간적 성향과 가능성에 결코 단순히 상응하지 않으시며, 오히려 모든 의미에서 철두철미 그분 자신 안에 근거되고 오직 그렇게 현실적이시다. 그분은 우리 인간에게 우리의 추구, 발견, 느낌, 시도 등에 근거하여 계시되는 것이 아니라, 오히려 언제나 또다시 오직 그분 자신을 통해서만 계시되실 수 있고 또 계시되신다. 바로 그 높은 곳에 계신 하나님께서 그러하신 분으로서 인간에게 향하셨으며, 인간에게 그분 자신을 선사하셨으며, 그래서 인간이 그분을 인식할 수 있도록 만드셨다. 높은 곳에 계신 하나님은 (우리와는 아무 상관도 없고 우리와 관계하지도 않으며 우리에게 영원히 낯선) 어떤 전적 타자가 아니다. 오히려 그리스도교적 신앙고백적 의미의 높은 곳에 계신 하나님께서는, 그 높은 곳으로부터 우리에게로 낮아지셨으며 우리에게 오셨으며 우리의 하나님이 되신 분이다. 높은 곳에 계신 하나님께서는 스스로를 참 하나님으로 예증하는 분이며, 그래서 어떤 방식으로도 우리의 손에 잡히지 않는 분이며, 그럼에도 불구하고 우리의 모습 그대로 우리를 받아 주는 분이시다. 하나님은 홀로 하나님이라 불리기에 합당하신 분이시며, 다른 모든 신들과 구분되고 다른 모든 신들과는 다르며, 그럼에도 불구하고 그분 자신을 우리와 결합시키는 분이시다. 우리가 그리스도교적 신앙고백과 함께 "나는 하나님을an 믿는다, 혹은 나는 하나님을in 믿는다"고 말한다면,[2] 그때 우리는 바로 그러하신 하나님과 관계하고 있다.

내가 위에서 지칭했던 것을 몇 가지 구체적 보충을 통해 조금 더 상세하게 서술해 보기로 한다. 나는 다음과 같이 언급했다. "하나님은 **성경에 따르면 현존하고** 살아 계시고 행동하시며, 그분 자신을 우리에게 알려 주는 분이시다." 이 정의에 의해서는 (내가 여러분으로 하여금 개념으로 요약하여 눈앞에 상상하도록 만들려고 했던) 어떤 무한한 최고 본질과는 근본적으로 다른 어떤 것이 발생한다. '무한한 최고 본질'이라는 후자의 경우 아마도 나는 사변에 의지하지 않을 수 없다. 그러나 나는 사변으로 초대하고 싶지 않으며, 오히려 그러한 사변은 근본적으로 잘못된 길이라고 말한다. 사변의 길은 결코 하나님께로 인도하지 못하며, 오히려 거짓된 의미에서 〔신적이라고〕 불릴 수 있는 어떤 현실성으로 인도할 뿐이다. 하나님은 자신에 관해 말하는 신구약성서 안에서 현존하는 분이시다. '하나님'의 그리스도교적 정의는 단순하게는 다음의 확정에 놓여 있다. 그곳〔신구약성서〕에서 하나님에 대해 전하니, 그곳에서 하나님에 대해 전하는 그것을 듣기로 하자. 그곳에서 볼 수 있고 들을 수 있는 그분이 바로 하나님이시다. 다음을 잘 주목하도록 하자. 신구약성서 전체에서는 하나님을 **증명하려는** 시도를 조금도 찾아볼 수 없다. 그러한 시도는 언제나 하나님에 대한 성서적 직관 밖에서 이루어졌으며, 언제나 다만 사람들이 (하나님에 관하여 말하는 중에) 자신이 누구와 관계하고 있는지 잊어버리는 곳에서만 이루어졌다. 가령 사람들이 많은 불완전한 존재들 곁에 한 완전한 존재를 증명하려고 시도하는 것은 도대체 어떤 종류의 시도인가? 혹은 세계의 실존으로부터 그것의 최종적 그리고 최고의 원인이 신? 자칭 세계의 질서로부터 그 질서를 부여하는 권세? 혹은 인간적 양심의 사실로부터의 도덕적 신 존재 증명? 나는 그런 신의 어떤 '증명'의 영역에는 발을 들여놓지 않을 것이다. 나는 여러분이 그런 증명들의 우스꽝스러움과 허약함을 신속하게 알아챌 수 있는지 궁금하다. 그 증명들은 다만 저 자칭 신들에 대해서만 유용할 뿐이다. 만일 나의 과제가 여러분에게 그러한 자칭 최고 본질을 알려 주는 것이라면, 나는 아마도 유명한 다섯 가지의 신 존재 증명을 취급했을 것이다. 그러나 성서는 그렇게 논증하지 않으며, 오히려 성서는 하나님이 어떤 증명도 필요로 하지 않으신 분이라고 말한다. 성서가 말하는 하나님은 처음부터 끝까지 그분 **자신을 스스로 증명**하는 분이시다. 이 하나님의 자기 증명에 근거해 예언자와 사도들은 말한다. 그리스도교적 교회 안에서 하나님에 관해 그와 다르게 말할 수 없다. 하나님께서는 우리의 증명을 어떤 방식으로도 필요로 하지 않으신다. 성서 안에서 하나님이라 불리는 분은 **탐구될 수 없으시다**. 다시 말해 그분은 어떤 인간에 의해서도 발견되지 않으신다. 오히려 다음과 같다. 만일 우리가 그분을 언급할 때, 마치 우리가 잘 알고 있는 어떤 영역, 다시 말해 다른 모든 현실성보다 더 잘 알려져 있고 더 현실적인 영역, 더 나아가 우리 자신보다도 우리에게 더 가까운 어떤 영역에 대하여 말하는 것처럼 그분에 관해 〔바르게〕 말한다면, 그것은 그러한 본질을 탐구하는 일에 성공할 만큼 특별히 경건한 어떤 사람들이 있었기 때문이 아니다. 오히려 그것은 우리에게서 숨어 계신 그분이 그분 자신을 우리에게 나타내셨기 때문이다.

다음이 그 사실과 밀접한 관계 안에 있다. 하나님께서는 증명될 수 없고 탐구될 수 없으실 뿐만 아니라, 또한 **파악되실 수**unbegreiflich **없다**. 성서 안에는 하나님을 정의하려는, 다시 말해 하나님을 개념으로 파악하려는 어떤 시도도 없다. 오히려 하나님의 이름이 성서에서 언급될 때, 그것은 철학자들이 행하는 것과는 다르다. 즉 어떤 무시간적 본질, 세계를 뛰어넘는 낯설고 최고인 어떤 본질의 이름이 거명되지 않는다. 오히려 살아 계시고 행동하고 일하고 자신이 알려지도록 하시는 한 주체의 이름이 전해진다. 성서는 그러하신 하나님을 설명하며, 그분의 행동들 그리고 (여기 땅 위의 인간적 영역에서 발생하는) 높은 곳에 계신 하나님의 역사를 보고한다. 성서는 하나님의 그러한 작용과 행동 그리고 그러한 역사의 의미와 영향력을 드러낸다. 바로 그렇게 성서는 하나님의 존재를 증명하며, 그렇게 성서는 그분의 본질과 본성을 지칭한다. 성서와 신앙고백에서의 하나님 인식은 그분의 현존재, 그분의 생명, 그분의 행동의 인식이며, 사역 안에 계신 그분의 계시의 인식이다. 그와 같이 성서는 어떤 철학책이 아니며, 오히려 역사책이며, 하나님의 위대하신 행동들에 관한 책이다. 그 행동들 안에서 하나님께서는 우리에게 인식되신다.

성서는 일련의 사역을 서술하는데, 그중 첫째는 **창조**의 사역이다. 하나님께서는 자기 곁에 한 타자, 그분과 구분되는 것, 곧 피조물을 두신다. 그러나 하나님께서는 피조물을 필요로 하지는 않으신다. 그분은 전능하신 능력과 거룩하게 넘쳐흐르는 사랑 안에 계시기 때문이다. 둘째로, 하나님과 그분의 피조물 사이, 곧 하나님과 인간 사이에는 **계약**

이 수립된다. 마찬가지로 파악할 수 없는 사실은, 왜 하필이면 **하나님과 인간** 사이인가? 인간은 시초부터 하나님께 감사할 줄 모르고 대항하고 더 나아가 죄인이라고 말하고 있지 않은가? 그러나 죄에도 불구하고, 그 죄를 주권적으로 일소하고, 그 죄가 사하여지는 것을 자신의 고유한 권한에 두면서, 하나님의 자기희생은 발생한다. 하나님께서는 근동의 한 작고 멸시받는 민족인 이스라엘의 하나님이 되시는 일에 자신을 내어 주신다. 그분은 그 백성에 속한 한 인간이 되시고 한 아기가 되시고, 그 다음에 죽는 일에 자신을 내어 주신다. 그리고 셋째—전체는 **하나**의 사역이면서—는 **구원**의 사역이다. 그 사역은 인간과 세상에 대한 하나님의 자유로운 사랑의 의도가 나타나는 것이며, 그 의도를 막으려는 모든 것을 멸하시는 일이며, 새 하늘과 새 땅이 계시되고 볼 수 있게 만드는 일이다. 그러한 전체는 하나의 길이며, 그 길은 **예수 그리스도의 이름**, 아니 한 사람 예수 그리스도의 표징 아래 있다. 이 인간 안에서 하나님 자신이 땅 위에서 볼 수 있게 활동하셨다. 바로 그 예수 그리스도께서 이스라엘 민족의 역사의 목적인 동시에 교회의 시작과 출발점이며, 구원의 계시인 동시에 만물의 완성의 계시다. 하나님의 사역 전체는 바로 그 한 인격 안에서 생동하고 활동한다. 하나님을 성서적 의미에서 말하려는 사람은 언제나 또다시 필연적으로 예수 그리스도를 말하지 않을 수 없다.

그러한 창조, 계약, 구원의 사역은 현실이며, 그 현실 안에서 하나님께서는 현존하고 살아 계시고 자신이 알려지도록 만드신다. 하나님의 본질과 존재를 인식하려고 할 때, 우리는 그분의 사역을 추상화해서는 안 된다. 바로 그 사역 안에서 하나님께서는 인격이시며, 그 인격은 그분 자신을 서술하며, 그래서 그분은 그 사역의 주체이시다. 그것은 **하나님의 자유로운 사랑의 사역**이다. 우리는 그 사역을 서술하는 현실성을 그리고 하나님의 본성과 본질을 '자유와 사랑'이라는 두 가지 개념으로 감히 표현하려고 한다. 그러나 그렇게 할 때 우리는 조심해야 한다. 말하자면 우리는 구체적인 것으로부터 추상성으로, 역사로부터 이념의 영역으로 벗어나거나 추락해서는 안 된다. 다시 말해 '내'가 하나님은 자유이거나 혹은 하나님은 사랑이라고 말하는 것이 아니다. 비록 둘째 진술이 성서적이라 해도 마찬가지다. 우리는 사랑이 무엇인지 모르며, 자유가 무엇인지 모른다. 다만 **하나님**께서 사랑이시며, 그리고 **하나님**께서 자유이시다. 자유가 무엇이며 사랑이 무엇인지 우리는 그분으로부터 배워야 한다. 그 주체의 술어로 다음과 같이 말할 수 있다. 그분은 자유로운 사랑의 하나님이시다. 창조, 계약, 구원의 사역에서 그분은 자신을 그러하신 하나님으로 증명하신다. **그곳**에서 우리는 사랑이 무엇인지 경험한다. 사랑은 타자를 그 타자 자신을 위해 갈망하는 것이며, 그래서 일자一者는 더 이상 홀로 존재하지 않으며, 오히려 철두철미 그 타자와 함께 존재한다. 그것이 사랑이며, 그것이 하나님의 **자유로운** 사랑이다. 하나님은 고독하지 않으시며, 세상이 없다고 해도 고독하지 않으시다. 그분은 세상을 필요로 하지 않지만, 그럼에도 불구하고 세상을 사랑하신다. 이 사랑은 그분의 자유의 위엄 없이는 이해될 수가 없다. 아버지이신 그분이 (또한 그 자신도 하나님이신) 아들을 사랑하시는 것, 이것이 하나님의 사랑이다. 그분의 사역을 볼 수 있게 되는 것은 그분의 내적 본질의 비밀의 덮개가 열리기 때문이다. 그곳에서는 모든 것이 자유이며, 모든 것이 사랑이다.

이제는 아마도 '높은 곳에 계신 하나님'이라는 제목을 이해할 수 있을 듯하다. 하나님께서 **높은 곳**에 계신다는 것은 하나님께서 그러하신 분, 곧 예수 그리스도 안에서 사역하시는 아버지와 아들과 성령이라는 사실에서 그러하며, 오직 그 사실 안에서만 그러하다. 그분은 가장 깊은 곳까지 내려오셨으며, 긍휼히 여기시는 그분은 그분의 피조물을 위해 그 피조물의 실존의 모든 깊이에 이르도록 자신을 내어 주셨다. 바로 그분이 높은 곳에 계신 하나님이시다. 그분의 본성과 본질은 그 사실에 놓여 있고, 그분의 존재는 그 사실에서 예증된다. 그분이 그렇게 낮은 곳으로 내려오셨다는 것은 어떤 '그럼에도 불구하고'가 아니고 어떤 특이한 모순의 대립도 아니며, 오히려 하나님의 높으심이다. 그것이 그분의 고귀한 본질이며, 그분의 자유로운 사랑이다. 이와 다른 어떤 높음을 바라보려는 사람은 하나님 안의 전적 타자를 아직 이해하지 못하고 있으며, 무한성 안의 신을 찾는 이방인의 길 위에 여전히 머물고 있는 것이다. 그러나 그분은 우리가 상정하는 우리의 신들과는 전혀 다른 분이시다. 그분은 아브라함을 부르시며, 저 불쌍한 민족을 광야를 통과하여 인도하시며, 그 민족의 수백 년에 걸친 불충과 수백 년에 걸친 불순종에 의해서도 실수하지 않으시며, 자신이 베들레헴의 마구간에서 한 아기로 탄생하도록 하시며, 골고다에서 죽으신다. 그분은 그러한 하나님이시다. 그분은 영광의 주님이며, 참 하나님이시다. 여러분은 그리스도교적 믿음 안에서 유일신론이 무엇을 뜻하는지 이해하는가? 하나님께서 "하나라는 숫자를 기뻐하는 〔유일신론의〕 어리석음"을 모르시겠는가! 중요한 것은 하나라는 숫자가 아니라, 오히려 (모든 다른 존재에 대한 그분의 철저한 유일성 및 타자성 안에서) 그분만 주체가 되신다는 사실이다. 이 점에서 그분은 인간이 고안해 낸 모든 우스꽝스런 신들과는 다르시다. 우리가 그 사실을 통찰하였다면, 그때 우리는 다만 웃을 수밖에 없으며, 그러한 숫자놀이에 대한 웃음은 성경 전체를 통하여 지속된다. 참 하나님이 한번 통찰되고 나면, 우상들은 먼지로 추락하며, 그때 그분은 유일무이하신 분으로 남는다. "나는……네 하나님 여호와니라. 너는 나 외에는 다른 신들을 네게 두지 말라"(출 20:2-3). 이러한 '너는 하지 말라'du sollst nicht는 '너는 그렇게 할 수 없다'du kannst nicht의 능력을 갖는다. 그분 곁에서 어떤 다른 신을 부르는 사람은 인간의 불합리한 갈망의 그림자에 떨어질 뿐이며, 그 갈망의 결과는 그에게 아주 나쁠 뿐이다. 그렇다면 둘째 계명은 아주 분명하다. "너를 위하여 새긴 우상을 만들지 말고……어떤 형상도 만들지 말며 그것들에게 절하지 말며 그것들을 섬기지 말라!"(출 20:4-5) 이것은 이스라엘적 사고방식의 한 표징이 아니며, 어떤 비가시성의 철학적 개념을 배후에 두고 있는 것도 아니다. 오히려 하나님께서 그분 자신의 서술을 위해 그 모든 것을 스스로 행하셨다. 하나님께서 자신의 형상을 스스로 표현하셨을 때, 어떻게 인간이 그 형상을 모방하여 만들 수 있겠는가? 하나님께서 자신의 형상을 스스로 만드셨기 때문에, 그리스도교적 예술의 어떤 호의적인 일 혹은 '장관'을 이루는 일련의 작품들 전체는 의도는 좋지만, 무력할 뿐이다. '높은 곳에 계신 하나님'을 이해한 사람에게는 사변에 의해서나 다른 방법으로나 어떤 형상을 만들려는 시도란 불가능하게 된다.

06

아버지 하나님

한분이신 하나님께서는 본성적으로 영원한 아버지시며, 자신의 아들의 근원이시며, 그 아들과의 합일 안에서 성령의 근원이시다. 이러한 존재양식의 능력 안에서 그분은 은혜롭게도 모든 인간의 아버지시며, 그분은 시간 안에서 그 인간들을 (아들 안에서 그리고 성령을 통하여) 그분의 자녀가 되도록 부르셨다.

한분이신 하나님, 높은 곳에 계신 하나님, 유일무이하신 하나님은 **아버지**시다. 이 단어를 발언하는 즉시, 곧 사도신경 제1조항과 함께 '아버지'라고 말하는 즉시, 우리는 곧바로 제2조항과 제3조항을 주시해야 한다. 그분은 **아들**이시며, 그리고 그분은 **성령**이시다. 그분은 **한분** 하나님이시다. 사도신경의 세 조항은 그분에 관하여 말한다. 그것은 세 신들이 아니며, 나누어지고 쪼개진 신이 아니다. 삼위일체는 세 신들을 말하지 않으며, 오히려 삼위일체—그리스도교적 교회는 언제나 이렇게 이해하여 왔고 이와 다른 어떤 것을 성서 안에서 발견하지 못하였다—는 한분이신, 유일무이하신 하나님을 다시 한 번 그리고 이제야 비로소 올바르게 말한다. 이것은 이론적 문제가 아니며, 오히려 모든 것은 다음에 달려 있다. 사도신경의 세 조항의 내용은 서로 분리될 수 없으며, 그 세 조항들 안에서 창조자 하나님과 예수 그리스도 안에서 행동하시는 하나님과 성령으로서 일하시는 하나님에 관해 말하는 것은 세 개의 어떤 신적인 분과分課와 각각의 '책임 관리인'을 뜻하지 않는다. 삼위일체는 **한분** 하나님의 **하나의** 사역을 말한다. 그러나 그 사역은 그 자체가 내적으로 운동하는 사역이다. 왜냐하면 우리 그리스도인들이 믿는 하나님께서는 어떤 죽은 신이 아니고 어떤 고독한 신도 아니기 때문이다. 오히려 그분은 유일하신 분인 동시에 또한 자신 안 곧 그분의 신적 위엄 안에서 높은 곳에 계신 한분이며, 그럼에도 불구하고 홀로 계시지 않는다. 그리고 그분의 사역도 마찬가지다. 사역 안에서 그분은 우리와 만나시며, 우리는 그분을 인식할 수 있다. 그 사역은 내적으로 운동하면서 살아 움직이는 사역이다. 그와 같이 하나님께서는 본성적으로 (영원히 자신 안에서 그리고 우리를 위해 시간 안에서) **세 가지 존재 양식 안에 계신 한분**이시다. 옛 교회의 언어는 "하나님은 세 인격 안에 계신다"고 말한다. 옛 교회가 이해하였던 것과 같은 그 인격 개념은 논박될 수 없다. 왜냐하면 인격은 라틴어와 희랍어의 어법에서는 내가 방금 '존재양식'Weise zu sein이라고 말한 것과 정확하게 일치하기 때문이다. 그러나 오늘날 우리가 인격이라고 말할 때는 인간들이 인격으로 존재한다는 사실과 유사한 어떤 〔현대적〕 상상이 의도하지 않게 그리고 막을 수 없이 개입한다. 그런데 바로 그 상상은 아버지와 아들과 성령이신 하나님의 존재를 서술하기에는 생각건대 대단히 부적합하다. 칼뱅도 한때 냉소적으로 말했다. 우리는 삼위일체 하나님을 생각할 때, 많은 화가들이 그렸던 것처럼 세 명의 난쟁이 '인형들'을 상상해서는 안 된다. 그것은 삼위일체가 아니다. 오히려 그리스도교적 교회가 삼위일체 하나님을 말할 때, 그 하나님께서는 한 존재양식 안에 계시는 것이 아니라, 그분은 아버지이실 뿐만 아니라 또한 아들도 되시고 성령도 되신다. 세 번 반복하여 한분 동일하신 분이시고 삼중이지만 그러나 우선적으로 삼위**일체**이신 그분은 자기 자신 안에서 그리고 높은 곳에서 그리고 계시 안에서 아버지와 아들과 성령이시다.

그러므로 우리는 무엇보다도 다음을 확정해야 한다. '아버지' 하나님을 '우리의 하나님'이라고 부를 때, 그때 우리는 하나님에 관해 어떤 중요하고 참된 것, 더 나아가 그분 본성의 가장 깊은 곳에 이르게 되며, 모든 영원 안에서 가장 참된 것을 말하고 있는 것이다. 그분은 아버지시다. 그리고 전적으로 동일한 것이 아들에게도 성령에게도 해당된다. 하나님의 '아버지'라는 이름은 단순히 우리가 사람들에게 붙여 주는 별명에 불과한 것이 아니다. 그렇게 된다면 사정은 다음과 같이 잘못 이해될 것이다. "인간은 '아버지 되심'이라고 하는 어떤 개념을 알고 있다. 그것은 인간이 그의 육체의 아버지에 대해 갖는 관계다. 그리고 이제 그는 그 관계를 하나님께 대한 관계로 옮기며〔투사하며〕, 그렇게 할 때〔투사할 때〕 그 하나님의 〔참된〕 본질은 우리가 최종적으로는 '아버지 되심'이라 부르는 것과 전혀 다르고 아무 관계도 없다고 전제된다. 하나님이 아버지라는 것은 그분의 〔본질이 아닌 우리를 향한〕 계시에 대해서만, 곧 우리를 향해서만 그러하다. 우리는 그분 자신 안에 계신, 곧 신적 본성과 영원 안에 계신 그분의 존재는 알 수 없다. 그분은 자신의 그러한 비밀로부터 벗어나셨으며, 그래서 바로 그때〔벗어나셨을 때] 그분은 우리에 대해 아버지시다." 그러나 이러한 [잘못된] 이해는 우리 논의의 정말로 중심적인 사태 관계를 서술하는 데 충분하지 못하다. 성서와 사도신경이 하나님을 아버지라고 부를 때, 그것은 **하나님**께서 영원 전부터 아버지심을 뜻한다. 하나님은 자기 자신 안에서 아버지시며 본성상 영원 안에서 아버지시다. 그리고 그 다음에 바로 그곳[본성]으로부터 그분의 피조물인 우리에 대해서도 또한 아버지시다. 그러므로 먼저 인간적인 '아버지 되심'이 있고 그 다음에 어떤 소위 신적인 '아버지 되심'이 있는 것이 아니다. 오히려 정반대다. 먼저 참되고 본래적인 '아버지 되심'이 하나님께 있고, 그 '아버지 되심'으로부터 우리가 인간들 사이에서 '아버지 됨'이라고 아는 것이 유래한다. 하나님의 '아버지 되심'이 모든 자연적인 '아버지 되심'의 근원이다. 에베소서가 말하듯 하늘과 땅의 모든 '아버지 되심'이 그분으로부터 온다(엡 3:14-15). 우리가 아버지 하나님을 마지막 깊이까지 들여다볼 때, 그분을 아버지로 인식하고 우리를 그분의 자녀라고 말할 수 있을 때, 그때 우리는 진리를, 그것도 시초의 본래적인 진리를 사고하고 있다.

아버지 하나님. 이 말과 함께 우리는 다른 신적 존재양식 곧 (첫째와 구분되는) 둘째 존재양식의 원천 및 근원인 하나님의 존재양식을 말한다. 그러나 둘째 존재양식도 또한 그분의 존재양식이며, 그분의 신성 안에서 그분과 동일하다. 하나님께서는 다음 방식으로 하나님이다. 그분은 아버지시며, **자신의 아들의** 아버지시며, 그분은 자기 자신을 규정하시며sich setzen, 그리고 자기 자신을 통해 다시 한 번 하나님이시다. 자기 자신을 통해 '규정'되는 것이며, 자기 자신을 통해 '창조'되는 것—아들은 창조되지 않았다!—이 아니다. 그러나 아버지와 아들의 그러한 관계가 하나님의 본성적 현실성의 전부는 아니다. 하나님의 그러하신 규정 그리고 규정되심에서 물론 하나님의 단일성이 위협을 받는 것은 아니다. 아버지와 아들은 서로 **연합된 관계**miteinander이며, 이것이 하나님의 단일성을 성령 안에서 세 번째로 확고하게 만든다. 아버지 하나님과 아들 하나님은 서로와의 연합 안에서 성령의 근원이시다. "아버지로부터 그리고 또한 아들로부터 나신 성령"*Spiritus qui procedit a Patre Filioque*. 바로 이것이 동방교회의 가련한 친구들이 끝내 완전하게 이해하지 못했던 것이다. 낳는 자와 낳아지는 자가 함께 연합하여 성령의 근원이시며, 그렇게 하여 그들의 단일성의 근원이시다. 사람들은 성령을 "사랑의 끈"*vinculum caritatis*이라고 불렀다. 하나님이 아버지와 아들이심에도 '불구하고'가 아니라 오히려 하나님께서 아버지 그리고 아들이기 때문에, 그곳에는 단일성이 있다. 그와 같이 하나님께서는 자신을 규정하는 분으로서 자신을 통해 존재하는 분이시며, 신성 안에 계신 분으로서 자신 안에서 구분되지만 그러나 또한 자신 안에서 동일하시다. 바로 그렇기 때문에 그분은 자기 자신 안에서도 고독하지 않으시다. 그리고 그분은 세상을 필요로 하지 않으신다. 그분은 삼위일체이기 때문에, 생명의 모든 풍요로움 그리고 행함과 연합의 모든 충만이 그분 자신 안에 있다. 그분 자신은 운동 중이지만, 그러나 또한 정지해 계신다. 그 사실로부터 그분이 우리를 위해 행하시는 모든 것이 통찰될 수 있다. 그분이 창조자시며, 예수 그리스도 안에서 그분 자신을 우리에게 선사하셨으며, 성령 안에서 우리를 그분 자신과 하나로 만드셨다는 것, 이것은 그분의 **자유로운 은혜**이며, 그분의 충만함의 흘러넘침이다. 우리에게 무엇을 빚지신 것이 아니라, 다만 넘쳐흐르는 긍휼이다! 하나님께서는 그분 자신을 향한 존재를 이제는 다만 그분 자신만을 위한 것으로 여기지 않으시고, 오히려 영원 전부터의 그분의 존재를 또한 **우리를 위한** 존재가 되도록 하셨다. 하나님께서는 영원한 '아버지 되심'의 능력 안에서—그것이 자신의 일이라서가 아니라 자유로운 은혜로—또한 우리의 아버지가 되기로 하셨다. 우리는 이 진리를 도무지 파악할 길이 없다. 하나님이 바로 아버지의 존재이기 때문에, 그분의 사역도 또한 아버지와 같은 사역이다. 하나님께서 (아들과는 달리) 하나님 자신과는 구분되는 타자의 창조자가 되신다는 것, 그분이 그 타자를 위해 현존하려 하신다는 것, 이것은 다름이 아니라 그분이 우리에게 그분 자신에 참여하는 지분을 수여하심을 뜻한다. "우리는 신성한 성품에 참여하는 자가 될 것이다"(벧후 1:4). 우리가 하나님을 위에서와 같이 아버지라고 부를 때, 그것은 그 이상도 그 이하도 아닌 바로 그것을 말한다. 우리는 이제 하나님을 아버지라고 부를 수 있다. 그것은 하나님께서 아들 안에서 자기 자신을 부르는 것과 같다. 인간 그 자체는 하나님의 자녀가 아니며, 오히려 하나님의 피조물이다. 인간은 만들어졌으며*factus*, 하나님으로부터 출생한 것*genitus*이 아니다! 그와 같은 피조물인 인간은 눈이 닿는 곳이라면 어디서나 하나님을 거부하는 하나님 없는 자이지만, 그럼에도 불구하고 하나님의 자녀다. 우리가 하나님의 자녀들이 될 수 있는 것은 그분의 자유로운 사역인 낮아지심과 긍휼 때문이다. 우리는 **그럼에도 불구하고** 그분의 자녀들이다. 그분이 아버지시기 때문에 그리고 그분이 우리를 그렇게 만드셨기 때문에, 우리는 그분의 자녀들이다. 우리는 그분의 **아들 안에서 그리고 성령을 통하여** 그분의 자녀들이다. 다시 말해 우리와 하나님 사이의 어떤 직접적 관계에 근거해서가 아니라, 오히려 하나님께서 자기 자신을 통해 우리를 그분의 본성에, 그분의 생명과 본질에 참여하도록 하신다는 사실에 근거해서, 우리는 그분의 자녀들이다. 하나님께서 자신의 본질과 자기 아들의 출생 안에 우리에 대한 그분의 관계가 포함되도록 하시는 것은 하나님의 선한 의지와 결정의 결과다. 우리가 그분 안에서, 아들 안에서 성령을 통해 그분의 자녀들로 불릴 수 있다는 것은 아버지와 아들을 하나로 묶는 저 동일한 "사랑의 끈"에 의해서다. 하나님의 성령으로서의 존재양식 안에 우리의 부르심이 포함된다. 이것도 마찬가지로 하나님께서 영원 전에 결정하신 것이다. 아들 안에서의 하나님의 존재 그리고 하나님께서 아들 안에서 행하시는 것은 **바로 너**를 향한 것이며, **너에게** 해당하고 유익이 된다. 하나님의 본성 안에서 참된 것이 이제 시간 안에서도 참이 된다. 그러므로 그것은 더도 덜도 아니라 바로 신적 생명의 반복이다. 이 반복은 우리가 이끌어 낼 수 없고 우리가 취할 수도 없는 것이며, 다만 하나님께서 신성 밖의 피조물의 영역에서 그 반복이 발생하는 것을 원하셨을 뿐이다. 높은 곳에 계신 하나님께 영광! 우리가 하나님을 우리의 아버지라고 부를 때, 우리는 바로 그것을 첫째로 말한다. 그리고 "땅에서는 평화!"가 이어진다. 왜냐하면 그분은 아들 없는 아버지가 아니기 때문이며, 두 분이 모두 "하나님이 기뻐하신 사람들 중에"(눅 2:14) 우리를 위해 현존하시기 때문이다.

07

전능하신 하나님

하나님의 권능은 의로운 권능이라는 점에서 무력함과 구분되며, 다른 권세들보다 우월하며, '권세 그 자체'에 승리하면서 대립한다. 그 의로운 권능은 예수 그리스도 안에서 확증되고 계시된 하나님의 사랑의 권능이며, 또한 모든 가능한 것의 총괄개념, 규정, 한계이며, 그래서 모든 현실적인 것 위 그리고 그 안에 있는 권능이다.

사도신경은 "전능하신"이라는 개념에 의해 아버지 하나님이라고 지칭되는 분의 한 속성 곧 완전성을 말한다. 사도신경은 〔아버지 하나님에 관하여〕 오직 그 하나의 속성만 안다. 후대에 사람들이 하나님에 대해 체계적으로 말하고 그분의 본질을 서술하려고 시도했을 때, 그들은 수다스러워졌다. 사람들은 하나님의 즉자성과 자기 자신 안에 근거된 존재, 또한 시간과 공간 안에서의 무한성 그리고 영원성 등을 말했다. 다른 한편으로 사람들은 하나님의 거룩성, 정의, 긍휼, 인내 등을 말했다. 우리는 다음을 분명히 해야 한다. 하나님에 관하여 그러한 인간적 개념들에 의해 말하는 것은 언제나 다만 그분 자신을 '지시'하는 데에 그치며, 그러한 종류의 개념들은 하나님의 본질을 현실적으로 '파악'할 수 없다. 하나님은 파악되실 수 없다. 우리가 하나님의 선하심 혹은 거룩하심이라고 말하는 것은 우리 인간이 선함과 거룩함에 대해 이미 가지고 있는 어떤 견해로부터 정의될 수 없으며, 오히려 오직 하나님의 존재로부터 규정된다. 그분은 주님이며 진리이시다. 우리는 다만 이차적으로, 다만 간접적으로 그분의 말씀을 입술에 올리기를 감행할 수 있다. 사도신경은 하나님의 본질을 지칭할 수 있는 모든 가능한 것들의 자리에서 오직 한 단어만 말한다. 그분은 전능하시다. 이것만이 '아버지'의 표현과 특별히 연결된다. 둘 사이에서 한 단어가 다른 것을 해석해 준다. 아버지는 '전능'이며, 전능은 '아버지'이다.

하나님은 전능하시다. 이것은 우선 다음을 뜻한다. 그분은 **권능**Macht이시다. 권능은 할 수 있음을 뜻하며, 현실에 대한 능력과 가능성을 뜻한다. 현실성이 창조되고 규정되고 유지되는 곳에는 그 현실성의 근저에 놓인 가능성이 존재한다. 그리고 이제 하나님에 관하여 진술된다. 그분 자신이 현실성의 근저에 놓인 그 가능성 곧 그러한 '할 수 있음'을 결정하고 유지되도록 하셨다. 더 나아가 그분은 전능한 권세를 가지신다. 다시 말해 그분은 **모든 것**을 가지시며, 모든 현실적인 것과 모든 가능한 것들의 기초가 되는 척도가 되신다. 현실성 중에서 그분에게 그분의 가능성으로서 근거되어 있지 않은 것은 없으며, 어떤 가능성 혹은 현실성의 근거 중에서 그분에게 한계를 지운다거나 그분께 방해가 될 수 있는 것은 없다. 하나님께서는 원하는 것을 행하실 수 있다. 그러므로 우리는 하나님의 권능을 하나님의 **자유**라고 부를 수도 있다. 하나님께서는 철두철미 자유로우시다. 영원성, 편재, 무한성 등은 자유의 개념에 포함된다. 하나님께서는 공간과 시간 안에서 가능한 모든 것에 대한 권능을 가지시며, 그분은 시간과 공간의 척도와 근거이시며, 그분에게는 한계가 없다. 그러나 그 모든 것은 아직은 대단히 철학적으로 들리며, 우리는 아직도 하나님의 속성으로서의 전능성이 말하려고 하는 것에는 다만 멀리서라도 접근하지 못하고 있다. 권세라 불리고 싶어 하고 전능이라는 소리를 듣고 싶어 하는 많은 것들이 있지만, 그러나 그 어느 것도 하나님의 전능성과 관계가 있는 것은 없다. 일반적 개념을 구성하려고 할 때, 우리는 반드시 조심해야 한다.

도입 명제에서 세 단계의 구분이 언급되었다. 하나님의 권능은 무력함과 구분되며, 모든 다른 권세들보다 우월하며, 그리고 '권세 그 자체'에 승리하면서 대립한다.

하나님의 권능은 **모든 각각의 무력함과 구분**된다. 어떤 무력한 권세도 있다. 그것은 전적으로 혹은 부분적으로 불가능한 가능성이다. 그러나 하나님께서는 전적으로도 부분적으로도 무력한 권세가 아니시며, 오히려 현실적 권능이시다. 하나님께서는 아무것도 할 수 없는 분이 아니며, 또한 모든 것을 할 수는 없는 분도 아니시다. 오히려 그분은 **원하는**[will] 것을 **하실 수 있다**[kann]는 점에서 다른 모든 권세로부터 구분되신다. 어떤 무력함이 문제될 때, 우리는 어떻든 하나님과 관계를 갖지 못한다. 하나님이 어떤 멀리 떨어진 곳, 그것도 대단히 먼 곳에 있다고 상상한다면, 그때 우리는 하나님이 아니라 근본적으로 허약한 어떤 본질을 가리키고 있을 뿐이다. 하나님은 어떤 그림자와 같은 종류의 존재가 아니시며, 오히려 하나님께서는 모든 허약함과 대립하신다.

하나님께서는 다른 모든 권세보다 우월하시다. 다른 권세들은 하나님과는 전혀 다르게 우리를 압박해 온다. 그 권세들은 겉으로는 본래적 실재인 것처럼 보인다. 그러나 하나님께서는 그러한 일련의 세상의 권세들 안에 계시지 않으며, 예를 들어 그것들 중 최고인 것도 아니시다. 오히려 하나님께서는 다른 모든 권세보다 우월하시며, 그러한 것들에 의해 제한되거나 제약되지 않으시며, 오히려 그분은 모든 주의 주님이시며, 모든 왕 중의 왕이시다. 그러므로 어떻게든 권세라고 할 수는 있는 그러한 모든 권세는 미리 앞서서 하나님의 권능 앞에 무릎을 꿇지 않을 수 없다. 그러한 것들은 그분의 권능과는 전혀 경쟁할 수 없는 권세들이다.

마지막 단계가 가장 중요한데, 왜냐하면 거의 모든 혼동이 여기서 위협하기 때문이다. 하나님께서는 **'권세 그 자체'도 아니시다.** 모든 권세의 총괄개념 곧 할 수 있음, 가능성, 중립적 존재로서의 자유, 절대적 자유, 추상적인 할 수 있음, 권세 그 자체 등은 우리를 자아도취에 빠지도록 만드는 사고다. 과연 하나님이 모든 주권성의 총괄개념이며, 순수한 권력*potentia*이신가? 그분은 자주 그렇게 잘못 이해되어졌다. 그리고 그 권력 곧 권세 그 자체가 신적인 것, 가장 심오하고 참되고 아름다운 것이라고 잘못 상상하게 되는 일은 너무도 쉽고 가까이 있다. 그래서 사람들은 그러한 '권세 그 자체'가 현존재의 비밀이라고 경탄하고 존경하며, 더 나아가 숭배하고 칭송하기도 한다. 여러분들은 히틀러가 하나님을 언급하곤 할 때, 어떻게 그분을 '전능자'라고 불렀는지 기억할 것이다. 그러나 어떤 '전능자'가 하나님인 것은 아니며, 권세에 대한 최고의 총괄개념으로부터 하나님이 누구신가 하는 것이 이해될 수는 없다. 어떤 '전능자'로서의 하나님을 말하는 사람은 최악의 방식으로 하나님을 언급하지 않는 것이다. 왜냐하면 '전능자'는 '권세 그 자체'가 악한 것처럼 마찬가지로 악하기 때문이다. 어떤 '전능자'라는 것은 카오스(혼돈)이며, 악이며, 마귀다. 우리는 그와 같이 자기 자신 안에 근거되고 자유롭고 주권적인 어떤 능력을 상상해 보는 것보다 바로 마귀를 더 잘 지칭하고 더 잘 정의내릴 수는 없을 것이다. 권력에 대한 그러한 자아도취적 사고는 카오스이며, 혼돈과 공허*tohu wabohu*며, 하나님께서 창조 안에서 뒤편으로 버려 두신 것이며, 하나님께서 하늘과 땅을 창조하실 때, 원하지 않으셨던 것이다. 그것은 하나님께 대한 **반대**이며, 하나님께서 창조하신 세계를 지속적으로 위협하는 위험이다. 오직 권력 그 자체이려 하고 자신을 그렇게 관철시키려 하고 그러한 권력으로서 지배하려 하는 것은 거짓되고 자의적인 자유, 곧 저 불가능한 가능성의 침입과 공격이다. 권력이 그 자체로 존경과 숭배를 받는 곳, 권력 그 자체가 권위가 되려 하고 법을 정하려는 곳, 그곳에서 우리는 '허무주의의 혁명'과 관계하게 된다. 권력 그 자체는 허무이며, 권력 그 자체가 등장하고 지배하려 할 때, 질서가 창조되는 것이 아니라 오히려 혁명이 발발한다. 권력 그 자체는 악하며, 그것은 모든 사물의 종말이다. 참된 권능인 하나님의 권능은 그러한 권력 그 자체와 정면으로 대립한다. 하나님의 권능은 권력 그 자체보다 우월하며, 그것 이상이며, 그것의 반대다. 하나님께서는 그러한 허무주의의 혁명에게 '아니오'를 말씀하신다. 하나님께서는 그러한 권력에 대해 승리하면서 대립하신다. 다시 말해 하나님께서 등장하시면 태양이 안개 사이로 비치는 사건이 발생한다. 그곳에서 그러한 '권력 그 자체'의 권세는 넘어지고 쓰러진다. 그곳에서 그러한 흉한 개념은 폭로되며, 그 개념은 사람들이 갖다 바치던 존경심을 잃는다. 그곳에서 마귀들은 도망간다. 그와 같이 하나님과 '권력 그 자체'는 서로를 배척한다. 하나님은 가능성의 총괄개념이신 반면에, 권력 그 자체는 불가능성의 총괄개념이다.

어떤 한도에서 하나님의 권능은 권력 그 자체와 정면으로 대립하며, 어떤 한도에서 그 권능은 모든 권세보다 우월하며, 모든 무력함과 구분되는가?

성서는 하나님의 권능 그리고 그 권능의 예시들과 승리를 말할 때, 결코 **의로움**의 개념과 분리하여 말하지 않는다. 하나님의 권능은 시초부터 의로움의 권능이다. 하나님의 권능은 단순히 권력*potentia*에 지나지 않는 것이 아니라, 오히려 권능*potestas* 곧 적법하고 의로움에 근거한 권능이다.

의로움Recht은 무엇을 뜻하는가? 우리는 뒤돌아보면서 다음과 같이 말해야 한다. 하나님의 권능은 그것이 아버지 하나님의 전능성이라는 사실에서 그리고 그 사실 때문에 의로운 권능이다. 여기서 (아들의 아버지이신) 아버지 하나님의 생명으로 서술되었던 것이 생각되어야 한다. 그 생명의 하나님은 자신 안에서 결코 고독하지 않으시며, 오히려 아들의 아버지로서 영원히 살아 계시고 통치하시며, 자신의 가장 내적인 본질에서 아들과의 연합 안에서 존재하신다. 그러므로 의의 권능으로서 하나님의 전능성은 자신 안에서 **사랑**이신 하나님의 권능이다. 이 사랑에 맞서 논쟁하려는 것은 고독과 고독한 자기주장뿐이며, 그것은 그 자체가 불의이고 참된 권세가 아니다. 그러한 것은 하나님께서 부정하신다. 하나님께서 긍정하시는 것은 **질서**인데, 그것은 하나님 자신 안에, 곧 그분과 아들과 성령 사이에 존재한다는 의미에서의 질서다. 하나님의 권능은 **질서의 권능**이며, 그분의 '사랑의 질서'의 권능이다. 그 권능은 질서의 길들을 닦으며, 질서의 목적들로 인도한다.

하나님의 권능은 거룩하고 정의롭고 긍휼이 있고 인내하고 선하신 권능이다. 그분이 그러하신 삼위일체 하나님이라는 점에서 하나님의 권능은 무력함으로부터 구분된다.

하나님의 권능은 예수 그리스도 안에 있는 그분의 자유로운 사랑의 권능이며, 하나님께서는 그 권능을 예수 그리스도 안에서 확증하고 계시하셨다. 그러므로 우리는 하나님의 **사역**[예수 그리스도]을 모든 가능한 것과 현실적인 것의 총괄개념으로 다시 한 번 바라보아야 한다. 하나님의 은혜로운 존재와 하나님께서 은혜 안에서 행하시는 것은 할 수 있음, 자유, 가능성이라 부르는 모든 것의 총괄개념이다. 하나님의 권능은 어떤 나약한 권세가 아니다. 그렇기 때문에 혹시 하나님께서 2×2=5와 같은 어떤 것을 만드실 수 있는지와 같은 모든 유치한 질문들은 무의미하다. 왜냐하면 그러한 질문들의 배후에는 추상적인 '할 수 있음'의 개념이 서 있기 때문이다. 거짓말을 할 수 있는 어떤 권세는 참된 권능일 수 없다. 그러한 권세는 무력함이며, 모든 것을 주장할 수 있고 또 좌지우지할 수 있다고 믿는 허무의 권세다. 그러한 권세는 하나님 그리고 참된 권능과는 아무 관계가 없다. 하나님의 권능은 **진정한** 권능이며, 그래서 그 권능은 만물 위에 선다. "나는 전능한 하나님이라. 너는 내 앞에서 행하여 완전하라!"(창 17:1) 바로 이 '나'로부터 누가 전능하신 하나님이신지 그리고 전능이란 무엇인지가 확증된다. 혹은 "하늘과 땅의 모든 권세를 **내게** 주셨으니"(마 28:18)에서 말씀하시는 그분 곧 예수 그리스도에게 모든 권세는 주어졌다. 하나님의 그러하신 **사역** 안에서 구원하고 의로운 권능인 그분의 전능성은 볼 수 있게 생동한다. 그와 같이 하나님께서는 모든 가능한 것의 총괄개념, 규정성, 한계이시다. 그리고 **그와 같이** 하나님께서는 초월적 하나님으로서 모든 현실적인 것 위에 서시며, 내재적 하나님으로서 모든 현실적인 것 안에 계신다. 그분은 주체이시며, 그러한 거룩하고 선한 말씀을 말하고 그러한 거룩하고 선한 사역을 행하는 분이시다.

08

창조주 하나님

하나님이 인간이 되심으로써, 그분은 다만 자기 자신을 향해서만 홀로 계시기를 원하지 않으신다는 사실이 계시되고 믿을 수 있게 되었다. 그분은 자신과 구분되는 세계에게 그분 자신의 고유한 현실성, 그분 자신의 특성, 그리고 자유를 선사하신다. 그분의 말씀은 피조물인 세계 존재의 능력이다. 하나님께서는 세계를 무대로 창조하고 유지하고 다스리시며 그 세계 한가운데 인간을 그분의 영광의 증인으로 세우신다.

나는 전능하신 아버지 하나님, 천지의 **창조주**를 믿습니다.

그리스도교적 교회가 '창조주'라는 단어를 통해 고백하는 진리에 접근할 때, 모든 것은 다음 사실에 대한 이해에 달려 있다. 우리는 이미 그때에 그리고 또한 그때도 **믿음의 비밀**과 마주 대면하는데, 그 비밀의 인식은 오직 하나님의 **계시**를 통해서만 현실적으로 가능하다. 아버지 하나님과 그분의 사역에 대한 사도신경 첫 조항은 그리스도인과 유대인과 이방인, 곧 믿는 자들과 믿지 않는 자들이 마치 하나의 현실성 앞에 있는 것처럼 나란히 함께하고, 그래서 그 현실성이 창조주 하나님의 사역이라고 지칭하는 데 서로 일치할 수 있는 〔성전 안의〕 이방인들의 "앞뜰"과 같은 어떤 것이 아니다. 하나님께서 창조주라는 것과 창조의 사역의 중심이 무엇인가 하는 것은 우리 인간에게 은폐되어 있다. 이것은 사도신경에 포함된 다른 내용들이 우리에게 은폐되어 있는 것과 마찬가지다. 창조주 하나님을 믿는 것은 예를 들어 예수 그리스도께서 성령에 의해 잉태되셨다는 것과 동정녀 마리아에게서 탄생하셨다는 것을 믿는 것보다 우리에게 더 친숙한 것이 아니다. 우리는 창조주 하나님의 진리는 우리에게 직접적으로 도달될 수 있는 반면 둘째 조항의 진리만 계시를 필요로 하는 것처럼 〔잘못〕 생각해서는 안 된다. 오히려 우리는 첫째 조항에서나 둘째 조항에서나 마찬가지의 의미에서 하나님과 그분의 사역의 비밀 앞에 서며, 〔양 조항으로〕 접근하는 길도 동일한 하나의 길이다.

왜냐하면 사도신경이 하늘에 대하여 그리고 땅에 대하여 말할 때, 그것은 세계에 대해서는 말하지 않거나 혹은 말한다고 해도 다만 부차적으로만 말하기 때문이다. 사도신경은 '나는 창조된 세계를 믿는다'라고는 말하지 않으며, '창조의 사역을 믿는다'라고는 더욱 말하지 않는다. 오히려 사도신경은 말한다. 나는 **창조주 하나님**을 믿습니다. 그리고 창조에 관해 말하는 모든 것은 철저하게 그 주체에 의존한다. 또한 다음의 동일한 규칙도 항상 적용된다. 모든 술어들은 그 주체에 의해 규정된다. 이것은 또한 창조에도 해당한다. 여기서 근본적으로 중요한 것은 창조주에 대한 인식이며, 그 다음에 그리고 바로 그 인식으로부터 그분의 사역이 이해되어야 한다.

우리는 먼저 **창조주** 하나님에 대하여 말하며, 그 다음에 그분의 사역인 **창조** 곧 하늘과 땅을 만드는 일에 대하여 말한다. 우리가 이 의미를 진지하게 생각한다면, 다음의 사실이 우리에게 직접 조명된다. 우리는 인간적 직관 혹은 인간적 사고가 어떤 의미에서 도달할 수 있는 영역 앞에 선 것이 아니다. 우리는 우주의 전개에 관한 자연과학의 통찰에 몰두해 볼 수 있고, 그 통찰은 우주의 점진적인 생성과정이 성취된 수십억 년에 관하여 우리에게 보고해 줄지도 모른다. 그러나 자연과학이 언제 우주의 그러한 발전을 전개했던 한 '세계'가 존재한다는 **사실성 자체**에 이르기까지 밀고 나간 적이 있었는가? 우주의 그러한 전개는 창조 및 창조주의 개념과 관계되는 '시초'와는 전혀 다르다. 그러므로 **창조신화**를 말하는 사람은 틀림없이 어떤 근본적 오류에 근거하고 있다. 신화라는 것은 최선의 경우라 해도 정확한 자연과학과 비교될 수 있을 뿐이다. 다시 말해 신화는 언제나 이미 존재하는 것과 앞으로 존재할 것에 대한 직관일 뿐이다. 신화의 문제는 모든 시대에 인간에게 제기되고 또 그 점에서 물론 언제나 무시간적인 어떤 거대한 문제다. 그것은 삶과 죽음, 잠과 깨어남, 탄생과 사멸, 아침과 저녁, 낮과 밤 등의 문제다. 이것이 신화의 주제들이다. 신화는 세계를 말하자면 자신의 경계선 안에서 내다보지만, 그러나 그 세계는 언제나 이미 현존하는 세계다. 창조신화라는 것은 있을 수 없다. 왜냐하면 신화는 바로 그 창조 자체에 도달할 수 없기 때문이다. 그러므로 예를 들어 바벨론의 창조신화는 생성과 소멸의 신화라 할 수는 있지만, 그러나 창세기 1-2장과는 근본적으로 어떤 관계도 가질 수 없다. 기껏해야 우리는 창세기 1-2장에서 어떤 신화적 요소들을 발견할 수 있다고 말할 수 있다. 그러나 성서가 그 요소들을 사용하는 것은 신화가 사용하는 것과는 전혀 비슷하지 않다. 우리가 성서적 보고에 어떤 명칭을 주어서 어떤 범주 안에 넣으려고 한다면, '구전'Sage이 적당할 것이다. 성서는 창세기 1-2장에서 우리의 역사적 인식의 외부에 놓인 일련의 사건들을 말한다. 그러나 성서는 그 사건들을 **역사**에 관계된 **인식**에 근거하여 말한다. 다음이 성서적 창조기사의 특징적인 점이다. 성서적 창조기사는 **이스라엘의 역사** 곧 인간과 계약을 맺으신 하나님의 행동의 역사와 엄격한 관계 안에 있다. 이 역사는 구약성서에 따르면 하나님께서 하늘과 땅을 창조하셨다는 사실과 함께 시작한다. 첫째 창조기사나 둘째 창조기사나 마찬가지로 명백하게도 구약성서의 주제와의 관계 안에 있다. 첫째 기사는 계약을 안식일 제정 안에 있는 창조사역의 **목표**로, 둘째 기사는 계약을 창조사역의 **계속**으로 제시한다.

우리는 창조주 하나님과 그분의 사역에 대한 인식을 **인간**과 관계된 하나님의 행동에 대한 인식과 분리시킬 수 없다. 그러므로 우리가 삼위일체 하나님께서 예수 그리스도 안에서 우리 인간을 위해 행하신 것을 눈앞에 두기만 한다면, 우리는 창조주 하나님과 그분의 사역을 어렵지 않게 인식할 수 있다. 창조는 하나님 자신 안의 저 〔삼위일체의〕 사건이 하나님의 외부에서 시간적으로 발생하는 유비Analogon이며, 이 유비는 하나님께서 아들의 아버지심에 근거한다. 세계는 하나님의 아들이 아니며, 하나님에 의해 '낳아진 것'이 아니며, 오히려 **창조**되었다. 그러나 하나님께서 창조주로서 행하시는 것은 그리스도교적 의미에서는 다만 아버지 하나님과 아들 하나님 사이의 내적인 신적 관계의 여운과 반사와 실루엣이라고 보고 이해되어야 한다. 그렇기 때문에 창조의 사역이 사도신경에서 아버지께 귀속된다는 것은 중요한 의미를 갖는다. 그것은 아버지만 홀로 창조주임을 말하지는 않는다. 오히려 그것은 창조주와 창조 사이의 관계가 바로 아버지와 아들의 연합 관계와 창조의 사역 사이의 관계임을 말한다. 창조에 대한 인식은 신에 대한 인식이며, 그렇기 때문에 가장 깊고 최종적인 의미에서 **믿음에 대한 인식**이다. 창조에 대한 인식은 예를 들어 자연신학이 한 공간을 차지할 수 있는 성전 앞뜰이 아니다. 만일 하나님의 그러하신 아버지 되심의 존재가 아들 안에서 우리에게 계시되지 않았다면, 어떻게 우리가 그 존재를 인식할 수 있겠는가? 우리가 하나님께서 세계의 창조주시라는 사실을 복잡 다양한 세계 존재로부터 읽어 낼 수 있는 것은 아니다. 비탄과 행운이 가득한 세계는 우리에게 언제나 한 어두운 거울일 뿐이며, 우리는 세계에 대해 낙관적인 혹은 비관적인 사고를 형성할 수는 있지만, 그러나 그 세계가 우리에게 창조주이신 하나님에 관한 정보를 주지는 않는다. 사람들이 해, 달, 별들로부터 혹은 그들 자신으로부터 진리를 읽어 내려고 했을 때, 결과는 언제나 우상의 형상이었다. 그러나 하나님이 인식되고 그 다음에 세상 안에서 재인식되었다면, 그래서 피조물 안에서 기쁜 하나님 찬양이 있었다면, 그것은 그분이 예수 그리스도 안에서 우리에 의해 찾아지고 발견되었기 때문이다. 하나님께서 예수 그리스도 안에서 인간이 되셨을 때, 또한 다음의 사실도 계시되고 믿을 수 있게 되었다. 하나님께서 세계의 창조주시다. 우리는 어떤 두 번째의 계시 원천을 필요로 하지 않는다.

창조주와 창조에 관한 조항은 결정적으로 다음의 인식을 뜻한다. 하나님께서는 자신을 향해서만 존재하지 않으시며, 오히려 하나님과 구분되는 현실성인 '세계'가 존재한다. 우리는 이것을 **어디에서** 아는가? 우리 중에 이 세상 전체가 본래적으로는 가상이고 꿈에 지나지 않는지를 이미 질문하지 않은 사람이 있는가? 이 질문이 여러분 자신에게 어떤 근본적 질문으로서—그것은 하나님에 대한 의심도 아니고 대단히 어리석은 의심일 뿐이다!—다가오지는 않았는가? 우리가 존재한다는 이 마법 전체는 정말로 현실인가? 우리가 현실이라고 여기는 것이 혹시 '베일에 가려진 가상'인 것은 아니며, 그래서 비현실인 것은 아닌가? 그래서 우리에게 남은 유일한 일은 가능한 한 빨리 이러한 "꿈"을 마지막까지 꿈꾸고, 그 다음에 우리가 유래한 근원인 니르바나로 건너가는 일이 아닌가? 창조의 명제는 그러한 경악스러운 사고와 마주 선다. 그 사고가 도착적倒錯的인 것이고 삶은 꿈이 아니라 현실이고, 나 자신은 정말로 **존재**하고, 나를 둘러싸는 세계가 정말로 **존재**한다는 것을 어디서 우리가 유효하게 들을 수 있는가? 그리스도교적 사도신경에 의하면 오직 다음 하나의 대답만 있다. 사도신경은 그것의 중심 곧 제2조항에서, 하나님께서 인간이 되시는 것을 기뻐하셨다고 말한다. 우리는 예수 그리스도 안에서 창조주 하나님이신 하나님 자신과 관계하게 된다. 그분이 피조물이 되셨으며, 공간과 시간 안에서 여기서 그리고 그곳에서, 그때에, 우리 모두가 실존하는 것처럼 피조물로서 존재하셨다. 이 사실이 참이라면, 그것은 모든 것의 시작의 전제다. 하나님께서 그리스도 안에 계셨다면, 그때 우리는 피조물이 〔꿈과 같은 가상현실이 아닌 참된〕 현실성 안에서 우리에게 등장하고 인식될 수 있는 한 장소를 갖게 된다. 왜냐하면, 창조주 자신이 피조물이 되셨고, 다시 말해 하나님께서 인간이 되셨을 때, 이것이 맞다면—이것과 함께 그리스도교적 앎이 시작한다—그때 예수 그리스도 안에 있는 창조주와 그분의 사역의 비밀 그리고 그분의 피조물의 비밀이 우리에게 공개되며, 그때 사도신경 첫 조항의 내용이 우리 눈앞에 있게 되기 때문이다. 하나님께서 인간이 되셨을 때, 피조물이 존재한다는 사실에 대한 어떤 의문은 더 이상 제기될 수 없다. 우리와 동일한 공간에서 사셨던 예수 그리스도를 바라볼 때, 우리는 다음을 하나님의 말씀으로서 **듣게 된다**. 그것은 창조주의 말씀이며, 그분의 사역에 관한 말씀이며, 그리고 그 사역 중 가장 놀라운 것인 인간에 관한 말씀이다.

그리스도교적으로 이해된 창조의 비밀은―어리석은 자들이 마음속에 말하는 것과 같이―"세계 창시자인 어떤 신은 존재하는가?"의 문제가 아니다. 왜냐하면 그리스도교적으로 이해할 때, 우리는 먼저 세계의 현실성을 전제한 뒤 그 다음에 "어떤 신이 또한 존재하는가?"를 질문하게 되지 않는다. 오히려 우리가 시작할 수 있게 하는 첫째는 아버지와 아들과 성령이신 하나님이다. 그리고 바로 그분으로부터 그리스도교적인 거대한 질문이 제기된다. 하나님께서 자신을 향해서만 홀로 존재하려고 하지 않으시고, 오히려 그분의 외부에 세계가 존재한다는 것, 그래서 그분 곁에 그리고 그분 밖에 우리가 존재한다는 것은 정말로 현실인가? **바로 그것**이 수수께끼다. 하나님께서는 자신을 우리에게 비밀 안에 계신 하나님, 높은 곳에 계신 하나님, 삼위일체 하나님, 전능하신 하나님으로 계시하셨다. 이렇게 그분이 계시하신 것에 따라 하나님을 직관하고 또 이해하려고 조금이라도 시도해 본 사람이라면, 우리와 세계가 그분 곁에 그리고 그분 밖에 또한 존재한다는 사실에 대해 반드시 놀라게 된다. 하나님께서는 우리를 필요로 하지 않으시며, 세계와 하늘과 땅을 필요로 하지도 않으신다. 하나님께서는 그분 자신 안에서 풍요로우시다. 그분은 생명의 충만이며, 모든 영광, 모든 아름다움, 모든 선함, 모든 거룩함이 그분 안에 있다. 그분은 자신으로써 만족하신다. 그분은 자기 자신 안에서 지고의 기쁨의 하나님이시다. 세계가 왜 필요한가? 여기 하나님 안에는 모든 것이 있다. 그렇다면 어떻게 하나님 곁에 그분이 필요로 하지 않는 어떤 것이 존재할 수 있는가? 이것이 창조의 수수께끼다. 이 수수께끼에 대해 창조론은 대답한다. 우리를 필요로 하지 않는 하나님께서 하늘과 땅 그리고 나 자신을 창조하셨다. "아버지로서의 선하심과 긍휼하심에 의해 나의 공로와 가치가 전혀 없이" 창조하셨으며, "그리고 내가 그 모든 것에 대하여 다만 감사하고 찬양해야 하며, 그분을 섬기고 그분께 순종해야 할 의무를 지고 있다는 것은 확실히 참이다."[1] 이러한 루터의 말에서 여러분은 하나님의 창조와 선하심 앞에서의 놀라움을 어렴풋이 느낄 것이다. 그 선하심 안에서 하나님께서는 홀로 계시지 않으려 하고, 어떤 현실성을 자기 곁에 두려고 하신다.

창조는 **은혜**다. 우리는 이 명제 앞에서 경외하고 경악하고 감사하면서 가장 큰 사랑과 함께 멈춰서야 한다. 하나님께서 그분 자신과 구분되는 현실성에 **현존**을 **선사**하셨으며, 그것에 그 자체의 고유한 현실성과 특성과 자유를 선사하셨다. 하나님 곁에 피조물이 존재한다는 것, 그것은 거대한 수수께끼이자 기적이며, 우리가 마땅히 그리고 반드시 대답해야 하는 거대한 질문이며, 그 대답은 다만 하나님의 말씀을 통해 우리에게 주어지며, "신은 존재하는가?"와 같은 오류에 근거한 질문과는 본질적이고 근본적으로 구분되는 **진정한** 실존적 질문이다. **세계**가 존재한다는 것, 이것은 가장 놀라운 전대미문의 것이며, 그것은 하나님의 은혜의 **기적**이다. 우리가 존재와 그리고 다름이 아니라 우리 자신의 고유한 존재와 마주 대면할 때, 우리는 다음을 다만 놀라면서 확인하게 되지 않는가? 내가 **존재할 수 있다**니! 세계가 **존재할 수 있다**니! 이것들이 하나님과 구분되는 현실성임에도 불구하고, 인간 그리고 나 자신의 총괄개념을 포함한 세계라 해도 **하나님이 아님**에도 불구하고 도대체 존재할 수 있다니! 높은 곳에 계신 하나님, 삼위일체 하나님, 전능하신 하나님은 홀로 권능을 갖지 않으시며, 오히려 그분은 그 타자에게 존재를 **선사**하신다. 하나님께서는 그 타자에게 존재를 다만 선사하는 것이 아니라, 다만 허락만 하는 것이 아니라, 오히려 주신다. 우리 그리고 하늘과 땅은 소위 전적인 무한성 안에서 존재한다. 왜냐하면 하나님께서 그것들에게 존재를 부여하시기 때문이다. 이것이 첫 조항의 위대한 진술이다.

그것은 이제 또한 다음을 뜻한다. 하나님께서 세계에게 존재를 부여하고 그리고 그것 자체의 현실성, 특성, 자유를 선사하신다면, 바로 그 세계는 **하나님** 자신이 **아니다**. 범신론은 혼동하면서 언제나 그렇게 주장하려고 한다. 우리가 어떤 하나님이라는 것은 도무지 말이 안 되며, 그러한 주장은 언제나 우리가 "하나님처럼 되려는" 파멸적 오류일 뿐이다. 또 옛날 혹은 최근의 영지주의처럼 성서가 하나님의 아들이라 부르는 것이 근본적으로는 창조된 세계라고 설명한다든가 혹은 **세계가 본성적으로 하나님의 자녀**라고 설명하는 것도 말이 안 된다. 또 어떤 사람이 세계는 예를 들어 하나님으로부터의 〔존재적인〕 '유출'Emanation이며, 그래서 세계는 (어떤 샘의 원천에서 흘러나오는 시내처럼) 하나님이라는 원천에서 흘러나오는 신적인 것으로 이해하는 것도 말이 안 된다. 그것은 참된 창조가 아니며, 오히려 하나님의 생명의 운동이며, 하나님 자신의 표현일 뿐이다. 창조는 어떤 다른 것, 곧 하나님과 **구분되는** 한 현실성을 말한다. 그리고 마지막으로 세계는 하나님의 **현상**Erscheinung으로 이해되어서도 안 된다. 그렇게 된다면 하나님은 이념과 같은 어떤 것이 되어 버린다. 홀로 현실적이고 본질적이고 자유로우신 하나님께서는 한분이시며, 하늘과 땅 그리고 인간과 우주는 어떤 다른 타자다. 이 타자는 하나님이 아니며, 오히려 하나님에 **의해** 존재한다. 이 타자는 독립적으로 자기 자신 안에 근거되어 있지 않다. 세계는 마치 자신의 고유한 원칙을 갖고 있는 것처럼, 그래서 하나님께 대해 독립적으로 자유로울 수 있는 것처럼 행세할 수 없다. 그래서 세계 자신의 편에서 볼 때 어떤 신이 있을 수도 있지만, 그러나 그것은 세계로부터 대단히 멀리 있고 세계와 분리된 신일 뿐이며, 그 결과 두 왕국이 있다고 생각해서도 안 된다. 여기에는 자신의 고유한 현실성과 법칙성을 가진 세계가 있고, 전혀 다른 곳인 저쪽에는 신이 전혀 다르게 아마도 대단히 아름답고 풍부한 색채로 묘사될 수 있는 신 자신의 나라와 세계를 갖는다. 그러한 두 왕국은 아마도 이 세상과 저 세상 사이의 관계로 표현될 것이며, 그래서 사람들은 그가 아마도 이쪽에서 저쪽에 이르는 '도상'에 있다는 식으로 그러한 두 왕국을 승인할 것이다. 그러나 그러한 세계는 하나님에 의해 존재하는 세계가 아니며, 그분으로부터 유래하여 철두철미 그분에게 속하고 그분 안에 근거된 세계가 아니다.

아니다! 하나님께서 세계에 선사하신 것은 **피조적** 현실성과 **피조적** 특성과 **피조적** 자유다. 그것은 피조물인 세계에 고유한 **존재**다. 세계는 가상이 아니며, **존재**한다. 그러나 피조물의 방식으로 존재한다. 세계는 하나님 곁에서 하나님에 의해 존재할 수 있도록 허용되어 있다. 피조적 현실성은 '무로부터의 창조'*creatio ex nihilo*에 근거한 현실성을 뜻한다. 아무것도 없는 곳에서—어떤 창조 이전의 원재료라는 것도 없는 곳에서!—하나님에 의해 하나님과 다른 어떤 것이 생성되었다. 그 결과 어떤 것은 존재하며, 하나님의 은혜에 근거하여 **우리가 존재**한다. 그러므로 우리는 한순간이라도 다음을 잊어서는 안 된다. 우리의 존재 그리고 세계 전체의 존재의 배경과 근거는—다만 만들어진 것*facere*이 아닌—**창조**다. 하나님의 외부에 있는 모든 것은 하나님에 의해 지속적으로 무로부터 유지된다. 피조적 **특성**Art은 시간과 공간 안에 있는 존재를 뜻한다. 그 존재는 시작과 끝을 가지며, 다시 소멸되기 위해 생성된다. 그 존재는 과거 한때에는 없었으며, 미래의 어느 때에는 더 이상 존재하지 않을 것이다. 더 나아가 그 존재는 일자一者가 아니라, 다자多者이다. 과거의 한때와 현재의 지금이 있는 것처럼, 또한 이곳과 저곳이 있다. 세계는 그러한 경과 안에서 시간이며, 그러한 분리 안에서 공간이다. 그러나 하나님은 영원하시다. 이것은 하나님 안에 시간이 없다는 것을 뜻하지 않는다. 하나님 안의 시간은 우리의 시간과는 다르다. 우리의 시간 안에서 우리는 근본적으로 현재를 결코 소유하지 못하며, 우리의 공간은 다만 분리를 뜻할 뿐이다. 하나님의 시간과 공간은 그러한 한계로부터 자유롭다. 우리의 시간과 공간은 오직 하나님의 시간과 공간으로부터만 생각될 수 있다. 하나님은 **시간의 주인**이고 **공간의 주인**이시다. 그분이 또한 그 형식들의 근원이기 때문에, 그분 안에 있는 모든 것은 제약과 불완전성을 갖지 않는다. 제약과 불완전성은 다만 피조적 존재에만 속한다.

그리고 피조적 **자유**는 마지막으로 존재자에게 우발성Kontingenz이 있음을 뜻한다. 그것은 피조물이 **'각각 그와 같이** 현존함'je so da sein이다. '각각 그와 같이 현존함'은 어떻든 인간적 피조물에게는 결단의 자유를 뜻하며, 이러저러하게 행할 수 있음을 뜻한다. 그러나 이 자유는 오직 피조물에게만 귀속되는 자유다. 피조물은 자신의 현실성을 자기 자신으로부터 갖지 못하며, 자신의 특성을 다만 시간과 공간 안에서 소유한다. 그 자유가 현실적 자유일 때, 그것은 우주 안에서 언제나 또 다시 지배적인 법칙성에 의해 규정되고 인지되며, 그것은 한편으로는 이웃 피조물들의 존재에 의해 그리고 다른 한편으로는 하나님의 주권성에 의해 제약된다. 그러므로 만일 우리가 자유롭다면, 그것은 오직 우리의 창조주께서 자유롭기 때문이다. 모든 인간적 자유는 신적 자유의 다만 불완전한 반사일 뿐이다.

피조물은 **무**Nichts와 **파멸**에 의해 위협을 당한다. 이것들은 하나님에 의해 배제된 가능성이며, 오직 하나님만 그것들을 배제하실 수 있다. 피조물이 **존재**할 때, 그것은 오직 (하나님께서 그 피조물이 존재하기를 원하실 때에만) 자신의 특성 안에서 존재하기를 지속할 수 있다. 하나님께서 그것을 원하지 않으실 때, 무는 틀림없이 모든 방향에서 침범해 온다. 피조물은 스스로를 구원할 수도 보존할 수도 없다. 그리고 인간의 결정의 자유라는 것도 하나님께서 인간에게 수여하신 것이며, 그래서 선과 악 사이의 결정의 자유는 아니다. 인간은 분기점의 헤라클레스로 창조된 것이 아니다. 악은 하나님에 의해 창조된 피조물의 가능성 안에 놓여 있지 않다. 결정의 자유는 오직 한 가지, 곧 순종에 대한 결정의 자유를 뜻한다. 하나님의 피조물은 오직 그것만 결정할 수 있으며, 자신을 창조하신 분을 긍정하면서 그분의 뜻의 성취만을 결정할 수 있다. 그것은 순종이다. 그러나 그것 또한 결정의 자유다. 여기에 위험이 도사리고 있다. 피조물이 자신의 자유를 저 유일하게 가능한 것이 아닌 다른 방식으로 사용할 때, 피조물이 자신의 고유한 현실성을 벗어날 때, 피조물이 죄를 범할 때, 다시 말해 자신을 하나님으로부터 그리고 자기 자신으로부터 '분리'sondern시킬 때, 다음이 아니고 다른 무엇이 발생하겠는가? 그때 피조물은 하나님의 의지와 모순관계에 들어가고 그분께 대한 불순종에 떨어질 수밖에 없다. 불순종이란 것은 창조 안에서는 예견되지 않은 가능성이다. 이제 시간과 공간 안에서 존재한다는 것이 그 피조물에게는 파멸을 뜻하며, 그의 실존의 저 생성과 소멸 그리고 이곳과 저곳은 그에게 재앙을 뜻한다. 이제 허무*nihil*로의 추락이 발생한다. 어찌 그렇지 않을 수 있겠는가? 지금 나는 악이라 부르는 것의 전체 영역에 관해 말하고 있다. 죽음, 죄, 마귀, 지옥 등에 대해 다음이 확정되어야 한다. 그 모든 것은 하나님의 창조가 **아니고** 오히려 하나님의 창조에 의해 배제된 것이며, 하나님께서 오직 '아니오'를 말씀하신 것이다. 어떤 악이 실재한다면, 그것은 오직 저 배제되고 부정된 것의 실재일 뿐이며, 하나님께서 세계를 창조하고 그것을 선하게 만드실 때 지나쳐 버리신 이후, 하나님의 등 뒤에 놓인 실재일 뿐이다. "하나님이 지으신 그 모든 것을 보시니 보시기에 심히 좋았더라"(창 1:31). 그러므로 선하지 않은 것은 하나님께서 창조하신 것이 아니며, 어떤 피조적 존재도 선하지 않은 것을 갖지 않는다. 오히려 우리가 선하지 않은 어떤 것에 대하여 어떻든 존재한다고 말할 수 있다면, 그래서 그것이 존재하지 않는 것das Nicht-Seiende이라고 말할 수 없다면, 그때 그것은 오직 하나님의 '아니오'의 중압에서 생성되는 **대단히 특이한** 존재의 권세다. 우리는 하나님 자신 안에서 어둠을 찾으려고 해서는 안 된다. 하나님은 빛의 아버지시다. 우리가 어떤 '숨어 계신 하나님'*Deus absconditus*에 대하여 말하기를 시작한다면, 그것은 우상에 대해 말하는 셈이 된다. 창조주 하나님께서는 피조물에게 존재를 선사하는 분이시다. 존재하는 것, 참으로 현실적인 것은 하나님의 그러한 호의에 의해 존재한다.

하나님의 말씀은 피조물의 모든 존재의 능력이다. 하나님께서는 피조물을 그분의 영광이 펼쳐지는 무대로 창조하고 다스리고 유지하신다. 이것은 창조의 **근거** 그리고 **목적**을 가리킨다. 양자는 최종적으로는 하나이며 동일하다.

창조의 **근거**는 하나님의 은혜다. 하나님의 은혜가 존재한다는 사실은 하나님의 말씀 안에서 현실적이며, 우리에게 현재하고 생동하고 능력이 있다. 하나님께서 (이스라엘의 역사와 예수 그리스도의 역사 안에서 그리고 예수 그리스도의 공동체 안에서) 자신의 말씀을 오늘에 이르기까지 전하셨고 또 전하시기 때문에, 그리고 모든 미래에도 전하실 것이기 때문에, 피조물은 존재했고 존재하며 또 존재하게 될 것이다. 존재자는 자기 자신을 통해서가 아니라 오직 하나님의 말씀에 의해 존재하며, 그분의 말씀을 위해 그리고 그분의 말씀의 의미와 의도 안에서 존재한다. 하나님께서 그의 능력의 말씀으로 만물*ta panta*을 붙드신다(히 1:3). 만물이 다 그로 말미암고 그를 위하여 창조되었다(요 1:1 이하, 골 1:16). 성경이 우리에게 증거하는 하나님의 말씀, 곧 이스라엘과 예수 그리스도와 그분의 공동체의 역사가 첫째 것이고, 빛과 어둠 그리고 깊음들과 높음들을 지닌 세계 전체가 둘째 것이다. 세계는 하나님의 말씀을 통해 존재한다. 이것은 우리의 사고 전체의 기적적 전환을 뜻한다! 여기서 생기는 어려운 시간 개념 때문에 여러분은 실수해서는 안 된다. 세계는 베들레헴에서 탄생한 아기에 의해, 골고다의 십자가에서 죽었고 제3일에 다시 살아난 한 사람에 의해 생성되었고 창조되었다. 바로 그 아기, 그 사람이 창조의 말씀이며, 그를 통해 만물이 지어졌다. 그 **말씀으로부터** 창조의 **의미**가 오며, 그렇기 때문에 성서의 시작은 말한다. "태초에 하나님이 천지를 창조하시니라"(창 1:1). **그리고 하나님께서 말씀하신다.** "있으라!" 하나님의 그러하신 전대미문의 말씀이 성서 첫 장의 저 거대한 말씀이다! 여러분은 이 말씀에서 어떤 전능자가 마술과 같이 세계를 생성해 낸 어떤 말씀을 생각해서는 안 되고, 오히려 다음을 들어야 한다. 하나님께서는 성서가 우리에게 증거하는 것처럼 구체적으로 말씀하신다. 다시 말해 저 아기와 저 사람이 시초부터 하나님의 현실성이기 때문에, 존재하는 모든 것, 곧 빛과 하늘과 땅과 식물과 동물과 마지막으로 인간이 생성되었다.

우리는 창조의 **목적**을 질문한다. 이 모든 것은 무엇을 위한 것이며, 하늘과 땅과 모든 피조물은 무엇을 향하는가? 이에 대해 나는 다음의 대답 외에 다른 것을 알지 못한다. 그것은 그분의 영광의 무대가 되기 위함이다. 하나님께서 영광을 받으신다는 것, 그것이 의미이다. '영광'*doxa, gloria*은 대단히 단순하게 '공개됨'을 뜻한다. 하나님께서는 세계 안에서 보일 수 있게 되기를 원하시며, 그런 점에서 창조는 하나님의 의미 있는 행동이다. "그 모든 것을 보시니 보시기에 심히 좋았더라"(창 1:31). 세계의 현실성에 대해 어떤 항변이 제기된다고 해도, 그 현실성의 선함은 다음에서 흔들릴 수 없이 유지된다. 세계는 하나님의 영광이 드러나는 무대이며, 인간은 바로 그 영광의 증인이다. 우리는 선이 무엇인지 미리 앞서서 알려고 해서는 안 되며, 세계가 선하지 않을 때 그것을 슬퍼해서는 안 된다. 하나님께서 세계를 만드신 목적에 비추어 볼 때, 선하지 않은 세계도 또한 선하다. 그렇기 때문에 칼뱅은 세계가 "하나님의 영광의 무대"*theatrum gloriae Dei*라고 말했다. 인간은 하나님께서 영광을 받으시는 그곳에 현존해야 하는 증인이며, 다만 수동적인 증인이 아니라, 오히려 그가 본 것을 밖으로 말해야 하는 증인이다. 이것이 인간의 본성이다. 인간은 증인이 되어 하나님의 행하신 일들을 증거할 수 있는 능력을 갖고 있다. 하나님의 그러하신 의도가 그분이 창조주이심을 정당화한다.

09

하늘과 땅

하늘은 인간에게 파악되지 않는 피조물이며, 땅은 인간에게 파악될 수 있는 피조물이다. 인간 자신은 하늘과 땅 사이의 경계선상에 있는 피조물이다. 하나님과 인간 사이의 계약이 하늘과 땅과 피조물 전체의 의미와 영예이며, 또한 근거와 목적이다.

"**천지**의 창조주"라고 사도신경은 말한다. 우리는 마땅히 그리고 반드시 다음과 같이 말해야 한다. 하늘과 땅이라는 두 개념 안에서 그것이 개별적이든 관계적이든 상관없이 우리가 그리스도교적 피조물론論이라고 말하는 것이 눈앞에 마주 선다. 이 두 개념은 우리가 오늘날 **세계상**이라 부르곤 하는 것과 말하자면 등가물인 것은 아니다. 물론 그 두 개념 안에 어느 정도 옛 세계상이 반영되어 있다고 해도 그러하다. 그러나 하늘과 땅을 우리가 여기서 취급해야 하는 대상으로 삼을 때, 어떤 특정한 세계상을 대변하는 것은 성서적인 일도 아니고, 그리스도교적 믿음의 일도 아니다. 그리스도교적 믿음은 어떤 옛 세계상에도 혹은 현대적인 세계상에도 속박되지 않는다. 그리스도교적 신앙고백은 수백 년의 시간을 거치면서 하나 이상의 많은 세계상을 뚫고 나아왔다. 어떤 세계상의 대변자들이 과거에 이러저러한 세계상이 (피조물과는 관계없이) 교회가 생각해야 하는 것에 대한 적절한 표현이라고 주장했을 때, 그것은 언제나 잘 알지 못하고 하는 말이었다. 그리스도교적 믿음은 근본적으로 모든 세계상으로부터 자유롭다. 다시 말해 각 시대마다 주도적인 학문을 척도와 수단으로 하여 존재자를 이해하려는 시도로부터 자유롭다. 그리스도인으로서 우리는 옛 세계관에 매여서도 안 되며, 각 시대마다 새롭게 등장하여 지배하게 되는 비슷한 종류의 상에 매여서도 안 된다. 무엇보다도 우리는 교회의 문제를 이러저러한 **세계관**과 연결해서는 안 된다. 세계관은 세계상보다 더욱 포괄적인 것을 뜻한다. 세계관 안에 말하자면 인간에 대한 철학적 형이상학적 이해가 함께 반영되어 있다는 점에서 그러하다. 그리스도인으로서 우리는 그리고 교회는 어떤 세계관의 지반 위에 서지 않도록 조심해야 한다! 왜냐하면 세계관은 '종교'에 대단히 가깝기 때문이다. 어떤 세계관을 소유한다는 것은 성서의 결정적 내용인 예수 그리스도에 의해서는 어떤 경우에도 우리에게 권고되지 않는다. 우리 자신으로부터 존재자를 이해하려는 시도, 사물의 근저에 도달한 뒤 그 다음 하나님과 함께 혹은 하나님 없이 '만물의 세계관'Gesamtanschauung에 도달하려는 어떤 시도는 우리 그리스도인들에게는 영원히 면제되어 있다. 나는 여러분에게 만일 그런 어떤 '만물의 세계관'을 만나거든 그것을 괄호 안에 가두라고 충고한다. 비록 그것을 **그리스도교적** 세계관이라 부른다고 해도 마찬가지다! 우리는 이 경고를 **독일어**권 안에서 특별히 강조하여 말해야 한다!('세계관'Weltanschauung이라는 단어는 '전격전'電擊戰, Blitzkrieg이라는 단어와 마찬가지로 오직 독일어에만 있으며, 영어권에서 이 단어를 사용하려고 한다면, 유별나기는 하지만 독일어로 인용해야 할 것이다)

피조물의 총괄개념이 여기서 하늘과 땅으로 서술된다는 점이 대단히 특징적이다. "태초에 하나님이 천지를 창조하시니라." 성서의 이러한 첫 명제로부터 사도신경은 하늘과 땅이라는 두 개념을 취하였다. 그러나 우리는 다음과 같이 질문해야 한다. 어떤 한도에서 바로 그 두 개념이 피조물 전체를 지칭하는 데 적합한 개념인가? 루터는 자신의 소요리문답에서 그 두 개념을 넘어서려고 시도하면서 첫 조항을 다음과 같이 설명하였다. "나는 하나님께서 다른 모든 피조물과 함께 또한 **나를** 창조하셨다는 것을 믿는다."[1] 이와 같이 루터는 '하늘과 땅'의 자리에 또한 **인간**을 위치시켰고, 더 나아가 '나를'을 대단히 날카롭고 구체적으로 강조했다. 사도신경의 이러한 변경 혹은 나지막한 수정은 물론 좋은 효과를 갖는다. 그렇게 할 때 사도신경이 본질적으로 관계하고자 하는 피조물 곧 인간이 즉시 지시된다. 그러나 왜 사도신경은 다르게 말하며, 하늘과 땅을 말하면서 인간에 대해서는 전혀 말하지 않는가? 우리는 루터의 의도를 계승해야 하는가? 혹은 사도신경의 처음에서 인간이 전적으로 건너뛰어지고 완전히 사소하게 보이는 방식은 어떤 장엄한 의미를 가지고 있다고 말해야 하는가? 혹은 이 문제에서 하늘과 땅이 언급되면서 **인간**이 귀속되는 **장소**는 오히려 더 탁월한 방식으로 지시되고 있지 않은가?(나는 이쪽을 택한다) 우선 인간에 대해 언급하지 않는 것은 오히려 대단히 인상 깊은 간접적 방식으로 **인간**에 대해 말하는 것이 아닌가? 하늘과 땅은 특징적이게도 하나의 무대이며, 그 위에 한 대단히 특징적인 사건이 예비되어 있으며, 그 중심에는 물론 우리 자신의 관점에서 본다면 인간이 서 있다. 하늘과 땅에 의한 피조물 전체의 서술은 내용적으로는 바로 결정적으로 인간을 지시하지 않는가? 그 서술로부터 다음의 경험은 확실하다. 하늘과 땅은 그 자체에 속한 현실성이 아니며, 그 자체로 이해되고 설명될 수 없다. 오히려 하늘과 땅의 현실성은 그것들의 존재적 의미로서 그 중심에 있는 인간과 함께 **하나님으로부터** 온 것이며, 하나님께 속한다. 더 나아가 그 현실성은 그리스도교적 신앙고백의 의미에서 하나님, 그분의 의지, 그분의 행동과의 관계 안에 있는 피조물 전체의 요약으로 보아야 한다. 여기에 모든 세계관 그리고 성서와 믿음이 말해야 하는 것 사이의 원칙적 구분이 있다. 세계관 안에서 사람들은 의미로서의 존재자로부터 출발하여 깊은 곳으로부터 어떤 신의 개념 위로 승차한다. 그러나 성서 안에서 하늘과 땅이 그리고 인간이 문제되는 것은 철두철미 "나는 하나님 곧 하늘과 땅의 창조주를 믿습니다"는 맥락 안에서다. '하늘과 땅의'라는 소유격에서 다음이 분명해진다. 나는—피조물이 아니라 오히려—하나님 곧 창조주를 믿는다.

하늘은 인간에게 **파악될 수 없는**unbegreiflich 피조물이며, 땅은 인간에게 파악될 수 있는 피조물이다. 나는 니케아-콘스탄티노플 신조에서 주어졌던 하늘과 땅의 설명을 이어받고 있다. 그것은 보이는 것과 보이지 않는 것*visibilia et invisibilia*의 개념이다.

나는 '보이는 것'과 '보이지 않는 것'의 의미를 '파악되는 것'과 '파악되지 않는 것'으로 재현하고 있다. 우리는 성서에서 사용되는 용어를 수용하는데, 성서가 말하는 하늘은 우리가 흔히 단순하게 하늘이라 부르는 것으로 이해되어서는 안 된다. 성서가 말하는 하늘은 대기 혹은 성층권의 하늘이 아니며, 오히려 피조적 현실성을 뜻하며, 우리가 생각하는 하늘을 철저하게 능가한다. 고대의 세계상, 특별히 근동의 세계상 안에서 사람들은 보이는 세계가 **창공**이라 부르는 종과 같이 생긴 거대한 덮개에 의해 덮여 있다고 생각했다. 그 창공은 우리 편에서 볼 때 말하자면 하늘이 시작되는 경계선을 형성하는데, 하늘은 우리가 볼 수 없는 어떤 현실성이다. 창공 위로는 기괴하게 거대한 **대양**이 있는데, 이것은 창공에 의해 땅으로부터 분리되어 있다. 그 대양 위에 셋째 하늘, 곧 본래적 하늘이 있고, 그 하늘이 **하나님의 보좌**를 형성한다. 이것을 여러분에게 말하는 것은 다만 성서적 하늘 개념의 배후에 어떤 상상이 세계상에 따라 서 있는지를 제시하기 위한 것이다. 하늘이라는 현실성은 인간과 마주 대하고 있지만, 그러나 인간보다 철저하게 우월하다. 그러나 그것도 **피조적** 현실성이다. 그러한 저 세상은 인간의 영역을 벗어나며 부분적으로는 인간을 위협하고 부분적으로는 영광 안에서 인간과 대면한다. 그러나 그러한 저 세상은 하나님과 혼동되어서는 안 된다. 우리에게 파악 불가능한 것 곁에 있을 때, 우리는 하나님이 아니라 다만 하늘과 접촉할 뿐이다. 우리가 그 파악될 수 없는 현실성을 하나님이라고 부른다면, 그것은 소위 '원시시대'의 사람들이 태양을 숭배했던 것과 조금도 다르지 않은 피조물 신격화를 수행하는 셈이 된다. 그러나 대단히 많은 철학자들이 피조물 신격화의 잘못된 길을 갔다. 우리의 이해력의 한계는 우리를 하나님으로부터 갈라놓는 경계선이 아니며, 다만 사도신경이 하늘과 땅 사이의 경계라 부르는 경계선일 뿐이다. **피조물의 내부**에는 우리에게 철두철미 비밀로 머무는 현실성, 곧 하늘의 현실성이 존재한다. 그것은 아직은 하나님과는 아무런 관계가 없으며, 오히려 하나님에 의해 창조된 피조물과 대단히 밀접한 관계가 있다. 우리는 피조물의 내부에서도 우리를 언제나 또다시 경악하게 하거나 혹은 기쁘게 만드는 파악될 수 없는 비밀, 곧 존재의 깊이 앞에 선다. 이 비밀을 말했고 노래했던 철학자와 시인들이 틀린 것은 아니었다. 우리는 그리스도인들로서 당연히 다음을 인정해야 한다. 현존재는 그것의 대단히 깊거나 혹은 대단히 높은 차원들을 지니고 있고, 우리는 지금 여기서 이미 온갖 종류의 비밀들에 의해 둘러싸여 있고, 그리고 학교의 지식이 꿈꾸는 것보다 훨씬 많은 사물들이 하늘과 땅에 있다는 것을 아는 많은 사람들에 의해 둘러싸여 있다. 창조 자체는 상층부에 천상적 구성요소들을 갖고 있지만, 그러나 우리는 그것을 신적인 것으로 두려워하거나 경외해서는 안 된다. 우리가 살고 있는 세계는 그러한 천상의 구성요소를 갖고 있다. 그러나 그 구성요소들은 우리 **위에** 있는 하늘과는 전혀 다른 저 현실성을, 곧 하늘을 초월한 현실성이신 (하늘과 땅을 지으신) 창조주를 **표징적**으로 생각하게 만든다. 그러나 우리는 그 표징을 사태 자체〔하나님 자신〕와 혼동해서는 안 된다.

이 상층의 피조물은 하층의 우리 피조물인 **땅**과 마주 대하여 존재한다. 땅은 우리가 파악할 수 있는 피조물의 총괄개념이며, 그 경계선 안에서 우리는 가장 넓은 의미에서 보고 듣고 느끼고 생각하고 직관할 수 있다. 우리의 인간적 능력과 영적 능력의 영역 안에 있는 모든 것 그리고 우리가 직관으로 파악할 수 있는 모든 것은 그리스도교적 믿음의 의미에서는 땅에 불과하다. 또 철학자가 이성의 세계 혹은 이념들이라 부르는 것도 전적으로 땅에 속한다. 우리의 하층 세계 안에 물론 감각적인 것과 영적인 것 사이의 구별이 있지만, 그것도 지상의 세계 내부에서의 구별에 불과하다. 인간 자신의 근원도 이 지상의 세계 내부에 있다. 하나님께서는 인간을 흙으로 지으셨다. 인간의 세계, 인간의 실존과 역사를 위한 공간, 또 "너는 흙으로 돌아갈 것이니라"는 인간의 자연적 종점 등은 모두 땅이다. 만일 인간이 이 지상의 세계의 근원이 아닌 어떤 다른 근원을 갖는다면, "흙으로 돌아갈 것이니라"가 아닌 다른 어떤 종점을 갖는다면, 그때 그것은 하나님과 인간 사이의 **계약**의 현실성에 근거해 있다. 땅이 하늘 아래 있는 존재에 불과하다는 것은 이 세상적 본질이다. 우리가 그 본질 이상의 어떤 것을 인간에게 귀속시킨다면, 그때 우리는 하나님의 은혜에 관하여 말하는 셈이다. 어떤 추상적 인간 세상이란 존재하지 않는다. 누가 인간의 파악될 수 있는 세계가 파악될 수 없는 세계에 의해 한정되어 있다는 사실을 분명하게 이해하지 못한다면, 그는 오류 위에 있게 될 것이다. 물론 우리에게 언제나 또다시 역사적 현실성의 저 더 높은 측면을 생각하게 해주는 어린이와 시인과 철학자들이 있다. 이 지상 세계는 참으로 창조의 한 측면에 불과하다. 그러나 하늘의 영역 안에 있다고 해도, 우리는 땅의 영역 안에 있을 때와 마찬가지로 하나님의 영역 안에 있는 것이 아니다. 그렇기 때문에 십계명의 제1계명과 제2계명이 유효하다. "너를 위하여 새긴 우상을 만들지 말고 또 하늘에 있는 것이나 땅에 있는 것이나 어떤 형상도 만들지 말며"(출 20:4). 땅에도 하늘에도 우리가 사랑하거나 두려워해야 할 어떤 신적인 권세는 없다.

인간은 하늘과 땅 사이 **경계선상의 피조물**이며, 그는 하늘 아래 그리고 땅 위에 있다. 인간은 자신의 주변 환경 곧 하층 우주를 파악할 수 있고 그 우주를 보고 듣고 이해하고 통치할 수 있는 존재다. "주께서 만물을 그의 발아래 두셨나이다!"(시 8:6) 인간은 이 지상의 세계 안에서 자유로운 본질의 총괄개념이다. 그러나 바로 그 피조물〔인간〕은 하늘 아래 있으며, 그에게 파악되지 않고 처분되지 않는 '보이지 않는 것들'에 직면해서는 통치자가 아니며, 오히려 그것들에 전적으로 예속된다. 인간은 지상의 이웃 피조물에 관해서는 알지만, 하늘의 세계에 대해서는 전혀 모른다. 인간은 마치 이미 '하층 그리고 상층'의 피조물이라고 말할 수 있는 것처럼, 피조물의 그러한 내적 경계선상에 있으며, 마치 피조물로서 (하늘과 땅 사이의 관계성과는 전혀 다르게) 이미 깊은 곳과 높은 곳까지 도달하는 관계성으로서의 자신의 〔인간적〕 규정성의 **표징**일 수 있다. 인간은 창조 내부의 한 〔특이한〕 장소다. 그곳은 피조물이 충만하게 함께 위치할 수 있는 장소이지만, 그러나 동시에 피조물이 자기 자신을 넘어서는 곳을 가리킬 수 있는 장소이며, 하나님께서 창조 안에서 찬양을 받기를 원하고 또 찬양받으셔야 하기 때문에 존재하는 장소다.

그러나 우리가 다음을 추가로 말하지 않는다면, 우리는 창조에 대한 최종적 결정적 진술을 행하지 않은 셈이 된다. (하나님과 인간 사이의) **계약**이 하늘과 땅 그리고 모든 피조물의 의미와 영광이며 근거와 목적이다. 이 말에 의해 우리는 제2조항의 인식 및 고백의 영역을 겉으로 보기에, 다만 겉으로 보기에만, 넘어서고 있다. 왜냐하면 계약을 말할 때, 우리는 **예수 그리스도**를 말하기 때문이다. 여기서 하나님과 인간 사이의 계약이 말하자면 둘째의 것이 된다거나 어떤 부가적인 것이 되는 일은 있을 수 없다. 오히려 계약은 창조 자체와 마찬가지로 오래된 것이다. 피조물의 존재가 시작할 때, 인간에 대한 하나님의 행동도 동시에 시작된다. 왜냐하면 존재하는 모든 것이 인간을 향해 질서를 갖추고 있다고 할 때, 그러한 존재하는 모든 것은 이미 하나님의 행동을 향해 있으면서 하나님의 의도를 드러내기 때문이다. 바로 이것이 후에 예수 그리스도와의 계약 안에서 공개되고 작용한다. 계약은 창조와 마찬가지로 오래된 것일 뿐만 아니라, 오히려 창조보다 더 오래된 것이다. 세계가 있기 전에, 하늘과 땅이 있기 전에, 저 사건을 내다보는 하나님의 결의 혹은 법령이 있다. 그것은 하나님께서 인간과 연합을 이루기를 원하셨던 사건이며, 그 사건이 예수 그리스도 안에서 파악될 수 없이 깊은 진리와 현실성이 되었다. 우리가 현존재와 피조물의 의미를 그리고 그것의 근거와 목적을 질문하려고 한다면, 우리는 반드시 하나님과 인간 사이의 계약을 생각해야 한다.

피조물 곧 하늘과 땅 그리고 양자의 경계선인 인간에 대한 지금까지의 간결한 서술을 다시 한 번 뒤돌아본다면, 이제 우리는 너무 대담하지도 않고 어떤 사변에 빠지지도 않으면서 다음을 말할 수 있다. 하늘과 땅 사이의 관계는 하나님과 인간 사이의 계약 관계와 같으며, 그래서 이미 창조 그 자체의 존재가 하나님의 의지의 유일무이하고 거대한 표징signum이다. 그것은 상층과 하층, 파악될 수 없는 것과 파악될 수 있는 것, 무한한 것과 한계가 있는 것의 만남이요 결합이다. 우리는 피조물에 대해 말하고 있다. 그 모든 것은 아직 세계이다. 그러나 그 세계의 내부에 상층과 하층이 현실적으로 존재하고 서로 마주 대면하면서 (우리가 호흡하는 모든 순간과 우리의 모든 생각 안에서 그리고 우리의 인간적 삶의 크고 작은 모든 경험들 안에서) 하늘과 땅은 인접하여 존재하고 서로 인사하고 서로 당기고 부딪치지만, 그러나 서로 결합되어 있다. 그렇기 때문에, 우리의 실존(이 실존의 창조주는 하나님이시다)은 피조물 안에서 그리고 피조물에게 발생해야 하는 것에 대한 표징과 지시이며, 또한 약속이다. 그것은 창조주와 피조물의 만남, 결합, 연합이며, 예수 그리스도 안에서의 **합일**Einheit이다.

10

예수 그리스도

그리스도교적 믿음의 대상은 (그 중심에서) 예수 그리스도라는 행동의 말씀이다. 하나님께서는 예수 그리스도 안에서 영원 전에 우리를 위해 인간이 되기를 원하셨으며, 시간 안에서 우리를 위해 인간이 되셨으며, 그리고 영원히 우리를 위한 인간이시며 앞으로도 그러하실 것이다. 하나님의 아들의 그러하신 사역은 아버지의 사역을 전제로서 그리고 성령의 사역을 결과로서 자체 안에 포함한다.

우리는 이 단원에서 그리스도교적 사도신경의 거대한 **중심**으로 진입한다. 그 중심은 이미 〔사도신경〕 본문에서 특별히 상세하게 서술되는 것처럼 매우 뚜렷하다. 그것은 다만 전체의 외적 중심에 그치지 않는다. 이미 우리 강의의 도입부에서 믿음에 관하여 말하였을 때도, 그리고 첫 부분에서 전능하시고 하늘과 땅의 창조주이신 아버지 하나님에 관하여 말하였을 때도, 우리는 이 중심을 계속해서 지시하지 않을 수 없었다. 만일 우리가 지속적으로 그러한 지시를 선취하고 그래서 둘째 조항으로부터 첫째 조항을 설명하지 않는다면, 첫 조항의 제대로 된 해석은 불가능할 것이다. 둘째 조항은 첫째 조항을 다만 뒤따르는 것이 아니며, 셋째 조항에 다만 앞서기만 하는 것이 아니다. 오히려 둘째 조항은 빛의 근원이며, 그곳으로부터 다른 두 조항이 비로소 조명될 수 있다. 다음 사실은 또한 역사적으로도 확인될 수 있다. 그리스도교적 사도신경은 지금보다 짧은, 아마도 대단히 짧은 원문 형식으로부터 생성되었는데, 이것은 오늘 우리가 제2조항이라고 고백하는 것만 포함했다. 그리스도교적 사도신경의 근원적 형태는 겨우 다음 세 단어로만 구성되었다. "예수 그리스도는 주님이시다!"Herr Jesus Christus 후대에 여기에 첫째 조항과 셋째 조항이 추가되었다. 이러한 역사적 과정은 자의적인 것이 아니었다. 둘째 조항이 역사적으로 전체의 원천이라는 사실은 내용적으로도 중요한 의미를 갖는다. 그리스도인은 그리스도께 믿음을 고백하는 사람이다. 그리스도교적 사도신경은 주님 그리스도께 대한 신앙고백이다.

그리스도교적 사도신경의 그러한 중심으로부터 우리가 아버지 하나님과 성령 하나님에 대해 진술하는 것은 보충적 진술로 이해되어야 한다. 만일 그리스도교적 신학자가 창조주 하나님의 신학을 추상적 직접적으로 전개하려고 한다면, 그때 그는 그 높으신 하나님을 아무리 큰 경외심으로 사고하고 진술한다고 해도, 언제나 오류에 빠지게 될 것이다. 그리고 신학자가 셋째 조항의 신학으로, 다시 말해 첫째 조항의 높으신 하나님의 신학과 반대되는 어떤 영성신학, 곧 체험의 신학으로 밀고 가려고 할 때도, 동일한 것이 발생한다. 그때 그 신학자도 오류에 빠질 것이다. 아마도 우리는 슐라이어마허로부터 특징지어지는 현대신학 전체를 그렇게 이해할 수 있고 또 반드시 그렇게 이해해야 할 것이다. 현대신학은 17-18세기의 어떤 발전들에 의해 예비되면서 일면적인 제3조항의 신학이 되어 버렸다. 현대신학이 신학이란 오직 성령과 함께 감행될 수 있다고 믿었을 때, 그 신학은 제3조항이 다만 제2조항의 주석일 뿐이며, 우리 주님이신 예수 그리스도께서 우리에게 무엇을 의미하는가를 설명할 뿐이라는 사실을 생각하지 못하였다. **하나님 그리고 인간**을 말할 때, 우리는 그 양자의 관계를 언제나 또다시 다만 놀라면서 지시할 수밖에 없고, 그것도 필연적으로 다만 가장 심각한 오류 가능성 아래서 지시할 수밖에 없지만, 그러나 그 거대한 관계가 그리스도교적 의미에서 뜻하는 것은 예수 그리스도로부터, 다시 말해 오직 그분으로부터만, 볼 수 있고 이해될 수 있다. 우리가 하나님 그리고 인간을 말할 때 의미하는 것은, 오직 우리가 예수 그리스도를 신앙고백할 때 정확하게 설명될 수 있다. 한편으로 피조물과 현존재적 현실성 그리고 다른 한편으로 교회, 구원, 하나님 사이의 관계가 뜻하는 바는 우리의 현존재의 어떤 일반적인 진리나 혹은 종교사의 현실성으로부터는 결코 읽혀질 수 없으며, 오직 우리는 '예수-그리스도의 관계'로부터만 그것을 배울 수 있다. 바로 여기서 인간 **위에** 계신 하나님(첫 조항)과 인간과 **함께** 계신 하나님(셋째 조항)이 뜻하는 바가 우리 눈앞에 등장한다. 그렇기 때문에 제2조항 곧 그리스도론은 그리스도교적 의미에서 모든 신 인식의 시금석이며, 또한 모든 신학의 시금석이다. "너와 그리스도론과의 관계가 어떠한지 내게 말하라. 그러면 나는 네가 누구인지 말해 주겠다." 여기서〔그리스도론에서〕 신학과 철학의 길이 갈라지며, 양자의 관계가 결정된다. 그와 함께 신 인식과 인간적 인식의 관계, 계시와 이성의 관계, 복음과 율법, 하나님의 진리와 인간의 진리, 외적인 것과 내적인 것, 신학과 정치학 등의 관계도 결정된다. 여기서〔그리스도론에서〕 모든 것이 분명해지거나 모든 것이 불분명해지며, 모든 것이 밝게 드러나거나 혹은 모든 것이 어둡게 된다. 왜냐하면 여기서 우리는 중심에 서기 때문이다. 우리가 이제 인식하려고 시도하는 것이 너무 높고 비밀스럽고 어렵게 보인다 해도, 그래도 우리는 여기서 다음과 같이 말할 수 있다. 모든 것은 바로 여기서 대단히 단순해지고, 대단히 소박해지고, 어린아이와 같이 된다. 바로 여기 이 중심에서 나는 조직신학 교수로서 여러분께 외쳐야만 한다. "정신 차려라! 여기가 바로 그 자리다!" 여기서 최고의 학문적 지혜 혹은 가장 우매한 무지가 결정된다! 바로 여기서 나는 여러분 앞에 주일학교에서 작은 아이들 앞에 앉아 있는 선생님처럼 앉아 있다. 그는 네 살짜리 아이도 현실적으로 이해할 수 있는 어떤 것을 말해야 한다. "세상은 사라졌고, 그리스도는 탄생하셨다. 기뻐하라, 오 그리스도교여!"[1]

바로 이 중심이 **행동의 말씀** 혹은 **말씀의 행동**이다. 나는 여러분에게 다음을 분명히 하고 싶다. 그리스도교적 믿음의 이 중심에서는 우리 모두에게 대단히 친숙한 말씀과 사역 혹은 앎과 삶의 대립이 더 이상 의미가 없다. 오히려 말씀 곧 로고스Logos는 또한 사역Ergon이며, 말함*Verbum*은 또한 행함*Opus*이다. 하나님 그리고 우리의 믿음의 중심이 문제되는 곳에서 (우리에게는 흥미롭고 중요하게 보이는) 그러한 구분들은 불필요할 뿐만 아니라, 더 나아가 어리석은 일이 된다. 여기서 등장하는 것은 현실적인 것의 진리 혹은 진리의 현실성이다. 하나님께서 말씀하고 하나님께서 행동하고 하나님께서 중심에 서 계신다. 여기서 문제가 되는 말씀 그 자체는 행동이며, 그 행동은 그 자체가 말씀인 행동으로서 계시이다.

우리가 예수 그리스도의 이름을 밖으로 말할 때, 우리는 어떤 이념에 관하여 말하는 것이 아니다. 예수 그리스도의 이름은 더 높은 것을 안으로 들여다볼 수 있는 어떤 투명한 껍데기가 아니다. 여기서 플라톤주의를 위한 공간은 허락되지 않는다! 문제가 되는 것은 그 이름 자체이며, 바로 그 칭호이며, 더 나아가 그 **인격**이다. 문제가 되는 것은 어떤 우연적 인격이 아니며, 레싱Lessing의 의미에서의 어떤 "우연한 역사 현실성"이 아니다. 바로 그 '우연한' 역사적 사실성이 이제 영원한 이성적 진리로서 존재한다! 예수 그리스도라는 바로 그 이름은 어떤 **인간적 역사의 결과물**이 아니다. 인류의 역사 전체가 예수 그리스도 안에서 정점에 도달해야만 했다고 〔인간학적으로〕 증명하려고 했을 때, 그것은 언제나 인간적이고 사소한 발견에 지나지 않았다. 세계사에 대해서는 말할 필요도 없고, 바로 이스라엘의 역사에 대해서도 우리는 그렇게 말해야 할 것이다. 물론 우리는 뒤돌아보면서 마땅히 그리고 반드시 다음과 같이 말해야 한다. 여기서〔예수 그리스도에서〕 역사는 **성취**되었다. 역사는 진리 안에서 성취되었으며, 그 진리는 모든 역사적 결과들로부터 관찰할 때, 전적으로 새롭고 거치는 것이다! 그 진리는 헬라인에게는 어리석음이며, 유대인에게는 거치는 것이다!(고전 1:23) 우리는 예수 그리스도의 이름 안에서 어떤 인간적 **가설적 명제**Postulat의 결과와 관계하는 것이 아니다. 예를 들어 어떤 인간적 결핍의 산물, 인간적 책임으로부터 설명될 수 있고 유도될 수 있는 어떤 구속자와 구원자인 인물과 관계하는 것이 아니다. 인간은 자신이 죄인이라는 사실도 자기 자신으로부터는 알 수가 없다. 그것은 오직 예수 그리스도를 알게 된 결과다. 그분의 빛 안에서 우리는 빛을 보며, 그 빛 안에서 우리의 고유한 어둠을 본다. 예수 그리스도의 앎 안에 그리스도교적 의미에서 앎이라고 말할 가치가 있는 모든 것이 살아 있다.

우리가 "나는 예수 그리스도를 믿습니다"라고 말할 때, 그것은 첫 조항으로부터 볼 때에도 다시 한 번 전적으로 새로운 어떤 것을 뜻한다. 첫 조항은 하늘과 땅의 창조주 하나님, 높은 곳의 은폐성 그리고 파악 불가능성 안에 계신 영원하신 하나님께 대해 믿음을 고백하는데, 하나님의 파악 불가능성은 하늘의 현실성의 파악 불가능성을 훨씬 능가한다. 그리고 이제 여기 둘째 조항에서 겉으로 모순되는 것처럼 보이는 것이 (어떻든 전적으로 새로운 것으로 알려지면서) 첫 조항에서의 하나님의 높으심과 파악 불가능성을 이제야 비로소 분명하게 만들고 예시하며, 그와 동시에 우리를 다음의 거대한 수수께끼 앞에 마주 세운다. 하나님께서 **형태**를 취하셨다. 한 이름이 울려 퍼지고, 한 인간이 우리 앞에서 하나님의 자리에 선다. 여기서 전능하신 분은 전혀 전능하지 않게 보인다. 우리는 하나님의 영원성과 편재성에 관하여 들었다. 이제 우리는 **지금 그리고 여기**에 관하여, 인간적 역사의 한가운데 있는 가느다란 선분과 같은 한 사건에 관하여, 우리의 시간 계산의 시초에 있지만 우리 땅의 한 특정한 장소에서 발생한 한 역사에 관하여 듣는다. 우리는 첫째 조항에서 아버지 하나님에 관하여 들었다. 그리고 이제 아버지 하나님께서는 자신의 신성의 단일성을 벗어나 **아들**의 형태 안에서 등장하신다. 이제 하나님께서는 하나님 안에 계신 그리고 하나님으로부터 오신 바로 그 타자이시다. 첫 조항은 (자신을 존재하는 모든 것으로부터 구분하시는) 창조주 그리고 (하나님의 존재로부터 구분되는 모든 존재의 총괄개념인) **피조물**을 서술한다. 이제 그것은 둘째 조항에서 다음을 뜻한다. 그 창조주 자신이 피조물이 되셨다. 영원한 하나님이신 그분이—총체적 피조물 전체가 아니라—**하나의** 피조물이 되셨다.

"영원 전에 우리를 위해 인간이 되기를 원하셨던 분, 시간 안에서 우리를 위해 인간이 되셨고 영원히 우리를 위한 인간이시고 미래에도 그러하실 분"이 예수 그리스도다. 나는 이미 영국의 여류 소설 작가인 도로시 세이어즈Dorothy L. Sayers를 언급한 적이 있는데, 최근 그녀는 대단한 관심을 보이며 신학에 몰두하고 있다.[2] 한 소논문 안에서 그녀는 하나님이 인간이 되셨다는 소식이 얼마나 놀랍고 낯설고 "흥미로운" 소식인지를 주목하게 만들었다. 우리는 그 소식이 어느 날 신문 일면에 실리게 되는 것을 상상해 보아야 한다고 한다! 그것은 사실상 그와 같이 센세이션을 일으키는 사건이며, 다른 모든 것보다 더욱 큰 주목을 끄는 사건이다. 바로 그 사건이 그리스도교의 중심점이다. 그것은 무한하게 놀라게 하는 것이며, 과거에 결코 존재한 적이 없었던 것이며, 그리고 반복될 수 없는 것이다!

하나님 그리고 인간이라는 두 개념에 대해서는 모든 시대에 어떤 조합이 있어 왔다. 성육신의 상상은 신화에도 그리 낯설지 않다. 그러나 그리스도교적 소식을 신화적 상상으로부터 구분하는 것은 다음이다. 신화 전체는 근본적으로 다만 어떤 이념, 어떤 일반적 진리의 서술에 불과하다. 신화는 낮과 밤, 겨울과 봄, 죽음과 생명 등의 관계 주변을 맴돌면서, 언제나 어떤 무시간적 현실성을 말한다. 그러나 예수 그리스도의 소식은 그러한 신화와는 아무런 관계가 없으며, 그 소식은 다음의 독특한 역사적 개념을 가지고 있으며, 그 점에서 신화와는 이미 형식적으로 구분된다. 한 역사적 인간에 대해 그의 실존 안에서 하나님이 인간이 되시는 사건이 발생했으며, 그래서 그의 현존재가 하나님의 현존재와 동일하다고 말한다. 그러므로 그리스도교적 소식은 철두철미 역사적 소식이다. 오직 영원과 동시에 시간을, 하나님과 동시에 인간을 함께 볼 수 있을 때, 우리는 예수 그리스도라는 이름에 의해 표현되는 것을 이해할 수 있다. 예수 그리스도는 하나님과 인간 사이의 **계약**의 현실성이다. 오직 우리는 예수 그리스도를 바라볼 때만, 첫째 조항의 의미에서 높은 곳에 계신 하나님에 관하여 말할 수 있다. 왜냐하면 우리는 바로 여기서, 곧 그 인간의 구체적 형태 안에서 그 하나님과의 계약 관계에 있는 인간이 무엇인지를 배우기 때문이다. 그리고 우리가 제3조항에서 인간 안에 계신 하나님 곧 우리와 함께하시고 우리 안에서 행동하시는 하나님에 관하여 말하고 들을 때, 그것은 다음과 같이 잘못 이해될 수 있다. 그것은 그 자체가 이데올로기라고, 인간적 열광주의를 개조한 것이라고, 자신의 감동 및 체험의 인간적 내면적 삶의 의미에 대한 과장된 상상이라고, 사람들이 성령이라 부르는 어떤 상상적 신성의 높이 안으로 인간이 스스로를 투사한 것이라고 잘못 이해될 수 있다(그 투사는 우리 인간의 내면에서 진행된다). 그러나 우리가 하나님께서 자신을 우리 인간과 현실적으로 맺으신 저 계약을 바라볼 때, 실제로는 위의 이해와 같지 않다는 것을 알게 된다. 높은 곳에 계신 하나님께서 낮은 곳에 있는 우리 인간에게 참으로 가까이 계신다. 하나님께서 현재하신다. 하나님과 인간 사이의 그 계약을 바라볼 때, 우리는 성령의 현실성에 대해 말하기를 감행할 수 있다. 그 계약 안에서 하나님께서는 인간이 되셨고, 그 한분 안에서 모든 다른 인간들에 대한 모범이 되셨다.

"하나님께서 너 인간의 유익을 위해 인간이 되셨다. [구유에 놓인] 하나님의 아기, 그분은 너의 피와 결합하셨다."[3] 이러한 성탄의 진리를 나는 세 가지 요점으로 풀어 설명하려고 시도하였다. 우리는 다음의 역사적 현실로부터 출발해야 한다. 시간 곧 우리의 시간은 한 역사적 중심을 갖고 있다. 그 중심으로부터 시간은 이해될 수 있으며, 그 중심으로부터 시간은 그것의 모든 모순 그리고 모든 높음 및 낮음과 함께 하나님과의 관계 안에 있다. 시간의 중심에서 하나님께서 우리를 위해 인간이 되신 사건이 발생하였다. 그 사건의 유일회성을 강조하면서 우리는 그것이 우연도 아니었고 다른 사건들 중에 있는 한 역사 사건도 아니었다는 것을 숙고해야 한다. 오히려 그 사건은 하나님께서 영원 전에 의도하셨던 **특이한** 사건이다. 여기서 둘째 조항은 첫째 조항의 영역으로 되돌아가며, 여기서 창조와 구속이 결합된다. 이곳으로부터 다음을 말할 수 있다. 창조와 모든 세계 이전의 영원 안에 계신 하나님의 존재는 시간 안에서 성취되고 계시된 그분의 의지 없이는 생각될 수 없다. 하나님의 영원하신 의지가 그 형태를 취하셨기 때문이다. 영원 전, 바로 그 행동과 말씀 안에서 자신의 의지를 계시하신 하나님이 아닌 다른 어떤 하나님은 없다. 여러분은 이것을 사변으로 여겨서는 안 된다. 그리스도의 소식은 어떤 다른 진리들 중의 하나가 아니다. 그것은 **특이한** 진리다. 하나님을 생각할 때, 우리는 반드시 미리 앞서서 예수 그리스도의 이름을 생각해야 한다. "영원히 우리를 위하는 그분이 인간이 되시며, 앞으로도 인간이실 것이다." 이것이 하나님과 인간이 하나가 되는 계약의 진리다. 이 진리는 그때 그곳에서 현실이 되었던 역사적 진리이기 때문에, 지나가 버리는 진리일 수 없다. 예수 그리스도는 왕이시며, 그분의 나라는 끝이 없다. "당신이 모든 시간들 이전에 취하셨던 존재 그대로, 당신은 영원히 그렇게 존재하실 것입니다."[4] 그렇게 우리는 하나님과 대면한다. 하나님께서는 우리를 현실적으로 둘러싸며, 그것도 예수 그리스도 안에서 "모든 측면에서"

그렇게 하신다. 여기서 어떤 벗어남이란 없다. 여기서 어떤 '무'로의 추락도 없다. 예수 그리스도의 이름을 밖으로 말할 때, 우리는 오직 하나인 길 위에 있게 된다. "내가 **길**이요 진리요 생명이다"(요 14:6). 이것은 시간을 통과하는 길이며, 그 중심에는 그분이 계신다. 이 길은 근원을 가지고 있는데, 그것은 어둠 속에 놓여 있지 않다. 이 길은 어둠으로부터 출발하지 않으며, 오히려 이 길의 근원은 이 길 자체와 일치한다. 이 길은 마찬가지로 어둡지 않은 저 목적으로 인도한다. 오히려 그 미래는 바로 그 이름 곧 예수 그리스도의 이름을 지니고 나아간다. 그분은 과거에 계셨고 지금 계시고 그리고 오실 분이다. 이것이 둘째 조항의 끝에서 언급된다. "거기로부터 살아 있는 자와 죽은 자를 심판하러 오십니다." 그분이 알파와 오메가이며, 시초와 종말이다. 그분이 중심이며, 또한 길이다. 사도신경의 의미에서 예수 그리스도의 그러한 이름을 밖으로 말할 때, 우리는 모든 측면에서 유지되고 더 나아가 고양된다.

그리고 그 모든 것은 "**우리를 위하여**"이다. 우리는 이 문제를 억압해서는 안 된다. 그 계약, 그 계시에서 우리 실존에 대한 어떤 흥미롭고 주목할 만한 기적이나 비밀이 문제되는 것은 아니다. 물론 그것도 관계가 되기는 하지만, 그러나 우리가 중심 문제를 단순히 지성적 관찰로만 여기려고 한다면, 문제의 핵심은 아직 이해되지 않은 셈이다. 영지Gnosis와 같은 어떤 것은—우리가 신약성서 전체를 증빙으로 끌어오고, 그리스도에 관한 대단히 고귀한 단어들을 말한다고 해도—소리 나는 구리와 울리는 꽹과리에 불과하다. 멜란히톤Melanchthon의 다음 진술은 (비록 후대에 자주 잘못 인용되기는 했어도) 옳았다. "문제의 핵심은 그리스도에 대한 인식이며 그리스도의 은혜를 인식하는 것이다"(『신학총론』, 1521). 특별히 리츨 학파에서 그 구절을 잘못 사용했던 원인은 다음에 있었다. 사람들은 성육신의 지고의 비밀을 더 이상 알지 않으려 했고, 오히려 그리스도를 다만 어떤 '본질적 존재'로 말하려 했는데, 어떤 유익한 일들이 그 본질로부터 인간에게 도달되며, 그 유익한 일들은 그분에 대해 특정한 '가치'를 지닌다고 한다. 그러나 우리는 '그리스도의 은혜'에 관해 그렇게 추상적으로 말할 수 없다. 그분을 인식하려고 한다면, 우리는 반드시 그분의 '은혜'를 실제로 알아야 한다.

그 유익한 일들이란 철두철미 계시의 현실성에 놓여 있다. 하나님께서 나와 같은 인간을 위하여 인간이 되셨다. 우리를 위한 도움은 바로 그렇게 주어졌다. 하늘나라가 이미 현존하며, 우리를 위하여 하나님께서 이미 행동하셨다. 예수 그리스도의 이름을 밖으로 말한다는 것은 우리가 배려되고 있다는 사실, 우리가 버림받지 않았다는 사실을 인정하는 것이다. 예수 그리스도는 모든 상황에서 그리고 (인간 자신에서 나오는 악을 끌어들여서 인간의 삶을 어둡게 만드는) 모든 일에 직면해서도 인간의 구원이시다. 하나님께서 우리를 위하여 인간이 되셨다는 사건 안에서 이미 선하게 만들어지지 않은 것은 아무것도 없다. 아직 남아 있는 일은 다만 그 사실의 인식뿐이다. 우리는 어떤 어두운 문제성 안에서가 아니라, 오히려 우리가 존재하기도 전에 우리에게 은혜로우셨던 하나님에 의해 존재한다. 우리가 그러하신 하나님과의 모순 안에서 존재하며, 그분으로부터 멀리 떨어진 곳에 존재하며, 그분께 대적하는 적대관계 안에서 존재한다는 것은 참일 것이다. 그러나 그것보다 더욱 참인 것은 우리가 그분께 대한 투쟁에 돌입하기도 전에 이미 그분이 우리에게 화해를 마련하셨다는 사실이다. 우리의 하나님으로부터의 소외와 관련하여 인간을 다만 타락한 존재로 볼 수밖에 없다는 것은 참일 것이다. 그러나 그보다 훨씬 더 참인 것은 하나님께서 우리를 위하여 행동하셨고 하고 계시며 하실 것이라는 사실이며, 모든 타락성에 대해 구원이 존재한다는 사실이다. 바로 이것이 그리스도교적 교회를 통하여 성령 안에서 우리에게 믿도록 요청되는 것이다. (한탄스럽지 않을 수 없고 또 아마도 필연적이고 정당하게) 우리를 향해 비난을 제기하는 많은 일들이 있다. 또 많은 탄식과 신음과 또 절망들이 있다. 이 모든 것에는 물론 참된 원인도 있을 것이다. 그러나 그 모든 것은 다음에 의해 다소간에 우연적인 근심들과는 구분된다. 그것은 피조세계의 깊은 곳에서 언제나 또다시 터져 나오는 탄식과 비난이 (바로 우리 자신이 신적 **긍휼**의 대상임을 우리가 인식할 때) 힘을 갖는다는 사실이다. 오직 하나님께서 우리를 위해 행하신 사건의 깊이로부터, 우리가 비참에 처해 있다는 사실은 분명해질 수 있다. 하나님의 긍휼을 아는 자가 아니라면 누가 인간적 현실의 비참을 알겠는가?

하나님의 아들의 그러한 사역은 아버지의 사역을 전제로, 성령의 사역을 결과로 포함한다. 사도신경의 첫째 조항은 말하자면 우리 길의 **출발점**Woher이며, 셋째 조항은 그 **목적점**Wohin이라 할 수 있다. 그러나 둘째 조항은 **길**이며, 그 길 위에서 우리는 믿음 안에 있게 된다. 그 길로부터 우리는 하나님의 충만하신 행동들을 바라볼 수 있다.

11

구원자요 하나님의 종

예수라는 이름과 그리스도라는 칭호는 이스라엘 민족의 (예언자적이고 제사장적이고 왕과 같은) 파송을 계시하고 실행하는 저 한 인간의 선택, 인격, 사역을 말한다.

예수 그리스도라는 두 개의 외래어에 의해 사도신경의 둘째 조항은 시작되며, 사도신경의 전체 내용이 바로 그 두 단어에 관계된다. 우리는 이 두 단어 안에서 한 개인의 이름과 칭호를 만나는데, 그것은 어떤 특정한 인간의 이름이며, 칭호는 그의 직무를 가리킨다. "예수 그리스도"라는 바로 그 이름과 칭호를 밖으로 말할 때, 우리는 우선 **이스라엘** 민족의 **역사** 및 **언어**의 공간에 위치하게 된다. 오늘 우리는 이 특별한 주제에 몰두해야 한다. 예수, 그는 이스라엘 출신이고 특별한 기능을 가졌던 한 사람이며, 이스라엘의 본질과 파송을 공개하고 실행했던 사람이었다. 이제 상황은 예수라는 개인의 이름이 **히브리어** 영역에 속한다는 점에서 대단히 독특해진다. 예수는 (구약성서에서 빈번하게 나오고 또 한 번은 대단히 강조되는) '여호수아'와 같은 말이다. 그러나 그리스도라는 칭호는 **희랍어**다. 기름 부음을 받은 자라는 뜻의 히브리어 단어인 '메시아'가 희랍어로 번역된 것이 '그리스도'다. 이 두 단어 안에는 말하자면 어떤 역사가 암시된다. 한 유대인, 한 이스라엘인, 한 히브리인인 예수는 그리스도라고 칭해지면서 이 세상적 역사의 한 조각을 서술한다. 그 역사는 이스라엘로부터 희랍 세계로 향하는 길 위에서 발생하는데, 그 길은 더 나아가 세계 전체로 향한다. 우리는 예수 그리고 그리스도라고 둘로 나눌 수 없으며, 두 구성요소 중 어느 하나만 취하려고 해서도 안 된다. 예수 그리스도가 **유대인** 예수 그리고 **이스라엘** 출신의 직무 수행자인 그리스도가 아니라면, 참된 예수 그리스도가 아닐 것이다. 마찬가지로 그 유대인 예수는, 만일 그가 하나님의 직무 수행자 그리고 이스라엘의 존재와 의미로서의 그리스도가 아니라면, 참된 유대인 예수가 아닐 것이다. 이스라엘의 존재와 의미는 이방민족들의 세계 그리고 **인류** 전체에 **빛**이 되어 빛을 밝히는 것이다. 예수 그리스도를 보고 이해하려고 한다면, 우리는 언제나 양자 곧 그러한 시작과 목적을 이해해야 한다. 한쪽 혹은 다른 쪽이 잊히거나 혹은 더 나아가 부정될 때, 우리는 그분과 더 이상 관계하지 못하게 된다.

예수라는 개인적 이름은 본래 명확하게 '야훼(이스라엘의 하나님)께서 도우신다'를 뜻한다. 직무의 칭호인 그리스도 혹은 메시아는 예수 시대의 유대교 안에서 종말에 와서 하나님의 영광을 계시할, 이스라엘이 기다리고 있었던 한 사람을 가리킨다(하나님의 영광은 그때까지 은폐되어 있지만 그러나 약속되어 있는 영광이다). 그 칭호는 수백 년 동안 곤경과 억압에 빠져 있었던 이스라엘을 해방시킬 사람, 자신은 이스라엘인이면서 열방을 통치하게 될 사람을 가리킨다. 나사렛 예수께서 등장하고 설교하고 우선 좁은 나사렛으로부터 그 민족의 역사에 이르는 넓은 여정을 시작하셨을 때(메시아의 길은 예로부터 예루살렘에서 성취될 것이라고 전해졌다), 다음이 그러한 형태, 곧 그러한 요셉의 아들 나사렛 사람의 비밀이었다. 그는 메시아이며 종말에 기대되었던 자이며, 그는 자신을 그러한 자로 계시하였고 그러한 자로 인식되었다. 예수라는 이름(하나님이 도우신다! 구원자!)은 잘 알려진 이름이었으며, 이 이름을 가진 많은 사람들이 있었고, 예수는 그 많은 사람 중 한 사람이었다. 그러나 예수는 유일무이한 사람이 되었다. 왜냐하면 하나님께서 그 한 사람 안에서 신적 약속이 성취되기를 원하셨고 또 성취되도록 처리하셨기 때문이다. 그 성취는 동시에 이스라엘에게 주어졌던 약속의 성취를 뜻하며, 그 민족이 세계 전체, 모든 민족, 전 인류의 역사를 위해 그렇게 되도록 규정되었던 존재의 성취와 계시였다. 초대 공동체는 그분을 예수 메시아라 부르지 않았고, **예수 그리스도**라 불렀다. 그 점에서 세계로 향하는 문이 공개되고 열렸다. 그러나 유대적 이름인 **예수**는 그대로 남아 있다. 넓은 세계로 향하는 그분의 길은 좁은 이스라엘로부터 출발한다.

아마도 여러분은 내가 왜 이렇게 그 이름과 칭호를 강조하는지 궁금할 것이다. 우리는 다음을 분명히 해야 한다. 고대 세계 전체에서와 또한 이스라엘 안에서도 이름과 칭호는 지금 우리에게 그러한 것과 같이 어떤 외적인 것이나 우연적인 것이 아니었다. 그 이름과 칭호는 어떤 것을 밖으로 말하고 있으며, 그것은 전적으로 현실적으로 이해되어야 한다. 그것은 **계시**이다. 그 이름과 칭호는 어떤 단순한 지칭 혹은 명칭이 아니며, 그렇게 불리는 자가 지닐 수도 있지만 지니지 않을 수도 있는 어떤 장식품도 아니다. 마리아에게 다음과 같이 말했던 것은 천사였다. 너는 너의 아들을 예수라고, 곧 '하나님이 도우신다', 구원자, 소테르Soter라고 불러야 한다! 마찬가지로 그리스도의 칭호도 어떤 인간적 고안으로 이해될 수 없으며, 오히려 그 칭호는 바로 그 사람에게 필연적으로 귀속된다. 그 칭호는 그것을 지니는 자로부터 분리될 수 없으며, 더 나아가 그 칭호를 지니는 자는 바로 그 칭호로 호칭되기 위해 탄생했다. 이름과 호칭(직업) 사이에는 어떤 이원론도 없다. 이미 탄생 시에 그 칭호는 왕관과도 같이 그의 위에 필연적으로 하사되었으며, 그래서 그 인물은 그 직무 없이, 그 직무는 그 인물 없이 존재할 수가 없다. 그는 저 **특정한** 여호수아 곧 바로 그 **특정한** '하나님이 도우신다'이다. 왜냐하면 그는 이스라엘의 예언자적이고 제사장적이며 왕과 같은 사역과 직무, 곧 **특정한** 그리스도의 사역과 직무를 위하여 선택되었기 때문이다.

우리는 잠시 다음 사실 앞에서 멈추는데, 왜냐하면 이것이 대단히 중요하기 때문이다. 바로 그 예수 그리스도 안에서 한 사람이 문제되는데, 그 사람 안에서 바로 그 한 민족 곧 이스라엘 민족과 유대 민족의 파송이 실행되고 계시되었다. 그리스도로부터 '하나님의 종'이 나온다. 그리스도는 모든 민족 그리고 그 한 민족 이스라엘을 위한 하나님의 종의 형태이다. 그러므로 그리스도와 하나님의 종은 나누어질 수 있는 두 현실성이 아닌데, 이것은 그 당시만이 아니라 역사 전체에 대하여, 더 나아가 영원히 그러하다. 이스라엘은 예수 그리스도 없이는 아무것도 아니지만, 그러나 우리는 마찬가지로 말해야 한다. 예수 그리스도께서도 이스라엘 없이 존재하는 예수 그리스도가 아니다. 그러므로 예수 그리스도를 현실적으로 바라보기 위해서, 우리는 우선 잠시 이스라엘을 바라보아야 한다.

구약성서의 민족인 이스라엘 민족은 하나님께서 (그 역사 과정 안에서 언제나 새로운 형태로 반복되는) **계약**을 맺으신 민족이다. 하나님과 인간 사이의 계약이라는 개념은 여기 이스라엘 안에서 자신의 자리와 장소를 갖는다. 인간과 맺은 하나님의 계약은 영원히 유일회적으로 이스라엘 백성과 맺은 계약이기 때문에, 그 계약은 어떤 철학적 이념이나 어떤 일반적 인간적 상념Vorstellung과는 구분된다. 여기서 문제가 되는 것은 이념이나 상념이 아니라, 오히려 사실이며, 하나님께서 열방 중에서 아브라함을 부르셨고, 그와 그의 종족 그리고 그의 '후손들'과 계약을 맺으셨다는 사실이다. 구약성서 곧 이스라엘 민족의 역사 전체는 다름이 아니라 하나님과 그 민족, 그 민족과 하나님 사이의 계약의 역사다. 그 하나님은 야훼라는 이름을 지니신 분이다. 우리가 그리스도교적 믿음과 그리스도교적 소식이 모든 인간을 향한 것이며, 세계 전체의 하나님이신 분을 선포한다는 것을 알고 있다면, 그때 우리는 다음도 간과해서는 안 된다. 일반적 보편적인 길 곧 세계 전체와 모든 민족을 포괄하는 진리에 이르는 길은 특수성의 길이며, 그 특수성 안에서 하나님께서는 (이상하고도 최고로 독단적이라는 느낌을 불러일으키는 방식으로) 아브라함, 이삭, 야곱의 하나님이시다. 그러므로 우리가 인간에 대한 하나님의 행동이라고 알고 있는 모든 것은 언제나 또다시 그러하신 대상과 연관되어야 한다. 그분은 아브라함, 이삭, 야곱의 하나님이시다. 이스라엘 민족은 구약성서가 우리에게 말해 주는 것처럼 (선택과 부르심 안에서, 그것의 유일무이한 우수성 안에서, 그러나 또한 어리석음 안에서, 그것의 도착성倒錯性과 허약함 안에서) 언제나 하나님의 새로운 사랑과 선하심의 대상이었으며, 또한 그 백성에 전대미문의 방식으로 적중하는 하나님의 심판의 대상이었다. 바로 그 백성 이스라엘이 우리 모두를 위한 하나님의 자유로운 은혜의 역사적 형태다. 여기서 문제되는 것은 단순한 역사적 사실이 아니다. 하나님의 자유로운 은혜와 이스라엘 곧 유대 민족 사이의 관계에서 중심이 되는 문제는, (이방인들로 구성된) 우리 그리스도인들 곧 헬라인, 게르만인, 갈리아인 등이 자기들과는 아무 관계가 없다고 거부할 수 있는 문제가 아니다. 그렇게 된다면 오늘의 그리스도교는 이스라엘 역사와 분리된 "풍선 기구 여행"이 되어 버릴 것이다. 어떤 사람이 그리스도인으로서 교회와 회당 사이에는 아무 관계도 없다고 말한다면, 그때 모든 것은 한순간에 무너질 것이다. 공동체와 유대 민족 사이의 그런 분리가 실행되는 곳에서 그리스도교적 공동체는 그 대가를 치러야만 하게 될 것이다. 하나님의 계시의 현실성 전체는 그곳에서 비밀리에 부정될 것이며, 그래서 다음 상황을 피할 수 없을 것이다. 철학과 이데올로기가 만연할 것이며, 사람들은 희랍적이거나 게르만적인 혹은 그 밖에 자유롭게 선택한 어떤 종류의 그리스도교를 고안해 내게 될 것이다(나는 이미 모든 시대에 어떤 스위스 그리스도교와 비슷한 것이 존재했다는 것을 알고 있는데, 그것은 게르만적인 것보다 확실히 더 나을 것도 없었다!)

여러분은 유대 민족의 중요성이 최고로 잘 요약된 한 일화를 알고 있는가? 프리드리히 대제가 한 번은 스위스 아르가우Aargau의 브룩 출신인 자기 주치의 침머만Zimmermann에게 이렇게 물었다.[1] "침머만, 당신은 유일무이한 신 존재 증명을 내게 말해 줄 수 있는가?" 침머만은 대답했다. "전하, 유대인들입니다!" 그가 말하려 했던 것은, 만일 우리가 예를 들어 볼 수 있고 붙잡을 수 있고 모든 사람의 눈앞에서 진행되고 있어서 누구도 논쟁할 수 없는 어떤 신 존재 증명을 질문하려고 한다면, 그때 우리는 유대인들을 지목해야 한다는 것이었다. 유대인들은 대단히 단순하게도 오늘에 이르기까지 현존하고 있다. 근동의 수백의 작은 민족들이 사라졌으며, 그 당시의 다른 모든 셈족 계통의 민족들도 거대한 민족들의 바다 안에서 해체되거나 소멸되었지만, 이 작은 하나의 민족은 유지되었다. 오늘날 유대주의 혹은 유대인 배척주의를 말할 때, 우리는 그 작은 민족을 가리킨다. 그 민족은 특징적이게도 아직도 여전히 등장하며, 아직도 여전히 식별될 수 있으며, 우리는 육체적·정신적으로 언제나 또다시 이 사람은 "아리안족이 아니라고" 혹은 이 사람은 반쯤 혹은 4분의 1쯤 "아리안족이 아니라고" 확정할 수 있다. 사실상 우리가 어떤 신 존재 증명을 질문한다면, 그때 우리는 바로 그 단순한 역사적 사실을 지시하기만 하면 된다. 왜냐하면 유대인의 인격 안에 저 **증인**이, 아브라함과 이삭과 야곱 그리고 우리 모두와 맺으신 하나님의 계약의 증인이 우리 눈앞에 서 있기 때문이다. 성서를 이해하지 못하는 사람도 그러한 기억만큼은 눈으로 **볼 수** 있다.

여러분은 보아야 한다. 바로 다음 사실이 이제 〔지나간 시간이 되어〕 우리 뒤편에 놓인 국가사회주의의 특징적인 신학적 중요성이며, 엄청나게 중요한 정신적·영적 의미이기도 하다. 그것은 국가사회주의가 뿌리로부터 유대인 배척주의였으며, 바로 그 운동 중에서 악마적 명료성과 함께 다음이 직접적으로 알려졌다는 사실이다. **유일한** 적은 **오직** 유대인이다! 맞다. 바로 그 **특정한** 문제의 **유일한** 적은 반드시 유대인이어야만 했다. 그 유대 민족 안에서 오늘에 이르기까지 하나님의 계시의 가장 특별한 점이 현실적으로 살아 있다.

그리스도이신 예수, 구원자이며 하나님의 종이신 그분은 이스라엘 민족의 파송을 실현하고 계시하신 분이며, 하나님과 아브라함 사이에 체결된 계약을 성취하신 분이다. 그리스도교적 교회가 예수 그리스도를 우리를 위한, 모든 인간을 위한, 그래서 또한 이스라엘 민족과 어떤 직접적인 관계도 없는 압도적 다수를 위한 구원자와 하나님의 종이라 고백할 때, 그때 교회는 바로 그 예수 그리스도에 대한 고백을 말하자면 "예수가 한 유대인이었음에도 **불구하고**"(예수의 유대적 존재가 마치 우리가 쳐다보지 말아야 하고 또 그렇게 할 수 있는 어떤 수치스런 일 *pudendum*인 것처럼!) 행하는 것이 아니다. 만일 그렇게 된다면 우리가 예수 그리스도를 믿을 때, 그분은 다만 **우연히** 한 이스라엘인이었던 셈이 되며, 그분이 다른 어떤 민족 출신이었다고 해도 아무 상관 없이 마찬가지라는 셈이 된다. 아니다! 여기서 우리는 대단히 엄격하게 사고해야 한다. (우리가 이방인 출신의 그리스도인들로서 우리의 구원자로 믿으며 우리를 위한 하나님의 사역의 완성자로 찬양하는) 예수 그리스도는 **필연적으로 유대인**이셔야 했다. 이 사실은 간과될 수 없다. 그것은 하나님의 사역과 계시의 구체적 현실에 속한다. 왜냐하면 예수 그리스도께서는 하나님께서 아브라함, 이삭, 야곱과 맺으신 계약의 성취이며, 그 계약의—어떤 계약의 이념이 아니라!—현실은 바로 창조의(곧 하나님과 구분되는 모든 현실성의) 근거, 의미, 목적이기 때문이다. 이스라엘의 문제는, 그리스도의 문제가 그 문제로부터 분리될 수 없기 때문에, 존재 일반의 문제다. 이스라엘을 부끄러워하는 자는 예수 그리스도를 부끄러워하는 것이며, 그와 함께 자신의 고유한 존재를 부끄러워하는 것이다.

나는 국가사회주의의 유대인 배척주의의 핵심을 실제에 적용해 보려고 한다. 여기 독일에서 "유다는 **유일한** 적이다!"라는 구호가 외쳐졌다는 사실은 어떤 우연한 일이 아니었으며, 가볍게 취급될 수 있는 문제도 아니었다. 우리는 그 구호를 이미 외쳤고, 경우에 따라 우리는 **반드시** 그 구호를 외쳐야 하겠지만, 그러나 우리는 그와 함께 무엇을 행하게 되는가를 조심해야 한다. 유다에 대한 공격은 하나님의 사역 및 계시의 바위에 대한 공격을 뜻한다. 그 사역과 그 계시 곁에는 어떤 다른 것도 존재하지 않는다. 신적 사역 전체와 신적 계시 전체는 이념과 이론의 영역에서만이 아니라 또한 자연적·역사적 영역 안에서도, 곧 시간적 사건의 영역 안에서도 다음을 통해 직접적으로 의문시 되었다. 그 당시 발생했던 것, 곧 독일에서 그렇게 오랫동안 지배적이었던 체제의 근본적 유대인 배척주의에 의해 의문시되었다. 우리는 그러한 충돌이 어쩔 수 없이 발생해야만 했다고 말할 수도 있다. 그러나 그때 우리는 그 충돌이 그렇게 끝나야만 했다는 사실에 놀라지 말아야 한다. 자기가 자기를 선택하고—이것이 국가사회주의의 다른 측면이다—자신을 만물의 척도와 근거로 삼은 그러한 한 민족은 조만간에 진실로 선택된 하나님의 백성과 **반드시** 충돌해야만 했다. 그렇게 선택된 한 민족의 이념 선언 안에는 유대인 배척주의가 공언되기 훨씬 전에 이미 이스라엘의 근본적 부정이, 그리고 그와 함께 예수 그리스도의 부정과 최종적으로는 하나님 자신에 대한 부정이 놓여 있다. 유대인 배척주의는 '하나님 없음'이 형태화된 것이며, 그것과 비교할 때 사람들이 흔히 무신론이라 부르는 것은 예를 들어 러시아에서 잘 알려진 것처럼 무해한 것에 가깝다. 왜냐하면 유대인 배척주의적인 '하나님 없음'은 실제로 현실에 관계되며, 이것은 이 문제를 고안하고 추진했던 사람들이 그 사실을 알았든지 몰랐든지와는 전혀 상관없이 그러하기 때문이다. 여기서 그리스도와의 충돌이 문제된다. 신학적으로 볼 때—나는 지금 정치적으로 말하고 있지 않다—그러한 시도는 **반드시** 좌초되고 몰락되어야만 했다. 인간의 돌진은 그 반석에 부딪칠 때 분쇄된다. 그 돌진이 아무리 강력하게 착수된다고 해도 그러하다. 왜냐하면 이스라엘 민족의 파송, 곧 예언자적이고 제사장적이고 왕과 같은 파송은 예수 그리스도 안에서 실행되고 계시된 하나님의 의지 및 사역과 동일하기 때문이다.

이스라엘의 파송은 무엇을 뜻하는가? 성서가 이스라엘의 선택과 다른 민족들 사이에서 이 민족의 다른 점에 관해 말할 때, 우리가 구약성서에서 이스라엘의 특수한 실존을 인지할 때, 그것은 파송, 선교, 사도직에 관계된다. 이스라엘의 실존은 하나님에 의해 선택된 한 특정한 사람이 다른 사람들을 위해 하나님의 자리에 현존함을 뜻한다. 그것이 이스라엘의 현실성이며, 하나님께 봉사하는 한 인간 혹은 공동체 혹은 민족이다. 그 민족이 탁월한 것은 자신의 고유한 영예를 위한 것이 아니고 어떤 국가적 권리의 의미에서 그러한 것도 아니며, 오히려 다른 민족들을 위한 것이며, 그 점에서 모든 민족의 종으로서 탁월하다. 그 민족은 하나님의 사명을 받은 자다. 그 민족은 하나님의 말씀을 선포해야 한다. 그것은 예언자적 파송이다. 그 민족은 하나님 존재의 증인이 되어야 하며, 하나님께서 말씀하실 뿐만 아니라 또한 그분의 인격성 안에서 등장하고 죽음에 이르기까지 헌신하신다는 사실의 증인이 되어야 한다. 그것은 제사장적 파송이다. 그 민족은 마지막으로 바로 자신의 정치적 무력함에도 불구하고 다른 많은 민족들 사이에서 인간에 대한 하나님의 통치를 알려야 한다. 이것은 왕으로서의 파송이다. 인류는 그러한 예언자적이고 제사장적이며 왕으로서의 봉사를 필요로 한다. 구약성서는 그러한 이스라엘의 파송을 명확한 현실로 보여주려고 한다. 그래서 구약성서는 언제나 또다시 그 작은 민족의 기적적인 구원과 유지에 대해 하나님께 감사하는 찬양을 표현한다. 이스라엘의 예언자적 파송은 특정한 인물들의 등장에서 특별하게 가시화된다. 그 인물의 원형에는 아브라함과 그 곁에 모세가 있다. 모세는 이스라엘 민족의 통일성의 근거자이며, 모세 이후에는 여러 상이한 형태들 안에서 언제나 또다시 등장했던 예언자들이 있다. 다른 둘째의 노선은 구약성서 안에서 성막과 성전과 희생제사로 요약되는 것 안에서 볼 수 있다. 마지막으로 왕으로서의 선교 사명은 다윗의 왕국과 그것의 특징적인 지평인 솔로몬의 왕국 안에서 일회적으로 묘사된다. 바로 다윗의 왕국 안에서 하나님의 은혜의 목적, 곧 땅에 대한 하나님의 통치의 대리자로서의 이스라엘이 모범적으로 가시화된다. 마지막으로 그리고 최종적으로—이것은 우리 자신에게 관계된다—이스라엘의 이러한 파송은 한 인간 나사렛 예수의 출현과 등장 안에서, 그분이 그 민족에 소속되신 것에 아무런 의문도 없이, **성취**된다.

이스라엘의 파송은 **예수 그리스도** 안에서 성취되고 계시되며 완성된 파송으로 이해되어야 한다. 이스라엘의 파송은 **처음**에는 **은폐**되어 **작용하지 않는다**. 실제로 우리가 구약성서를 읽을 때, 구약성서 자체가 말하는 것처럼, 우리는 첫눈에 보기에도 모든 측면에서 다음을 확신하게 된다. 구약성서의 증거는 이스라엘 자체 혹은 그 국가 혹은 그 '인종'을 자랑하는 일을 전혀 생각하지 않고 있다. 구약성서 자체는 이스라엘적 인간의 상像을 경악하게 하는 방식으로 다음과 같이 직접 묘사한다. 그 인간은 자신의 선택과 자신에게 주어진 파송을 **거역**하는 인간이며, 그는 그 파송을 무가치하고 무능력한 것으로 예시하며, 그렇기 때문에 하나님의 은혜의 대상인 그는 그에게 필연적으로 적중해야만 하는 심판에 의해 지속적으로 매를 맞고 부수어진다. 왜냐하면 그는 그 은혜를 스스로 벗어났기 때문이다. 바로 구약성서의 모든 책이 그 이스라엘 민족이 그것의 역사의 모든 단계에서 얼마나 문제가 큰 민족이었는가를 말한다. 그 민족은 재난으로부터 재난으로 건너간다. 그것은 언제나 그 민족이 자신의 하나님께 불충했기 때문이다. 그 불충은 재앙과 파멸을 뜻하며, 예언자들은 언제나 그것을 예고하거나 혹은 이미 돌입하는 것으로 서술했다. 그 역사의 결과는 무엇인가? **예언**은 최종적으로 침묵하고, 오직 기록된 죽은 율법만 남았다. 성전에는 무슨 일이 일어났으며, 이스라엘의 **제사장직**은 어떻게 되었는가? 한때 이스라엘의 가장 큰 희망이었던 솔로몬의 성전은 폐허와 잿더미로 가라앉았다. 이스라엘의 **왕권** 곧 다윗의 왕국은 어디로 갔는가? 이스라엘의 과거 한때의 존재 그리고 지금 하나님이 치셔서 그에게 일어난 것을 생각하는 것은 모든 이스라엘인에게 비탄이다. 그 하나님은 이스라엘을 그렇게도 사랑하셨지만 그 사랑을 그렇게도 슬프게 무효화시키셨다. 그리고 희망이 마침내 성취되고 메시아가 나타났을 때, 그때 이스라엘은 자신의 앞선 역사 전체를 십자가에서 확증하였다. 이스라엘은 그분을 우연하게가 아니라 바로 하나님의 모독자라고 배척하였고, 이방인들에게로 밀어내고 빌라도에게 넘겨 십자가형의 죽임을 당하도록 하였다. 그와 같이 이스라엘은 자신의 앞선 역사를 확증하였다. **바로 그것**이 이스라엘이며, 이스라엘은 자신의 파송과 선택을 그와 같이 취급하였으며, 그와 같이 자기가 자기에게 심판을 선고하였다. 유대인 배척주의 전체는 너무 늦은 것이다. 심판은 이미 오래전에 선고되었으며, 바로 그 심판 곁의 다른 모든 심판은 빈약한 것에 지나지 않는다.

이스라엘의 파송은 그와 함께 끝났는가? 아니다. 오히려 구약성서는 그 모든 것을 통과하면서도 언제나 또다시 다음을 확정한다. 하나님의 선택은 유효하며, 그것도 영원히 유효할 것이다. 이스라엘 안에서 서술되는 것과 같이 그렇게 스스로를 서술하는 그 인간은 지속적으로 하나님께서 선택하신 인간이며, 저 파송의 사명을 받은 인간이다. 그 인간이 거부되는 곳에서 하나님의 신실함이 승리한다. 그와 같이 인간의 무가치함에 대한 하나의 거대한 시위적 표현인 이스라엘이 동시에 또한 하나님의 **자유로운** 은혜의 시위적 표현이기도 하다. 그 은혜는 인간의 행위를 묻지 않으며, 오히려 인간 위에 '그럼에도 불구하고'를 주권적으로 선언한다. 인간은 그 '그럼에도 불구하고'에 의해 유지된다. 인간은 철두철미 하나님의 긍휼하심의 대상이다. 그가 그 이상이려고 할 때, 그곳에서 그는 필연적으로 그러한 이스라엘-실존을 거부하게 된다. 이스라엘은 철두철미 하나님께 던져졌으며, 철두철미 하나님께 의존되어 있다. 여러분은 "당신만이 홀로……!"라고 시편에서 읽는다.[2] 그 인간은 철두철미 하나님의 말씀을 듣는 자로 나타나며, 하나님의 통치 아래 지속적으로 서 있으며, 비록 그가 그 통치를 벗어나려고 반복하여 시도한다 해도 마찬가지다. 그의 파송의 성취 안에서, 곧 십자가에 못 박히신 예수 그리스도 안에서, 이스라엘의 문제가 무엇인가 하는 것이 다시 한 번 분명하게 보인다. 처형대에 매달린 예수 그분은 다시 한 번 죄와 '하나님 없음'의 바로 그 이스라엘이 아니고 다른 무엇이겠는가? 그렇다. 바로 그 신성 모독자가 이스라엘이다. 그리고 바로 그 이스라엘이 이제 나사렛 예수다. 우리가 유대적 역사를 계속해서 들여다보고 유대인의 이상한 점과 불합리성을 볼 때, 열방들 사이에서 그 민족이 언제나 또다시 미움의 대상이 되도록 했던 그 민족의 거친 태도를 볼 때—그때 여러분은 유대인 배척주의에 등록한 목록 전체를 열거할 수 있다—그것은 하나님께서 십자가에서 볼 수 있게 만드신 그 버림받은 이스라엘의 확증, **그러나** 또한 그것의 방랑의 모든 단계를 통과하면서도 유지된 하나님의 신실하심의 대상인 이스라엘의 확증이 아니고 다른 무엇을 뜻하겠는가?

우리는 이것을 어디서 아는가? 하나님께서 **골고다의 십자가**에서 이스라엘에 대한 신실하심을 유지하셨기 때문에 안다. 바로 그곳보다 하나님께서 이스라엘에게 더 가까이 계셨던 적이 있었던가? 하나님께서 인류 전체에게 그곳보다 더 강하고 더 신뢰 있게 곁에 서셨던 곳이 어디 있는가? 여러분은 유대인들을 하나님의 이러한 신실하심으로부터 배제시키는 일이 우리에게 가능하다고 믿는가? 여러분은 우리가 유대인들에게서 현실적으로 자격을 박탈할 수 있고 또 해야 한다고 믿는가? 이스라엘의 현실 안에서의 하나님의 신실하심은 바로 우리에 대한, 또한 모든 인간에 대한 그분의 신실하심의 보증이다.

이제 우리는 페이지를 넘긴다. **예수 그리스도**께서 이스라엘의 완성이며 성취이시다. 우리는 다시 구약성서를 바라보며, 그곳에서 계속해서 **또한** 다음의 흔적들을 발견한다. 그렇게 거역하고 타락한 인간들은—대단히 놀랍게도!—어떤 상황들 안에서 또한 그들의 선택됨을 확증해야 한다. 그 확증이 발생한다면, 만일 그곳에 어떤 경건하고 의로운 연속성과 같은 것이 존재한다면, 그것은 이스라엘의 본성으로부터 온 것이 아니라, 오직 언제나 새로운 하나님의 은혜이다. 은혜가 있는 곳에서 인간들은 마음과는 상반되게*contre cœur* 하나님을 찬양하는 목소리를 높이지 않을 수 없으며, 그 인간들의 삶 속에 하나님의 빛이 비치는 곳에서는 그 빛의 반사가 불가피하게 그들 사이에서 응답하지 않을 수가 없다. 심판의 한가운데에 하나님의 은혜가 있다. 구약성서는 그것을 말한다. 그 은혜는 이스라엘 사람들과의 어떤 연속성으로부터 오는 것이 아니라, 하나님의 '**그럼에도 불구하고**'로부터 온다. **그럼에도 불**

구하고 그 민족의 역사 안에는 언제나 또다시 "주님께서 이렇게 말씀하셨다"라고 시작되는 증거들이 있다. 그러한 듣는 자의 응답으로서, 하나님의 신실하신 '그럼에도 불구하고'의 메아리로서 그들은 그렇게 울리는 소리를 낸다. 구약성서는 "남은 자들"에 관해 알고 있다. 그들은 어떤 더 낫거나 더 도덕적인 사람들이 아니었으며, 다만 그들이 부르심을 받았다는 사실에 의해 특징지어졌던 사람들이었다. 하나님의 은혜에 의해 유지되는 죄인들 곧 의로운 죄인들*peccatores iusti*이 그러한 남은 자들을 구성했던 사람들이었다.

계시는 나사렛 예수의 실존에서 정점을 이룬다. 그분은 이스라엘로부터 출현하시며, 동정녀 마리아에게서 나시지만 그럼에도 불구하고 위로부터 나시며, 바로 그렇게 자신의 영광 안에서 계약의 계시자이자 완성자이시다. 이제 이스라엘은 치료를 필요로 하는 병자가 아니라, 오히려 죽은 자 가운데서 부활하신 자다. 그분의 나타나심에 의해, 인간이 자기 자신에게 선고했던 심판 앞에서 모든 인간적 자기 심판을 지양하는 하나님의 심판이 눈에 보이게 된다. 하나님의 신실하심이 죄와 비참의 바다에서 승리한다. 하나님께서 그 인간을 긍휼히 여기신다. 하나님께서 가장 깊은 내면에서 그 인간에게 참여하신다. 하나님께서 자신에 대해 음란한 여자와 같이 처신했던 그 민족을 사랑의 끈으로 인도하기를 결코 그치지 않으셨다. 그러한 이스라엘적 인간이 하나님께 여전히 속한다는 사실은 지속된다. 그때 그 인간이 죽음으로부터 구원을 받았고 하나님의 우편으로 높여지셨다는 사실은 본성으로부터가 아니라 오직 하나님의 은혜의 기적에 의해 언제나 또다시 새롭게 들려야 한다.

이스라엘은 하나님의 자유로운 **은혜**의 현실적 표현이다. 하나님과 그 인간과의 관계는 저 사건에서 볼 수 있게 된다. 그것은 예수 그리스도께서 목적에 도달하신 사건 곧 그분의 **죽은 자 가운데서의 부활**이다. 여기서 그 인간은 하나님의 영광의 빛에 의해 둘러싸여 나타나신다. 바로 그것을 이스라엘에 속한 한 사람에게서 볼 수 있게 된다. 그 사건의 결과로서 이제—여기서 다시 한 번 은혜는 긍정적으로 가시화된다—아브라함 계약은 대단히 놀랍게도 그분의 혈연인 사람들을 훨씬 넘어서 확장된다. "가서 모든 피조물에게 복음을 선포하라!"(막 16:15) 그것이 은혜다. 은혜는 좁은 곳으로부터 넓은 곳을 향한다. 그러나 구원이 유대인으로부터 오기 때문에, 유대 민족은 다만 심판만 받는 것이 아니라, 또한 은혜도 입는다. 선택과 부르심이라는 이스라엘에게 주어진 은혜는 아직 변함없이 유효하며, 그 은혜는 오늘날에 이르러서는 교회 안에서 볼 수 있다. 교회는 본질적으로 유대인과 이방인으로 구성된다. 로마서 9-11장에서 바울은 최고의 강조점을 다음에 둔다. 유대인의 교회 혹은 이방인의 교회가 있는 것이 아니며, 오히려 교회는 공동체로서 이스라엘 중에서 믿음에 이른 사람들과 이방인들 중에서 공동체로 부르심을 받은 사람들을 함께 포함한다. 양쪽을 포함한다는 것이 그리스도교적 교회에 있어서 본질적이다. 아브라함의 후손들이 또한 교회 안에서도 살아 있다는 것이 어떤 부끄러워해야 할 사실이기는커녕, 오히려 교회의 명예로운 칭호라는 것을 교회는 이해해야 한다. 유대인-그리스도인들의 존재는 하나님의 하나의 민족의 통일성에 대한 가시적인 담보다. 그 한 민족은 한편으로는 이스라엘이라고, 다른 한편으로는 교회라고 불린다. 교회 곁에 아직도 여전히 **회당**이 존재할 때, (예수 그리스도를 거부하면서 이미 오래전에 성취된) 이스라엘 역사가 여전히 무기력하게 연장되면서 존재할 때, 그때 우리는 다음을 숙고해야 한다. 그 분리된 이스라엘이 아직도 존재하는 것이 하나님의 뜻이라면—사도 바울도 수수께끼와 같은 그 문제 앞에 서 있었다—우리는 회당을 다만 교회의 그림자Schattenbild로 인식할 수밖에 없다. 회당은 그림자로서 교회와 수십 세기 동안 동행해 왔으며, 그리고 유대인들이 알든지 모르든지 관계없이, 세상 안에서 하나님의 계시의 증거에 사실상 그리고 현실적으로 참여했다. 좋은 포도나무는 말라 버리지 않는다. 하나님께서 그 나무를 심으셨고, 하나님께서 그 나무에게 행하신 것과 주신 것은 결정적이기 때문이다. 바로 그것이 예수 그리스도 안에서, 곧 이스라엘 출신의 그 사람 안에서 계시되었다.

12

하나님의 유일하신 아들

인간 예수 그리스도 안의 하나님의 계시는 강제적이고 배타적이며, 그분 안에서의 하나님의 사역은 도움을 주기에 충분한 것이다. 왜냐하면 그 인간은 하나님과 구분되는 존재가 아니며, 오히려 아버지의 유일하신 아들이기 때문이다. 다시 말해 그분은 자신을 통하여 그리고 자신으로부터 살아 계신 유일하신 하나님 자신이며, 하나님의 전능하심과 은혜와 진리가 그분의 인격 안에 있고, 그래서 그분은 하나님과 모든 다른 인간들 사이의 권위 있는 중보자이시다.

우리는 대답이 미리 주어져 있기 때문에 질문이 아닌 한 질문에 도달한다. 그것은 예수 그리스도의 **참된 신성**을 서술하는 일이다. 어떻게 우리가 그것을 진술할 수 있는지, 혹은 어떤 질문이 그 진술로 인도하는지가 우선 분명해야 한다.

우리는 우리의 서술 중에 계속해서 **하나님의 계시** 혹은 **말씀**이라는 개념에 부딪쳤다. 계시 혹은 말씀은 하나님 자신으로부터 나오는 소식을 하나님께서 알려 주시는 것을 뜻한다. 온갖 계시와 온갖 말씀 그리고 소식들이 있다. 그것들은 이미 인간에게 도달했으며, 지금도 도달하고 있으며, 자신들도 하나님의 말씀과 소식이라고 주장하고 있다. 이제 질문이 제기되며, 우리는 그 질문에 입장을 표명해야 한다. 여기서 하나님의 계시라고 언급되는 것은 어떤 점에서 강제적으로 그렇다고 인정될 수 있으며, 그래서 **유일무이한** 계시로 수용될 수 있는가? 다음에는 의심이 있을 수 없다. 크거나 작거나, 인류의 역사 전체 안에 그리고 각 개인의 삶 안에도 어떤 것이 우리에게 대단히 높은 경지에서 조명되어 우리가 그것을 중요하게 여기고 확신하며, 또 우리가 '압도당하고' 사로잡혀서 그 마법에 매이게 되는 원인과 경우들이 충분히 많이 있다. 인간의 삶은 거시우주 안에서나 미시우주 안에서나 그러한 사건들로 가득 차 있다. 인간의 삶 안에는 권능, 아름다움, 사랑 등의 '계시들'이 있다. 그렇다면 왜 여기서 하나님의 계시라 부르는, 예수 그리스도의 존재 안의 사건만 하필이면 최고로 높여지면서 **유일회적인** 방식으로 계시인가? 이 질문(트뢸치에 의하면 그리스도교의 '절대성'에 대한 질문)에 우리는 우선 일반적으로 다음을 인정해야 한다.[1] 우리는 대단히 많은 강제적인 '계시들', 그리고 대단히 많은 스스로 정당성을 주장하는 다른 '계시들'에 의해 둘러싸여 있다. 그러나 우리는 그리스도교적 믿음으로부터 그러한 계시들에 대해 이렇게 말해야 한다. 그것들에게는 최종적인, 철두철미 구속하는 **권위**가 없다. 사람들은 그러한 계시들의 세계를 두루 돌아볼 수 있을 것이며, 여기서는 깨달음을 얻고 저기서는 확신을 갖고 또 다른 곳에서는 압도당할 수도 있을 것이다. 사람들은 그러한 계시들에 기뻐하면서 도취될 수 있을 것이며, 그 다음에 (거울 속의 자기 얼굴을 본 뒤 계속 나아가면서 자신의 그 얼굴을 잊어버리는 것처럼) 그가 보았던 것을 잊어버릴 수도 있다. 이제 그러한 계시들에는 사람들이 그렇게 잊어버리는 것을 막아줄 최초이자 최종적 권세가 없다. 그 모든 계시들에는 잘 알려진 대로 최종적 구속의 능력이 결여되어 있다. 그것들의 힘이 강력하지 못해서가 아니고 그것들의 의미와 감동이 적어서도 아니다. 오히려 우리는 그리스도교적 믿음으로부터 다음과 같이 고백해야 한다. 그 모든 것들은 다만 하나님께서 창조하신 **땅에 속한** 어떤 크기, 권세, 선, 아름다움 등의 계시에만 관계된다. 땅도 기적과 영광으로 가득 차 있다. 만일 땅이 계시들로 가득 차 있지 않다면, 그것은 하나님의 **피조물**이 아닐 것이며, 하나님께서 지시하신 우리의 현존재의 공간이 아닐 것이다. 모든 시대의 철학자와 시인들, 음악가와 예언자들은 그것을 잘 알고 있다. 그러나 땅 그리고 지상적 정신의 그러한 계시들에는 인간을 최종적으로 구속할 수 있는 권위가 없다. 인간은 이 세상에 의해 최종적으로 붙들리지 않고서 그것을 관통해 나갈 수 있다. 그러나 또한 **하늘의** 계시들도 있을 수 있다. 그것들은 피조물의 저 보이지 않고 파악될 수 없는 현실성의 계시들이다. 그 현실성도 또한 우리를 둘러싸고 있다. 그러한 보이지 않고 파악될 수 없는 것의 세계도 또한 우리에게 지속적인 운동 안에서 이해된다. 깜짝 놀람의 원인들은 사실상 그곳에, 바로 그곳에 있다. 하늘 그리고 천상적 세계들과의 만남이 없는 인간이 무슨 인간이겠는가? 그러나 그러한 하늘의 계시들도 저 최종적 권위의 성격을 갖지 못하며, 또한 그것들도 피조적 계시들에 그친다. 그것들도 최종적 대답을 가지고 있지 않다. 모든 천상적인 것은 모든 지상적인 것과 마찬가지로 최종적으로는 스스로를 제약한다. 그것은 어떤 제왕의 메신저(소식 전달자)처럼 우리와 만난다. 우리는 그 크고 권세 있는 사람을 놀라서 바라볼 수는 있지만, 그러나 우리는 그에 관해 알고 있다. 그는 왕 자신이 아니며, 그는 메신저일 뿐이다. 바로 그렇게 우리는 하늘과 땅의 모든 권세들 그리고 그것들의 계시들과 마주 대면한다. 우리는 안다. 그 둘보다 더욱 높은 것도 있다. 비록 그 권세들이 대단히 강력하다고 해도, 그것들이 어찌하여 원자폭탄의 엄청난 위력에 도달한다고 해도, 그것들은 최종적으로 우리를 강제하지 못하며, 그렇기 때문에 우리에게 궁극적으로 경외의 마음이 생기도록 하지는 못한다. "전 세계가 파괴되었을 때에도, 굴하지 않는 자들은 폐허를 마주 대한다."[2] 우리 전체 인류가 어떻게 저 전쟁의 세월을 통과해 왔를는지를 생각할 때, 인류는 그 모든 것들이 근본적으로는 자신에게 아무것도 손대지 못하였다는 것을 자신의 강인함에 의해 증명하고 있지 않은가? 사람들은 가장 기괴한 일들을 체험하였지만, 그러나 인간 자체는 주님이 아닌 저 주님들에 의해 꺾일 수 없었다. 인간은 굴복하지 않고 폐허를 통과해 가며, 그러한 지상적 권세들과 마주 대면하여 자신을 주장한다.

그리스도교적 교회 안에서 계시가 선포될 때, 그것은 위에서와 같은 지상적 혹은 천상적인 계시들에 관련된 것이 아니라, 오히려 모든 권세 위의 권능을 가리킨다. 그것은 어떤 신적인 상층 혹은 하층 우주에 관한 것이 아니라, 오히려 **하나님 자신의 계시**에 관계된다. 그렇기 때문에 우리가 지금 말하는 현실성, 곧 예수 그리스도 안의 하나님의 계시는 강제적이고 배타적이며, 도움을 주기에 충분한 것이다. 왜냐하면 우리는 여기서 하나님과 구분되는 어떤 현실성 곧 저 지상적인 혹은 천상적인 어떤 실재들과 관계하고 있지 않으며, 오히려 하나님 자신과 관계하기 때문이다. 그분은 높은 곳에 계신 하나님이며, 우리가 첫 조항에서 들었던 하늘과 땅의 창조주다. 신약성서가 셀 수 없이 많은 곳에서 (공동체가 예수 곧 '그리스도'라고 인식하고 고백했던) 나사렛 예수를 주님Kyrios이라고 말할 때, 그때 신약성서는 구약성서가 '야훼'라고 말했던 것과 동일한 단어를 사용한다. 바로 그 나사렛 예수, 갈릴리의 마을과 도시들을 두루 돌아서 예루살렘을 향하셨고, 그곳에서 고소되고 정죄되고 십자가에 못 박히신 분, 그러한 인간이 구약성서의 야훼이고 창조주이며 하나님 자신이시다. 그분은 우리와 같이 시간과 공간 안의 한 인간이었으며, 하나님의 모든 속성을 가지셨지만 그러나 한 인간이기를, 철두철미 피조물이기를 그치지 않으셨다. 창조주 자신이, 그분의 신성을 해치지 않으신 채, 어떤 반신半神이 아니라, 어떤 천사가 아니라, 오히려 대단히 냉철하고 대단히 현실적으로 한 인간이 되셨다. 이것이 예수 그리스도에 대한 그리스도교적 신앙고백의 의미다. 그분은 하나님의 유일하신 혹은 독생하신 **아들**이시다. 그분은 하나님의 아들이며, 모든 의미에서 신적 현실성 안의 하나님이시다. 그 현실성 안에서 **하나님은 자기 자신을 통해 규정**되신다. 그와 같이 자기 자신을 통해 규정되신 하나님, 하나님의 한분 아들이 **바로 그 인간** 나사렛 예수다. 하나님은 아버지이실 뿐만 아니라 또한 아들이시기 때문에, 하나님의 내적 생명 안에서는 그러한 사건이 계속해서 발생하기 때문에(하나님은 신적 존재의 **행동** 안에 계신 하나님이시며, 아버지 그리고 아들이시다), 하나님은 창조주이면서 '그러나 또한' 피조물이실 수 있다. 이러한 전대미문의 '그러나 또한'은 '아버지 **그리고 아들**'에 내적으로 상응한다. 이 사역, 곧 하나님의 계시가 영원한 아들의 사역이기 때문에, 그 사역은 적법하게도 피조 세계 전체에 대하여 비교될 수 없이 탁월하게 우뚝 선다. 여기서 하나님 자신에 관계되기 때문에, 바로 그 피조물이 하나님의 아들이기 때문에, 예수 그리스도 안에서 발생한 사건은 진실로 강제적이고 배타적이며, 도움을 주기에 충분한 것이며, 물론 또한 하나님의 뜻과 '질서 명령'에 의해 우리 주변에서 발생하는 다른 모든 것으로부터 구분된다. 예수 그리스도 안의 하나님의 계시 그리고 하나님의 사역은 하나님의 의지에 근거한 어떤 한 사건이 아니며, 오히려 하나님 자신이다. 하나님께서 피조 세계 안에서 말씀이 되셨다.

이제 우리는 옛 교회가 그리스도의 신성의 질문에 대한 논쟁을 배경으로 하면서 공언했던 신앙고백문을 여러분에게 낭독할 수 있는 곳까지 왔다. "하나님의 독생자, 모든 시간들 이전 아버지로부터 출생하신 분, 빛 중의 빛이시며, 참 하나님으로부터 참 하나님이시고, 지음을 받지 않고 출생하신 분, 아버지와 동일한 본질이시며, 그분을 통해 만물이 창조되었으며, 그분이 우리 곧 인간들을 위하여, 우리의 구원을 위하여 하늘로부터 내려오셨다"(니케아-콘스탄티노플 신조, 381). 사람들은 이 신앙고백문에 대해 많이도 불평하고 화를 내었다. 아마 여러분도 공부하는 중에 그와 같이 행동하고 또 이 문제를 그러한 형식으로 표현하는 것을 끔찍하게 생각하는 문필가 혹은 강사와 머지않아 마주치게 될 것이다. 나는 여러분이 그러한 탄식과 마주칠 때, 이 강의 시간을 기억하며 그것에 약간의 제동을 걸 수 있게 되기를 바란다. 소위 '정통주의'에 대한 그러한 반항은 정말로 말하자면 '늑대의 울부짖음'이며, 교양 있는 사람은 절대 따라하지 말아야 할 일이다. 왜냐하면 조상들에 대한 그러한 꾸짖음 안에는 어떤 야만적인 것이 놓여 있기 때문이다. 나는 다음과 같이 생각한다. 중심적 문제가 그 신앙고백서 안에서 말하자면 위대한 방식으로 서술되었다. 이것을 인식한다면, 어떤 사람이 그리스도인이 아니라고 해도 그는 틀림없이 큰 존경심을 갖게 될 것이다. 어떤 사람은 니케아-콘스탄티노플 신앙고백에 대해 그것이 성경에 없다고 말했다. 그러나 글자 그대로 성경에 있지 않은 것 중에서도 참되고 필연적으로 인식되어야 하는 것은 많다. 성서는 서류를 모아 놓은 서랍이 아니며, 오히려 하나님의 계시의 거대한 문서다. 그 계시는 우리에게 우리 자신이 이해해야 한다고 말한다. 교회는 모든 시대에 성서 안에서 전해진 것에 대해 대답해야 했다. 교회는 희랍어나 히브리어가 아니라 자신이 위치해 있는 곳의 언어로 대답해야 했다. 바로 그러한 대답이 그 신앙고백문이다. 이것은 중심적 문제가 공격을 받았을 때, 스스로를 입증하였다. 중심에 하나님 자신이 계신가 아니면 천상의 혹은 지상의 어떤 본질이 놓여 있는가 하는 것은 일점일획에 이르기까지 **반드시** 논쟁되어야 했다. 그것은 이쪽이든지 저쪽이든지 상관없는 문제가 아니었고, 오히려 바로 그 일점일획이 복음 전체를 좌우하게 된다. 우리는 예수 그리스도 안에서 하나님 자신에 관계되거나 혹은 다만 어떤 피조물만 취급하게 된다. 하나님과 비슷한 어떤 본질은 종교사 안에 언제나 있어 왔다. 옛 신학이 바로 여기서 피를 흘리기까지 투쟁했던 것은 그 이유를 잘 알고 있었기 때문이다. 물론 그렇게 하는 중에 일은 때로는 어쩔 수 없이 인간적으로 진행되기도 했다. 그러나 그것은 그렇게 중요한 것이 아니다. 그리스도인들이 천사인 것은 아니다. 어떤 **중요한** 일이 문제가 되는 경우, 우리는 그곳에 가서 "사랑하는 아이야, 가만히, 가만히 있어라!"라고 외칠 수 없다. 오히려 그곳에서는 가장 쓰라린 각오로 끝장에 이르도록 투쟁할 수밖에 없다. 나는 이렇게 말하고 싶다. 하나님께 감사하게도, 그 당시의 교부들은 어리석음과 약함 안에서도 그리고 온갖 희랍적 학식에도 불구하고 투쟁하기를 주저하지 않았다. 그 신앙고백문 전체는 오직 하나만을 말한다. 그것은 독생자, 모든 시간들 이전에 아버지로부터 출생하신 분, 아들, 빛 중의 빛, 참 하나님으로부터의 참 하나님, 곧 피조물이 아닌 하나님 자신, 아버지와 비슷한 본질이 아니라 동일한 본질, **인격 안의 하나님**이다. "그분을 통해 만물이 창조되었으며, 그분은 우리를 위하여 하늘로부터, 위로부터 내려오셨다." 우리에게 내려오신 분, 바로 그가 그리스도다. 옛 교회는 그리스도를 그렇게 보았으며, 그분의 현실성은 옛 교회 앞에 그렇게 서 있었으며, 그와 같이 옛 교회는 그리스도교적 신조 안에서 그분께 신앙을 고백하였으며, 그것은 우리도 그 문제를 그렇게 바라보려고 시도해야 한다는 도전이 된다. 이것을 이해하는 사람이 교회의 저 큰 일치에 왜 동의하지 않겠는가? 이 문제와 관련하여 정통주의와 희랍신학에 탄식하는 것은 얼마나 유치한가? 그런 행동은 문제의 중심과 아무 관계가 없다. 비록 그 신앙고백의 생성이 진행된 과정에 문제가 좀 있었다고 하더라도, 우리는 우리 인간이 행하는 모든 것이 문제가 있고 수치스럽고 즐겁지 않은 것임을 인정해야 한다. 일은 많은 경우 그와 같이 진행되며, 필연적이고 올바른 일들은 정확하게 그와 같은 상황에서 출현한다. 하나님의 섭리와 인간의 혼동!*Dei providentia et hominum confusione!* 그 신앙고백은 대단히 단순하게 그리고 대단히 실천적으로 우리가 문제의 중심을 확신해야 함을 가리킨다. 하나님의 아들에 대한 바로 그 신앙고백 안에서 그리스도교적 믿음은 사람들이 종교라고 부르는 모든 것과 구분된다. 우리는 그 고백에서 어떤 신적인 것이 아니라, 하나님 자신과 관계한다. 그리스도교적 믿음은 다음에 관계된다. "우리는 신성한 성품에 참여하는 자가 될 것이다"(벧후 1:4). 실제로 문제가 되는 것은 더도 덜도 아니라 바로 다음이다. 신적 본성 자체가 우리에게 가까이 다가왔으며, 그 본성이 한분 안에서 우리와 만나는 만큼, 우리는 믿음 안에서 그 본성에 참여하게 된다. 그와 같이 예수 그리스도께서는 하나님과 인간 사이의 중보자이시다. 모든 것은 바로 이것을 배경으로 하여 이해되어야 한다. 하나님께서 우리를 위해 그보다 적은 것을 행하지 않으셨다. 우리는 (그러한 측량할 수 없는 것이 발생해야만 했고 또 발생했다는 점에서) 우리의 죄와 곤경의 깊이를 인식해야 한다. 교회와 그리스도교 전체는 자신의 소식 전체에 의해 그 측량할 수 없고 근거될 수 없는 것을 내다본다. 그것은 하나님께서 그분 자신을 우리에게 선사하였다는 사실이다. 그렇기 때문에 모든 현실적인 그리스도교적 진술에는 어떤 비그리스도교적 진술에도 속할 수 없는 절대성이 귀속된다. 교회는 '자신을 주장'하지 않으며, 어떤 '견해'나 '확신'을 갖고 있는 것도 아니며, 무엇에 도취된 것도 아니다. 교회는 **믿고 고백**한다. 다시 말해 교회는 그리스도 안에서 하나님 자신에 근거된 소식에 의해 말하고 행동한다. 그렇기 때문에 모든 그리스도교적 가르침, 위로, 권고는 그것들의 내용을 형성하는 **하나님**의 위대하신 행동의 능력 안에서 원칙적이고 종결짓는 위로와 권고다. 그 행동은 하나님께서 그분의 독생하신 아들 예수 그리스도 안에서 우리를 위해 존재하기를 원하신다는 것이다.

13

우리의 주

인간 예수 그리스도의 현존재는 (그분의 신성의 능력 안에서) 모든 인간적 현존재에 대한 주권적 결정이다. 그 결정은 그 한분이 (하나님께서 정하신 대로) 모든 인간을 대신하시며, 그래서 모든 인간은 그분과 결합되고 그분께 의무를 진다는 사실에 근거한다. 그분의 공동체는 그 사실을 안다. 공동체는 그 사실을 세상에 알려야 한다.

나는 위의 문장 대신에 단순히 "사도신경 둘째 조항에 대한 마틴 루터의 다음 설명을 배치시켜야 했지 않은가"라고 스스로 질문해 본다. "나는 참 하나님이며 아버지로부터 영원 전 탄생하셨으며, 그리고 또한 참 인간이며 동정녀 마리아에게서 나신 예수 그리스도께서 **나의 주님**이심을 믿는다."[1] 이 말에서 루터는 둘째 조항의 내용 전체를 명확하게 진술한다. 이 본문이 주석적으로는 아마도 약간 자의적인 부분이 있다고 보일 수도 있지만, 그러나 그것은 틀림없이 독창적이라고 할 수 있는 자의성이다. 왜냐하면 루터는 마지막에서 다름이 아니라 사도신경의 가장 근원적이고 가장 단순한 저 세 단어로 돌아가기 때문이다. "예수 그리스도는 주님이시다"*Kyrios Jesus Christos*. 그는 둘째 조항이 말하는 그 밖의 모든 것을 요약하여 바로 그 공통분모 위에 옮겨 놓았다. 참된 신성과 참된 인간성은 그의 문장에서는 바로 그 '주님'이라는 주어의 술어들이 된다. 그리스도의 사역 전체는 **주님**의 사역이다. 바로 그 주님이 우리에게 요청하시는 전체는 우리가 그분의 소유가 되어야 한다는 것이다. "나는 그분의 나라에서 그분 아래서 그분께 봉사하며 살게 될 것이다." 왜냐하면 "타락하고 저주받은 인간인 나를 모든 죄와 죽음과 마귀의 권세로부터 구원하고 끌어내어 얻으신" 그분이 나의 주님이기 때문이다. 그리고 그리스도교적 약속 전체는 다음을 가리킨다. 나는 그분의 영광에 상응하여 "영원한 의와 무죄함과 축복 안에서 그분께 봉사하게 될 것이다."[2] 이 모든 것은 그리스도의 높여지심Erhöhung에 대한 유비가 된다.

나는 사도신경 중 이 부분의 설명을 (루터의 위의 본문을 여러분에게 강조하여 주목시키지 않고서는) 시작할 수 없었다. 그러나 우리는 우리의 고유한 사고에 의해 이 문제에 더 다가가기를 시도한다.

예수 그리스도께서 우리 주님이라는 것은 무엇을 뜻하는가? 나는 그것을 다음과 같이 설명하였다. 예수 그리스도의 현존재는 모든 인간적 현존재에 대한 **주권적 결정**이다. 그것은 우리 위로 내려진 한 주권적 결정이다. 우리가 그 결정을 아는지 그리고 그 결정에 상응하는 존재가 되는지의 여부는 이차적 문제다. 우리는 들어야만 한다. 그 결정은 내려졌다. 그 결정은 인간적 본성이나 역사로부터 어떻게든 읽힐 수 있는 어떤 운명 혹은 인간의 중립적 객관적 규정과는 아무 관계가 없다. 오히려 모든 인간적 현존재에 대한 그 주권적 결정은 인간 예수 그리스도의 현존재 안에 근거되어 있다. **그분**이 현존하고 현존하셨고 현존하실 것이기 때문에, 그 주권적 결정은 **모든** 인간에 대해 내려졌다. 여러분은 기억할 것이다. 우리는 이 강의의 시작에서 그리스도교적 믿음은 철두철미 하나님의 결정을 바라보면서 내려져야 하는 인간적 결정으로 이해되어야 한다고 해석하고 확정했다. 이제 우리는 여기서 바로 그 신적 결정의 구체적 형태를 본다. 우리가 하나님을 우리의 주님과 스승이라고 말할 때, 그때 우리 그리스도인들은 모든 신비주의의 방식으로 우리 위에 서서 우리를 지배하는 신적인 권세, 곧 정의될 수 없고 최종적으로는 알려지지 않은 어떤 권세를 생각하는 것이 아니다. 오히려 우리는 저 구체적 형태 곧 인간 예수 그리스도를 생각한다. 그가 우리의 주님이시다. 그분이 현존하실 때, 하나님께서 우리 주님이시다. 예수 그리스도의 현존재는 모든 인간적 현존재에 '선험적으로'*Apriori* 앞선다. 그리스도교적 사도신경은 그것을 말한다. 선험적으로 앞선다는 것은 무엇을 뜻하는가? 여러분은 시간적으로 앞선다는 생각을 버려야 한다. 물론 그것도 시간적 앞섬을 뜻하고, 그 현존재가 완료되었다는 것, 곧 (1-30년 팔레스타인에서의 그 사건 안에서 우리에 대한 통치가 수립되었다는) 저 위대한 역사적 완료형을 뜻한다. 그러나 그것이 결정적인 것은 아니다. 그 시간적인 앞섬이 그러한 중요성을 획득한다면, 그것은 그 사람의 현존재가 비교될 수 없는 **가치**에 의해 우리의 현존재보다 앞서기 때문이다. 그분의 현존재는 (그분의 신성의 능력 안에서) 우리 현존재에 대한 그분의 권위에 의해 우리 현존재보다 앞선다. 우리는 바로 전 강의에서 말했던 것을 되돌아본다. 이제 다음이 무엇을 뜻하는지 밝혀진다. 그 인간의 현존재는 대단히 단순하게도

하나님 자신의 현존재다. 바로 그 인간의 가치가 우리에 대한 그분의 권능인 그분의 생명의 내용을 구성한다. 예수 그리스도께서 '아버지와 동일한 본질'인 하나님의 독생자이기 때문에, 그분의 인간적 본성 곧 그분의 인간 존재는 주권적 결정을 스스로 실행하는 사건이다. 그분의 인간성은 **유일무이한** 인간성이며, 모든 인간성*humanitas*의 총괄개념이다. 그것은 개념이나 이념이 아니고, 오히려 결정으로서, 역사로서 그러하다. 예수 그리스도께서는 **유일무이한** 인간이시며, 그래서 모든 인간 존재의 척도와 규정과 한계가 되신다. 하나님의 의도와 하나님의 목적이 그분 자신에게만 아니라 모든 인간을 향한다는 사실이 그분 안에서 결정되었다. 이 의미에서 그리스도교적 사도신경은 예수 그리스도를 '우리 주님'이라고 부른다.

예수 그리스도 안에서 내려진 왕으로서의 주권적 결정은 다음에 **근거**한다. **바로 그 한분**이 하나님께서 정하신 대로 **모든 인간**을 대신한다. 그 결정은 **근거되어 있다**. 하나님의 그 주권적 결정, 곧 예수 그리스도의 통치는 우리 인간에 대하여 그리고 그 자체로 어떤 맹목적 권세의 사실이 아니다. 여러분은 우리가 어떻게 하나님의 전능성에 대해 말했고 또 내가 어떻게 다음을 강조하였는지 기억할 것이다. 권세 그 자체는 악하며, 권세를 위한 권세란 바로 마귀다. 예수 그리스도의 통치는 권세를 위한 권세가 아니다. 그리스도교적 공동체가 "나는 예수 그리스도께서 나의 주님이라고 믿는다"고 고백할 때, 여러분은 우리 위에서 위협하면서 서 있는 어떤 맹목적 법칙, 어떤 역사적 권세, 어떤 운명이나 사실성 등을 생각해서는 안 된다. 인간은 그러한 것들에 무방비 상태로 노출되어 있으며, 그것에 대한 최후의 통찰은 다만 그것 자체를 인정하는 것일 뿐이다. 오히려 그렇게 고백할 때, 여러분은 주님의 올바른 통치를 생각해야 한다. 그분의 통치는 단순한 힘*potentia*이 아니라, 권능*potestas*이다. 그 통치는 단순히 측량될 수 없는 의지의 질서가 아니라 오히려 **지혜의 질서**로 우리에게 인식된다. 하나님께서 우리 주님이 되시고 우리에 의해 그렇게 인식되고 인정되기를 원하실 때, 하나님은 옳으시며 그리고 왜 그렇게 행하는지 아신다. 물론 그리스도의 통치의 그러한 근거는 우리를 이제야 비로소 저 **비밀** 안으로 올바로 인도한다. 여기서 중심 문제는 한 객체, 한 질서다. 그 질서는 우리보다 높으며 우리 없이 수립되었고, 인간은 그것에 굴복하고 승인해야 하며, 그 질서로부터 다만 듣기만 할 수 있고, 그 다음에 그것에 순종해야 한다. 바로 그리스도의 통치가 그분의 신성의 능력 안에서 수립되고 지속될 때, 사정이 어떻게 그와 다를 수 있겠는가? 하나님께서 통치하는 곳에서, 인간은 다만 무릎을 꿇고 기도anbeten할 수밖에 없다. 그러나 이 기도는 하나님의 지혜 앞, 그분의 정의와 거룩하심 앞, 그분의 긍휼하심의 비밀 앞에서의 기도다. 그것이 하나님 앞에서의 그리스도교적 경외와 그리스도교적 하나님 찬양이며, 그리스도교적 봉사와 순종이다. 순종은 **들음**에 기초하며, 들음은 **말씀**을 받아들이는 것이다.

나는 그리스도의 통치의 그러한 근거를 대단히 짧게 요약하여 제시하려고 한다. 도입 명제는 다음과 같았다. "주권적 결정은 **그 한분이 하나님께서 정하신 대로 모든 인간을 대신**한다는 사실에 근거한다." 그분이, 그러하신 한분이, 그 인간이 어떤 이념이 아니라 오히려 대단히 구체적으로 그때 그곳에서 한 인간이었다는 것이 하나님의 비밀 그리고 예수 그리스도의 비밀이다. 그분은 하나의 이름을 지니셨으며, 한 장소에서 유래하셨으며, 시간 안에서 우리 모두와 같은 삶의 역사를 가지셨고, 그것은 그분 자신만을 위한 것이 아니라, 오히려 그분이 그러하신 한분이신 것은 모든 인간을 위한 것이다. 나는 여러분이 바로 그러한 '우리를 위하여'의 관점에서 신약성서를 한번 읽어 볼 것을 권한다. 왜냐하면 중심에 계신 바로 그분의 존재 전체는 다음에 의해 규정되기 때문이다. 그것은 한 인간 실존이며, 다만 자신만의 고유한 테두리 그리고 자신만의 고유한 의미 안에서가 아니라, 오히려 모든 다른 사람을 위해 실행되고 완성되었다. 바로 그 한 인간 안에서 하나님께서는 모든 개인을, 우리 모두를 마치 유리를 통해 보듯이 꿰뚫어 보신다. 바로 그 매개를 통해, 바로 그 **중보자**를 통해 하나님께서는 우리를 보고 아신다. 우리는 당연히 그리고 마땅히 우리 자신을 그분 안에서, 바로 그 인간 안에서 하나님께 보여진 자 그리고 하나님께 알려진 자로 이해해야 할 것이다. 그분 안에서, 바로 그 한분 안에서 하나님께서는 인간들을, 각각의 인간을 영원 전 눈앞에 두셨으며, 다만 눈앞에 두신 것이 아니라 더 나아가 사랑하고 선택하고 부르고 자기 소유로 만드셨다! 그분 안에서 하나님께서는 각각의 인간과 모든 인간 그리고 하나님 자신을 영원 전에 결합시키셨다. 이 사실은 전체에, 다시 말해 인간의 피조성으로부터 (인간의 비참을 넘어서 인간에게 약속된) 영광에 이르기까지 해당된다. 모든 것이 그분 안에서, 바로 그 한 인간 안에서 우리에 대해 결정되었다. 인간이 인간으로 창조된 것은 바로 그분의 상, 곧 하나님의 형상에 따라서다. 그 한분은 낮아지심 안에서 모든 인간의 죄와 악함과 어리석음을, 그 다음에는 또한 비참과 죽음을 짊어지셨다. 그리고 바로 그분의 영광은 우리 모두에게 주기로 되어 있는 **유일무이한** 영광이다. 우리에게는, 그분이 죽음으로부터 부활하셔서 영원히 다스리시는 것과 같이, 영원한 의와 무죄와 축복 안에서 그분께 봉사하게 될 것이라는 사실이 주어져 있다. 각 사람, 모든 사람의 그 한분과의 결합관계가 하나님의 지혜로우신 처분Verfügung이다. 그리고 그것은 말하자면 위로부터 볼 때 예수 그리스도의 통치의 근거다.

이제 동일한 것을 인간 편에서도 볼 수 있다. 하나님의 그러한 처분이 지속되기 때문에, 우리가 그 관계 안에 서 있기 때문에, 예수 그리스도께서 그러하신 한 인간이고 하나님 앞에서 우리를 변호하시기 때문에, 우리가 그분 안에서 하나님에 의해 사랑받고 유지되고 인도되고 운반되기 때문에, 우리는 예수 그리스도의 소유이며, 우리는 그분 곧 그러하신 소유자에게 결합되고 의무를 진다. 여러분은 다음에 주목해야 한다. 우리가 그분의 소유라는 확증, 곧 우리로부터 그분께 이르는 그 관계는 일차적으로 이를테면 **도덕적인** 혹은 **종교적인** 특성을 갖지 않으며, 오히려 그 관계는 어떤 사태 관계 곧 **객관적 질서**에 근거를 두고 있다. 도덕적인 것과 종교적인 것은 이차적 관심사*cura posterior*다. 물론 어느 정도 도덕적인 것과 종교적인 것이 필연적 결과로서 생기기도 하겠지만, 그러나 우선 중요한 것은 단순히 우리가 그분께 속한다는 사실이다. 하나님의 처분대로 인간이 그리스도의 소유가 되는 것은 인간의 자유를 해치는 것이 아니라, 오히려 그 자유를 확증한다. 왜냐하면 인간이 자신의 자유로 인식하고 향유하는 것은 (그리스도께서 그를 위해 하나님 앞에 개입하셨다는 사실을 통하여) 주어지고 창조된 자유 안에서 가능하기 때문이다. 그러므로 예수 그리스도께서 주님이라는 사실에 의해 표현되는 것은 하나님의 크나큰 **호의**다. 우리가 존재하기도 전에 그리고 우리가 그분을 생각하기도 전에, 우리를 그분 안에서 찾으셨고 발견하셨던 것은 그러한 신적 호의 그리고 저 영원한 신적 긍휼이다. 우리를 위한 그리스도의 통치를 근거하고 우리를 다른 모든 어떤 통치들로부터 해방시키는 것은 바로 그러한 신적 긍휼이다. 다른 어떤 주님들의 공동 결정권을 배제하게 만들고, 또 바로 그 권위 곁에 어떤 다른 권위를, 그 주님 곁에 어떤 다른 주님을 세우고 그런 것에 굴복하는 일을 불가능하게 만드는 것은 바로 그 신적 긍휼이다. 그러한 신적 긍휼 안에서 우리에 대한 그 처분은 내려졌다. 그 처분이 주 예수 그리스도를 지나쳐 이제 아마도 어떤 다른 주님에게 호소하는 일을 불가능하게 만들며, 혹은 아마도 또다시 운명이나 역사나 자연이 우리를 본래적으로 지배한다고 여기는 일을 불가능하게 만든다. 그리스도의 권능*potestas*이 하나님의 긍휼, 선하심, 사랑에 근거하고 있음을 한번 통찰한 사람은 그때 그러한 모든 전제들을 포기한다. 그때 종교적 영역과 다른 영역의 구분이 사라진다. 그때 우리는 몸과 영혼 사이를 그리고 예배와 정치를 더 이상 나누지 않게 된다. 그러한 모든 분리는 인간이 하나가 되어 그 자체로서 그리스도의 통치 아래 굴복할 때, 그치게 된다.

예수 그리스도께서 우리 주님이라는 사실, 그것을 공동체는 **알며**, 그것을 교회 안의 사람들은 **안다**. 그러나 '우리 주님'의 진리는 우리가 그것을 알고 인정한다든가 그것을 통찰하고 공언하게 될 공동체가 존재한다는 사실에 달린 것이 아니다. 오히려 예수 그리스도께서 우리 주님**이시기** 때문에, 그분은 그렇게 **인식**되고 **선포**되실 수 있다. 그러나 사태가 그러하다는 것, 곧 모든 인간이 그분 안에서 그들의 주님을 갖는다는 것을 어떤 사람도 자명하게 알고 있지 않다. 그 앎은 우리의 선택과 부르심의 중심 문제이자, 그분의 말씀을 통해 모인 공동체의 중심 문제이며, 교회의 중심 문제다.

나는 둘째 조항에 대한 루터의 해석을 인용하였다. 누군가는 루터가 "우리의" 주님을 "나의" 주님으로 그와 같이 고친 해석에 대해 이의를 제기할 법도 하고, 실제로 그렇게 할 수도 있다. 나는 물론 여기서 감히 루터를 비난하지는 않는다. 왜냐하면 그와 같은 개인에의 집중에 의해 루터의 해석은 무게와 강렬함을 얻기 때문이다. "나의 주님", 이것에 의해 전체는 전대미문의 실제적 활동성과 실존성을 획득한다. 그러나 우리는 그 고백이 신약성서의 익숙한 표현인 "우리 주님"과 일치하는 고백이라는 사실을 시야에서 놓쳐서는 안 된다. 그와 마찬가지로 우리는 주기도문에서 다수 안에서 기도하지만, 그것은 단순한 무리가 아니라 공동체다. '우리 주님'의 고백은 부르심을 받고 공동체 안에서 형제와 자매가 되고 세상에 대한 공통의 사명을 갖고 나아가는 사람들의 고백이다. 바로 여러분이 예수 그리스도를 인식하고 그분이 주님이심을 고백하는 사람들이다. 여러분이 그분을 '우리 주님'이라고 부른다. 그러나 우리는 그러한 인식과 고백의 장소가 있다는 것을 분명히 알게 되자마자, 즉시 넓은 곳을 바라보지 않을 수 없다. 우리는 '우리 주님'을 좁게 제한적으로만 이해해서는 안 된다. 물론 그리스도교적 공동체는 예수 그리스도 안에서 자신의 주님을 갖지만, 그러나 다른 모임들과 다른 단체들도 다른 주님들을 가지고 있을 수 있다. 신약성서는 오직 **한분**의 주님만 계시며, 그 주님이 **세계 전체**의 주님이라는 것에 어떤 의심도 하지 않는다. 공동체는 그 사실을 세상에 선포해야 한다. 교회의 진리와 현실성은 사도신경의 셋째 조항에 속한다. 그러나 다음이 여기서 미리 그리고 바로 여기서 말해져야 한다. 예수 그리스도의 공동체는 자기 자신을 위해 존재하는 현실성이 아니며, 오히려 그것이 존재하는 것은 **사명**을 가지고 있기 때문이다. 공동체는 자신이 **알고 있는** 그것을 **세상**에 말해야 한다. "너희 빛이 사람 앞에 비치게 하라"(마 5:16). 공동체가 그것을 행할 때, 공동체가 시초부터 그러했던 것처럼 주님의 존재를 공시할 때, 곧 스스로 세상을 향한 유일무이하게 살아 있는 공시가 될 때, 그때 공동체는 자기 자신에 대하여, 자신의 믿음에 대하여, "아니다. 예수 그리스도는 **유일무이한** 주님이시다!"라는 자신의 앎에 대하여 어떤 거짓된 주장도 하지 않는 셈이 된다.

니케아 신조는 그렇기 때문에 사도신경과 비교할 때 또한 여기서도 작지만 유익한 확장을 제공하였다. 그것은 **유일무이하신** 주님*unicum dominum*이다. 이것을 공언하고 공시하는 것이 교회의 사명이다. 우리는 그리스도인들 사이에서 그리고 공동체 안에서 사람들이 '세상'이라고 부르는 것이 다름이 아니라 바로 그 소식을—바로 우리로부터—들어야만 하는 사람들의 영역이라고 이해해야 한다. 우리가 세상에 관해 그 밖에 알고 있는 것들, 세상의 하나님 없음을 확정짓는 모든 것은 이차적 규정들이며, 근본적으로는 우리와 아무 관계가 없다. 우리 그리스도인에게 흥미롭고 관계가 있는 것은 세상이 우리가 선 곳에 서 있지 않다는 사실이 아니라, 그들의 마음과 머리가 믿음을 향해 닫혀 있다는 사실이 아니라, 오히려 그들은 우리로부터 반드시 **들어야만** 하는 사람들이며, 우리가 주님을 **공시**해 주어야만 하는 사람들이라는 사실이다.

나는 여기서 잠깐 옆길로 가서 몇 주 전에 내게 주어졌던 "이 강의실에 앉아 있는 많은 사람들이 그리스도인이 아니라는 사실을 당신은 모르십니까?"라는 질문에 대답하려고 한다. 나는 그런 질문을 받을 때마다 언제나 웃으면서 말했다. "나와는 상관없는 일입니다." 그리스도인의 믿음이 인간을 다른 인간들과 구분하고 분리한다면, 그것은 끔찍한 일이다. 오히려 그 믿음은 인간을 함께 인도하고 결합시킬 수 있는 가장 강력한 동기다. 그렇게 결합시키는 일은 교회가 가지고 있는 단순하지만 까다로운 사명, 곧 소식을 전해야 한다는 사명이다. 우리가 이 문제를 다시 한 번 **공동체**의 관점에서, 다시 말해 진지하게 그리스도인이고자 하는 사람들의 관점에서 본다면—"내가 믿나이다, 주여, 나의 믿음 없는 것을 도와주소서!"(막 9:24)—그때 우리는 모든 것이 다음에 달려 있음을 직시해야 한다. 그리스도인들은 말씀과 사역에서 비그리스도인들에게 주님의 어떤 **형상**Bild이 되는 것이 아니며, 그리스도에 관한 어떤 **이념**을 눈앞에 그리는 것이 아니며, 오히려 자신들의 인간적인 말과 상상들에 의해 그리스도 자신을 가리킬 수 있어야 한다. 왜냐하면 그리스도에 대한 어떤 상상이 아니라, 그리스도에 대한 어떤 교리가 아니라, 오히려 사도들의 말씀 안에서 증거되신 분이 현실적인 주님이기 때문이다. 스스로를 믿는 자로 여기는 사람들에게 다음과 같이 말해야 한다. 어떤 형상도 만들지 말라는 계명이 주어져 있다면, 우리는 그리스도에 대해 말할 때에도 어떤 그리스도교적인 우상의 형상을 세워서는 안 되며, 오히려 우리의 모든 연약함 중에서도 주님이신 그분을 가리켜야 하며, 그와 함께 그분의 신성 안에서 모든 각각의 인간적 현존재 위로 내려진 주권적 결정을 가리켜야 한다.

14

성탄의 비밀과 기적

예수 그리스도의 성령에 의한 잉태 그리고 동정녀 마리아로부터의 탄생의 진리는 한편으로는 (그분의 역사적 등장 안에서 성취된) 참 하나님의 참된 성육신을 지시하며, 다른 한편으로는 예수 그리스도 안에서 발생한 신적 은혜의 행동 및 계시의 행동의 그러한 시작을 다른 인간적 사건들 앞에서 특별하게 만드는 구별된 형식을 기억하게 한다.

우리는 이제 한 특별한 장소에 도착하였는데, 이곳은 그리스도교적 공동체 안에서 예로부터 계속하여 어떤 반감을 일으켜 왔던 곳이다. 아마도 여러분에게도 지금까지 주어진 설명에는 기꺼이 뒤따르는 중에, 때로는 "이 문제는 도대체 어디로 인도하는가?"라는 약간 섬뜩한 느낌을 받았을 수도 있으며, 그리고 이제 전개되려는 내용 곁에서 길이 막혔다고 생각할 수도 있다. 그러나 그 내용은 내가 고안한 것이 아니며, 교회의 신앙고백이다! 우리는 그것을 두려워하면서 취급해서는 안 된다. 오히려 우리는 지금까지의 길을 비교적 평안하게 진행해 왔던 것처럼, 마찬가지의 평안과 적절성을 가지고 이 단원을 시작해야 한다. "성령으로 잉태되시고, 동정녀 마리아에게 나셨다." 우리는 여기서도 철두철미 **진리**와 관계한다. 그러나 우리는 여기서 큰 경외와 함께 접근해야 한다. 그때 "우리가 반드시 그것을 믿어야 하는가?"와 같은 가슴 답답한 질문은 최종적인 것이 아니게 되며, 오히려 우리는 아마도 또한 여기서도 기쁨과 함께 '예'를 말할 수 있게 될 것이다.

문제가 되는 것은 예수 그리스도에 대한 일련의 진술들 전체의 시작이다. 우리가 지금까지 들었던 것은 주체의 지칭이었다. 이제 우리는 많은 횟수의 규정들을 듣는다. 잉태되시고, 태어나시고, 고난을 받으시고, 십자가에 못 박히시고, 장사되시고, 내려가시고, 다시 부활하시고, 하나님 우편에 앉으시고, 그 다음에 그분은 다시 오실 것이다. 이 모든 것은 하나의 행동 혹은 하나의 사건을 가리킨다. 그것은 삶의 역사에 관계된다. 그것은 모든 인간의 삶과 마찬가지로 잉태와 출생과 함께 시작되며, 그 다음에는 "고난받으시고"라는 짧은 단어와 특징적으로 압착되는 삶의 사역이며, 수난의 역사이며, 마지막으로 그분의 부활에 의한 (그 삶의) 신적 확증이며, 그의 승천이다. 그러나 종결은 아직도 남아 있다. 그분은 그곳으로부터 다시 오실 것이며, 그래서 산 자들과 죽은 자들을 심판하실 것이다. 그렇게 행동하시며 살아 계신 분이 예수 그리스도이며, 하나님의 독생자이며, 우리 주님이시다.

우리가 "성령으로 잉태되고 동정녀 마리아에게 나셨다"는 것이 무엇을 뜻하는지 이해하려고 한다면, 우리는 우선 다음을 보려고 시도해야 한다. 그 두 개의 특징적 진술은 **하나님**께서 자유로운 은혜로부터 인간이, 그것도 현실적 **인간**이 되셨음을 말한다. 영원한 말씀이 육신이 되셨다. 이것이 그리스도의 실존의 기적이며, 하나님의 위로부터 아래로의 내려오심이다. 그것이 성령 그리고 동정녀 탄생이다. 그것이 성탄의 비밀이며, **성육신**Inkarnation의 비밀이다. 가톨릭 공동체는 사도신경의 이 자리에서 십자가 성호를 긋는다. 작곡가들도 여러 가지의 곡으로 바로 이 "그리고 육신이 되셨다"*et incarnatus est*를 표현하였다. 매년 성탄 축제를 행할 때, 우리는 그 기적도 함께 축제한다. "내가 이 기적을 이해하려고 할 때, 내 영은 경외심 앞에서 잠잠해진다."[1] 이것이 하나님의 계시의 요약된 핵심이다. 우리는 그것을 만물의 시초로 다만 듣고 다만 그렇게 이해할 뿐이다.

그러나 그것을 넘어서서 여기서 문제되는 것은 어떤 일반적 잉태와 탄생이 아니라, 오히려 대단히 특수한 잉태 그리고 대단히 특수한 탄생이다. 왜 성령에 의한 잉태이며, 왜 동정녀 마리아에게서의 탄생인가? 성육신이라는 거대한 기적 옆에 왜 그 두 개념으로 표현되는 특수한 기적이 필요한가? 왜 성육신의 비밀 곁에 성탄의 비밀이 등장하는가? 이제 존재적 진술 곁에 말하자면 인식론적 진술이 세워진다. 우리가 성육신에서 **사태 자체**Sache와 관계한다면, 여기서는 **표징**Zeichen과 관계한다. 양자는 혼동되어서는 안 된다. 성탄에 관계되는 사태 자체는 그 자체로서 참이다. 그러나 그 참된 사태 자체는 성탄의 **기적** 안에서 **표징**으로 나타나고 스스로를 드러낸다. 그러나 우리가 성탄을 '다만' 표징에만, 비밀은 제거해 버려도 상관없는 표징에만 관계된다고 추정한다면, 그것은 틀린 것이다. 나는 그것을 경고하려고 한다. 우리가 삶에서 형식과 내용을 분리시킬 수 있는 경우는 매우 드물다.

"참 하나님 그리고 참 사람." 우리가 이 그리스도교적 근본 진리를 우선 "성령으로 잉태되시고"의 빛에서 관찰한다면, 다음 진리가 우리 눈앞에 등장한다. 인간 예수 그리스도께서는 자신의 기원을 철두철미 하나님 안에 두고 있다. 다시 말해 그분은 역사 안에서의 그분의 시작을 하나님께서 인격 안에서 인간이 되셨다는 사실에 두고 있다. 그것은 다음을 뜻한다. 예수 그리스도께서는 물론 인간, 곧 참 인간이지만, 그러나 그분은 인간에 그치는 것이 아니라, 어떤 대단히 특별한 재능을 가진 혹은 대단히 특별하게 처신한 인간에 그치는 것이 아니라, 어떤 초인간인 것은 더욱 아니라, 오히려 그분은 인간인 동시에 하나님 자신이시다. 하나님이 그분과 **하나**eins다. 그분의 실존은 하나님의 특별한 행동과 함께 시작되며, 그분은 인간으로서 하나님 안에 근거되시며, 그분은 **참된** 하나님이시다. 그러므로 예수 그리스도의 역사의 주체는 하나님 자신이며, 그러한 진리 아래서 한 인간이 그곳에 살았고 고난받았고 행동하였다. 바로 그 삶의 주도권이 인간적 주도권이라는 것은 확실하지만, 마찬가지로 확실하게 그 인간적 주도권은 하나님께서 (그 인간 안에서 그리고 그를 통하여) 그 주도권을 취하셨다는 사실에 근거를 둔다. 이 관점에서 본다면 우리는 다음을 말하지 않을 수 없다. 예수 그리스도의 성육신은 창조의 한 유비Analogon다. 다시 한 번 하나님께서는 창조주로서 행동하시지만, 그러나 이번에는 무로부터의 창조주가 아니라, 오히려 하나님께서 창조 세계의 내부에 등장하셔서 한 새로운 시작을 창조하신다. 그것은 역사 안에서의 한 새로운 시작, 곧 이스라엘 역사의 시작이다. 인간적 역사의 연속 안에서 이제 하나님 자신이 피조물을 돕기 위하여 서두르고 피조물과 하나가 되는 한 지점이 시야에 들어온다. 하나님께서 인간이 되신다. 그 역사는 그렇게 시작된다.

이제 우리는 페이지를 넘겨서 "**동정녀 마리아에게서 나시고**"를 말할 때 함께 말해지는 둘째 것에 도착한다. 그것은 다음을 강조한다. 우리는 땅 위에 있다. 한 인간의 아이가 있으며, 동정녀 마리아가 있다. 예수께서는 하나님으로부터 오시는 것과 마찬가지로 또한 그 인간으로부터 나신다. 하나님께서 자신에게—"동정녀 마리아에게서 나시고"는 이것을 뜻한다—지상적인 그리고 인간적인 근원을 수여하신다. 예수 그리스도께서는 '다만' 참 하나님이신 것에 그치는 것이 아니라—그렇다면 현실적인 성육신이 아닐 것이다—또 그분은 어떤 중간 존재인 것이 아니라, 오히려 우리와 같은 인간이며, 어떤 유보조건도 없이 인간이다. 그분은 우리 인간과 비슷한 것이 아니라, 오히려 동일하시다. 하나님께서 예수 그리스도의 삶 안에서 주체이신 것과 같이, 마찬가지로 인간은 그 역사 안에서 객체다. 그러나 어떤 행동이 행하여지는 대상의 의미에서가 아니라, 오히려 행동하면서 등장하는 인간이라는 의미에서 객체다. 하나님과의 그러한 만남 안에서 인간은 꼭두각시 인형이 되는 것이 아니다. 오히려 만일 진정한 인간성이란 것이 존재한다면, 그것은 바로 그곳 곧 하나님께서 자기 자신을 인간으로 만드신 곳에 있다.

참된 신성 그리고 참 인간성이 철저한 단일성 안에 있는 것은 여기서 볼 수 있는 것처럼 일종의 순환을 이룬다. 451년 칼케돈 공회에서 교회는 많은 오해들에 반대하여 그 단일성을 분명히 밝히려고 시도하였다. 우선 그것은 소위 영지주의로부터 유래한 신성 일원적인 합일〔단성론〕에 대한 반대인데, 이것은 근본적으로는 그리스도의 참 인간성을 알지 못하였으며, 하나님이 다만 겉으로 보기에만 인간이 되셨다고 생각했다. 다음 칼케돈의 교회는 네스토리우스주의가 하나님과 인간을 분리하는 것에 반대하였다. 네스토리우스주의는 신성과 인성을 철저하게 나누려고 하였으며, 그 다음에 예수의 신성을 모든 경우에 그분의 인간성으로부터 분리시켜야 겨우 볼 수 있다고 생각했다. 그 교리는 한편으로 에비온주의라고 불리던 고대의 오류로 소급된다. 에비온주의로부터 아리안주의로 가는 길이 마련되었으며, 후자는 그리스도를 특별히 뛰어난 한 피조물로 이해하려고 했다. 칼케돈 공회는 이 주제를 다음 명제로 표현했다. 그 단일성은 "섞이지 않고, 변화되지 않고, 나누어지지 않고, 분리되지 않는다." 여러분도 이 명제를 '신학자들의 발명품' 혹은 '성직자들 사이의 논쟁'이라 부르고 싶어질지도 모르겠다. 그러나 그러한 투쟁들은 지금 사람들이 그 명제들에서 사태 자체를 합리적으로 풀어내고 싶어 하는 것과 같이, 비밀을 제거하기 위한 것이 아니었다. 오히려 옛 교회는 그리스도인들의 시선이 올바른 방식으로 그 비밀을 향하게 되도록 노력하였다. 그렇기 때문에 그 명제는 오늘날에도 들을 가치가 있다. 위에서의 다른 〔이단적〕 시도들은 그 비밀을 인간적 이해 가능성 안으로 해체하려는 시도들이었다. 하나님 자신 그리고 비밀에 찬 한 인간, 이것이 그 명제에서 파악될 수 있는 것이며, 우리는 그것을 그 하나님 그리고 그 인간 예수의 형태의 유일무이하게 독특한 일치라고 설명할 수 있다. 그러나 옛 교회가 반대했던 저 〔이단적〕 이론들에는 바로 그 비밀을 향한 시각이 없다. 옛 정통주의의 중심 문제는 사람들을 바로 그 중심 주변에 불러 모으는 것이었다. 믿지 않으려는 사람은 어쩔 수 없지만, 그러나 이 지점에서 소금의 맛이 싱거워져서는 안 된다. 바로 그 이유에서 옛 공회와 신학자들은 엄청난 노고를 소모하였다. 오늘날 어떤 사람이 그 당시에 그렇게도 근본적으로 작업되었다는 사실에 감사하는 대신, 어느 정도 야만적인 정신성을 가지고 그 명제들이 그 당시에 "지나치게 나아갔다"고 말한다면, 그것은 무례한 일이다. 물론 여러분이 교회 설교단에 올라가서 이 명제를 암송할 필요는 없다. 그러나 여러분은 이 문제를 근본적으로 머릿속에 이해해야 한다. 그리스도교는 성탄의 기적의 중심에 놓인 문제를 과거 한때에 보았고, 그리고 확실히 표현했다. 그것은 한분 예수 그리스도 안에서의 '실체적 연합'*unio hypostatica* 곧 **참** 하나님과 **참** 인간의 진정한 합일이었다. 우리는 그것을 굳게 붙들라는 요청을 받고 있다.

그러나 이제 여러분 모두는 "성령으로 잉태되시고"와 "동정녀 마리아에게서 나시고"라는 어법에서 그 이상의 어떤 특별한 것이 진술되고 있음을 확실히 알아챌 것이다. 그것은 어떤 대단히 이상한 잉태 그리고 대단히 이상한 탄생을 말하고 있다. 사람들은 이 문제를 예수 그리스도의 탄생*nativitas Jesu Christi*이라고 부른다. 하나의 **기적**이 참된 신성 그리고 참된 인간성의 **비밀**을 **가리킨다**. 그것은 바로 그 잉태 그리고 바로 그 출생이다.

"**성령으로 잉태되시고**"는 무엇을 뜻하는가? 이것은 성령이 말하자면 예수 그리스도의 아버지라는 뜻이 아니며, 오히려 엄격하게 말하여 다만 그 부정만 말한다. 인간 예수 그리스도께는 아버지가 없다. 그분의 출생은 어떤 인간적 실존이 시초를 갖는 것과 같이 그렇게 시작되지 않으며, 오히려 바로 그 인간적 실존은 하나님 자신의 자유 안에서 시작한다. 그 자유 안에서 아버지와 아들은 사랑의 끈 안에서, 곧 성령 안에서 **하나**다. 그러므로 우리는 예수의 실존의 시초를 보려고 할 때, 아버지와 아들이 하나가 되는 그 신성의 가장 깊은 곳을 바라볼 수 있어야 한다. 그것은 하나님의 내적 생명의 자유이며, 그 자유 안에서 바로 그 인간의 실존이 서기*anno Domini* 1년 곧 주님의 해에 시작한다. 이것이 발생하기 때문에, 하나님 자신이 여기서 대단히 구체적으로 자기 자신과 함께 시작하시기 때문에, 그 인간은 혼자의 힘으로는 능력도 의지도 없지만 이제는 하나님의 말씀을 선포할 수 있을 뿐만 아니라, 더 나아가 하나님의 말씀 자체로서 **존재**할 수 있다. 옛 인간성 안에서 새 인간성이 시작된다. 이것이 성탄의 기적이며, 예수 그리스도의 아버지 없는 출생의 기적이다. 이것은 종교사 안에서 가끔 이야기되는, 신들에 의한 인간의 출생 신화와는 아무 관계가 없다. 여기서의 핵심은 그러한 출생이 아니다. 하나님 자신은 창조주로서 등장하신다. 동정녀 마리아의 파트너로서 등장하는 것이 아니다. 초기 시대의 그리스도교적 미술은 이 문제가 어떤 성적 과정에 관계되는 것이 아님을 표현하려고 시도했다. 그리고 사람들은 그 출생이 하나님의 말씀을 들었던 마리아의 귀를 통하여 실현되었다고 잘 표현하였다.

"**동정녀 마리아에게서 나시고**." 다시 한 번 그리고 여기서 이번에는 인간의 편에서 남성성이 배제되고 있다. 남성성은 이 출생에 아무런 기여를 할 수 없다. 오히려 이 문제는, 만일 그렇게 의도한다면wenn man so will, 하나님의 심판의 행위에 관계된다. 오히려 여기서 시초에 놓인 그것에는 인간의 행위와 인간적 주도권은 아무것도 기여할 수 없다. 물론 인간이 단순히 배제된 것은 아니다. 동정녀가 그곳에 현존한다. 그러나 인간적 행위와 역사의 특수한 수행자 그리고 인종의 연속의 책임을 지닌 남성은 요셉이라는 무기력한 형태로서 배후로 물러난다. 다음이 여자 문제에 대한 **유일**하고 특별한 그리스도교적 대답이다. 여기서는 여자가, 처녀*virgo*가, 동정녀 마리아가 철두철미 전면에 나선다. 하나님께서는 오만하고 고집이 센 인간이 아니라, 약하고 겸허한 인간을 택하였으며, 역사적 역할을 담당하는 인간이 아니라, 여성으로 표현되는 본성적으로 약한 인간을 택하셨다. 그 인간은 하나님과의 대면에서 다만 다음과 같이 말할 수밖에 없었다. "보소서, 주의 여종이오니 말씀대로 내게 이루어지이다!"(눅 1:38) 이것이 이 사태에 관한 인간의 협력 작용이며, 바로 그것이며, 오직 그것만이다! 우리는 이 인간적 여종의 실존에서 어떤 공로를 찾으려고 해서는 안 되며, 그 피조물에게 어떤 권세를 부여하려고 해서도 안 된다. 문제의 핵심은 오직 다음에 있다. 하나님께서는 그 인간을 무력함과 겸허 안에서 보시며, 마리아는 피조물이 그 대면에서 말할 수 있는 오직 그 한 가지를 말한다. 마리아가 그것을 행하고 그렇게 하여 피조물이 하나님께 '예'를 말한다는 것은 하나님께서 인간에게 수여하시는 저 위대한 '끄집어내어짐'Ausgenommenwerden에 속한다.

성탄의 기적은 하나님과 인간 사이의 인격적 합일 곧 '실체적 연합'*unio hypostatica*이라는 비밀의 **사실적 형식**이다. 그리스도교적 교회와 신학은 언제나 또다시 다음을 확정하였다. 우리는 성육신의 현실성과 성탄의 비밀이 절대적 필연적으로 바로 이 기적의 형식만 **취하여야 한다**고 추론할 수는 없다. 예수 그리스도의 참된 신성과 참된 인간성의 합일은 그리스도께서 성령으로 잉태되시고 동정녀 마리아에게 나셨다는 사실에 달려 있지 않다. 오히려 우리가 말할 수 있는 것은 다만 하나님께서 그 비밀이 그러한 형식과 형태로 현실이 되고 공개되는 것을 기뻐하셨다는 것뿐이다. 마찬가지로 그것은 우리가 그 기적의 사실적 형식을 대하면서 그것을 긍정하거나 혹은 부정할 자유를 가지고 있어서 예를 들어 우리가 이 자리에서 그것으로부터 어떤 것을 뺄 수 있고 그래서 다음과 같이, "우리는 잘 들었지만, 그러나 우리가 이 사태를 어떤 다른 형태로 소유할 수 있는 가능성이 아직 남아 있다"는 식으로 말할 수 있음을 뜻하지 않는다. 우리는 아마도 여기 놓인 〔내적〕

사태 자체와 〔현실적〕 형식의 관계를 여러분 모두가 잘 알고 있는 마가복음 2장의 중풍병자의 치유 기사에서 가장 잘 이해할 수 있을 것이다. "인자가 죄를 사하는 권세가 있는 줄을 너희로 **알게** 하려 하노라. 일어나 네 상을 가지고 걸으라." "너희로 알게 하려 하노라." 동정녀 탄생의 기적도 그와 같이 이해되어야 한다. 그 기적은 볼 수 있는 형태의 기적으로 발생하였다기보다는 오히려 성육신의 비밀에 관계된다. 물론 우리가 그 구절에서 마치 중심적 기적이 죄사함이고 육체의 치유는 부차적인 일인 것처럼 이해한다면, 그것은 잘못 이해한 것이다. 한쪽은 (명확하고 필연적으로) 다른 쪽과 일치한다. 그러므로 출생*nativitas*의 기적을 고립시키고 오직 비밀 그 자체에만 매달리려고 하는 일에는 경고가 주어져야 한다. 한 가지만큼은 확실하다. 우리가 이 기적으로부터 도피하려고 하는 곳에는 어떤 〔잘못된〕 신학, 즉 그 비밀을 더 이상 이해하지 못하고 그 가치를 평가하지도 못하고 오히려 예수 그리스도 안에서의 하나님과 인간의 단일성 곧 하나님의 자유로운 은혜의 비밀을 감추려고 시도하는 신학이 활동 중이다. 다른 한편으로 이 비밀이 이해되어 자연신학의 모든 시도가 필요 없어져 회피될 수 있는 곳에서 그 기적은 감사와 기쁨과 함께 승인될 것이다. 그 기적은 말하자면 바로 그 자리에서 내적으로 필연적이다.

15

고난을 받으신 분

예수 그리스도의 삶은 승리가 아니라 굴욕이며, 성공이 아니라 실패이며, 기쁨이 아니라 고난이다. 그 삶에 의하여 하나님께 대한 인간의 반역과 (그것에 필연적으로 뒤따르는) 인간에 대한 하나님의 진노가 계시된다. 그러나 또한 하나님께서 인간의 문제 곧 인간의 굴욕과 실패와 고난을 하나님 자신의 것으로 만드시고 그렇게 하여 그 문제가 더 이상 인간의 것이 아니도록 만드신 하나님의 긍휼도 계시된다.

칼뱅의 교리문답 안에서 우리는 다음의 특징적 구절을 읽는다. 예수 그리스도의 삶 중에서 수난에 도달하기 이전까지의 삶은 "우리의 구원의 본질"에 속하지 않기 때문에, 사도신경에서 예수의 삶은 수난으로 **바로 건너간다**는 것이다. 이에 대해 내가 감히 말하자면, 여기서 칼뱅은 틀렸다. 어떻게 우리가 예수의 그 밖의 삶이 우리의 구원에 본질적이 아니라고 말할 수 있는가? 그렇다면 수난 이전의 삶은 무엇을 뜻하고 무슨 의미인가? 그것은 없어도 되는 역사인가? 나는 이렇게 생각한다. 예수의 삶 전체가 "그분은 고난을 받으셨고……"의 구절 시작점에 관계된다. 우리는 칼뱅에게서 제자들이 가끔씩 그들의 위대한 스승보다 더 잘 통찰할 수도 있다는 한 기쁜 사례를 발견하게 된다. 칼뱅의 제자인 올레비아누스Caspar Olevian와 우르지누스Zacharias Ursinus가 작성한 『하이델베르크 교리문답』의 질문 37은 이렇게 묻고 답한다. "'고난을 받으셨다'는 말은 무엇을 의미합니까?" "그분은 몸과 영혼을 통해 땅 위에서의 그분의 생애의 전체 시간에서, 특히 그 삶의 마지막에서 온 인류의 죄에 대한 하나님의 진노를 짊어지셨다." 칼뱅의 위의 견해를 지지하기 위해 사람들은 바울과 신약성서 전반이 그리스도의 삶의 '전체 시간'에 관련되지 않으며, 사도행전에 따르면 사도들도 특징적으로 그것에 관심을 갖지 않았던 것으로 보인다는 사실을 인용할지도 모른다. 그런 사람들 앞에는 아마도 예수께서 유대인들에게 배신당하여 이방인들에게 넘겨졌으며, 십자가에 못 박히셨으며, 죽은 자 가운데서 부활하셨다는 오직 한 가지만 놓여 있는 듯하다. 그러나 그리스도교적 원시 공동체가 그들의 시선을 완전히 십자가에 못 박히고 부활하신 분에게 집중시켰다고 해도, 그것은 배타적이 아니라 포괄적으로 이해되어야 한다. 그리스도께서 죽으시고 부활하셨다는 것은 예수의 삶 **전체**의 축약이며, 우리는 바로 그 축약 안에서 그것이 〔현실적으로〕 전개된 것도 보아야 한다. 예수의 삶 전체는 바로 그 "고난받으시고"라는 단어에 속한다.

이것이 최고로 놀라운 사실이며, 지금까지 우리가 서술해 왔던 모든 것이 바로 그 사실을 향할 준비가 되어 있다. 예수 그리스도, 하나님의 유일하신 아들, 우리 주님, 성령으로 잉태되심, 동정녀 마리아에게서 나심, 참된 하나님의 아들 그리고 참된 사람의 아들 등 이 모든 것은 "그분이 **고난을 받으셨다**"는 표징 아래 있는 그분의 삶 전체의 설명과 어떻게 관계되는가? 사람들은 다른 것, 예를 들어 어떤 광채의 것, 승리하는 것, 성공적인 것, 기쁨에 찬 것 등을 기대할 수도 있다. 그러나 이제 우리는 그런 말을 듣지 못하며, 오히려 그 삶 전체를 지배하는 진술은 "그분이 고난을 받으셨다"이다. 그것이 정말로 최종 결론인가? 물론 우리는 그 전체 삶이 어떻게 끝나는지를 간과해서는 안 된다. 그분은 제3일에 죽은 자 가운데서 부활하셨다. 물론 예수의 삶에 다가오는 기쁨과 다가오는 승리의 표징이 전혀 없는 것은 아니다. 예수의 삶에서 "축복이 있다"라는 말이 그렇게도 많이 나오는 것도 공연한 일은 아니며, 혼인 잔치의 상像이 자주 언급되는 것도 공연한 일이 아니다. 우리는 물론 예수께서 우셨다는 것을 여러 번 들으면서도 그분이 웃으셨다는 것을 결코 듣지 못하는 것을 이상하게 느끼지 않을 수 없지만, 그러나 또한 그분의 고난의 전체 과정 중에 또한 어떤 희미한 기쁨의 빛을 엿볼 수 있음을 확인해야 한다. 그 기쁨은 그분 주위의 자연, 아이들로부터 오는 것이었으며, 무엇보다도 그분의 실존과 파송에 대한 것이기도 했다. 또 우리는 그분이 하나님께서 그것을 지혜자들에게는 숨기셨고 젖먹이들에게는 공개하셨다는 사실을 기뻐하셨다고 듣는다. 그리고 예수의 기적들 안에는 승리와 기쁨이 있다. 치유와 도우심은 현장에서 인간의 삶 안으로 들어온다. 그곳에서 누가 등장하셨는가 하는 것이 가시화되는 것으로 보인다. 제자들이 예수께서 이 세상에서 가능한 것보다 더 희게 되신 것을 보았다고 하는 변화산 기사에서 바로 그 삶의 또 다른 측면 곧 종말이(우리는 이렇게 말할 수도 있을 것이다) 그분의 시작과 근원을 선취하면서 가시화된다. 벵엘Johann Albrecht Bengel은 부활 이전의 복음들에 대하여 의심의 여지 없이 올바르게 말했다. 우리는 예수의 그러한 모든 기사들에 대해 "부활을 숨 쉬고 있다"*spirant resurrectionem*고 말할 수 있다는 것이다.[1] 우리는 사실상 그 이상을 말할 수 없다. 그곳에서 등장하는 것은 시초 그리고 종말로부터의 향기며, 승리의 신성으로부터의 향기다.

그러나 예수의 삶의 현재는 현실적으로는 시초부터 **고난**이다. 복음서 기자인 누가와 마가에게 있어서 예수의 **유년 시절**과 더 나아가 그분의 베들레헴 마구간에서의 탄생은 이미 의심의 여지 없이 고난의 표징 아래 있다. 이 사람은 일생 동안 계속해서 핍박을 받는 자이며, 가정에서조차도 낯선 자이며—그래서 그는 얼마나 충격적인 말을 하였는지!—그의 민족 안에서도 그리고 국가와 교회와 문화의 영역에서도 이방인이다. 그가 가야 했던 길은 얼마나 명확하게도 실패의 길이었는가! 그는 사람들 사이에서 얼마나 완전히 고독하게 그리고 시험에 들면서 머물렀는가? 그 사람들은 백성의 지도자들이었지만 그러했고, 그러나 또한 군중들과 더 나아가 그의 제자들의 무리도 마찬가지다! 그는 제자들이라는 가장 좁은 영역에서 자신의 배신자를 발견하게 될 것이며, "너는 반석이다"라고 말해 주는 바로 그 사람이 자신을 세 번 부인하는 것을 보게 될 것이다. 그리고 마지막으로 "그때 그들 모두는 그를 버리고 도망하였다"라고 전해질 사람들이 다름이 아니라 그의 제자들이다. 백성들은 합창하며 외친다. 그를 제거하라! 그를 십자가에 못 박으라! 예수의 삶 전체는 그러한 고독 속에서 실현되며, 그와 같이 이미 십자가의 그림자 안에 있다. 비록 부활의 빛이 여기저기서 한 번씩 비친다고 해도, 그것은 그 〔고난의〕 규칙을 다만 확증해 주는 예외일 뿐이다. 사람의 아들은 반드시 일어나 예루살렘을 향해 나아가야 하며, 반드시 그곳에서 정죄되고 채찍에 맞고 십자가에 못 박혀야 한다. 제3일에 부활하기 위해 그러하다. 그러나 우선적인 것은 바로 그 지배적인 '반드시'이다. 이것이 그를 십자가 처형으로 몰고 간다.

그것은 무엇을 의미하는가? 그것은 하나님이 인간이 되셨다는 저 소식 아래서 우리가 기대하게 되는 것의 정반대가 아닌가? 여기에 고난이 있다. 여러분은 우리가 사도신경 안에서 처음으로 여기서 악과 고난의 문제, 사악함의 문제와 마주친다는 사실을 주목해야 한다. 물론 우리는 이미 여러 번 그 문제와 관계해야만 했다. 그러나 창조주와 피조물의 관계 안에서 모든 것이 최상의 상태가 아니며, 오히려 그곳에 불의와 파멸이 지배하며, 그곳에 아픔이 추가되어 고통스럽게 경험된다는 사실이 글자 그대로는 여기서 처음으로 지시된다. 여기서 처음으로 현존재의 그림자의 측면이 우리의 시야에 들어온다. 말하자면 창조주 하나님에 관하여 언급되는 첫 조항 안에서가 아니라, 여기서 그러하다. 하늘과 땅으로서의 피조물의 서술에서가 아니라, 피조물이 되신 창조주의 실존의 서술 안에서 악은 등장하며, 바로 여기서 또한 죽음이 멀리서부터 보이기 시작한다. 사태가 이러하다는 것은 어떤 경우이든 악의와 사악함에 대한 어느 정도 독립적인 서술에 제한이 두어져야 함을 뜻한다. 후대에 그렇게 서술하려고 시도했을 때, 사람들은 그 모든 사악이 예수 그리스도와 함께 등장했다는 사실을 다소간에 간과했다. 그분은 고난을 받으셨으며, 그렇게 하여 악이 무엇인지 그리고 하나님께 대한 인간의 반역이 무엇인지 보여주셨다. 우리가 악에 대하여 그리고 죄에 대하여 무엇을 알고 있으며, 고난이 무엇인지 죽음이 무엇을 뜻하는지에 대해 무엇을 알고 있는가? **여기서** 우리는 알 수 있게 된다. 여기서 그러한 어둠 전체가 그것의 현실성과 진리성 안에서 드러난다. 여기서 소송이 제기되고 심판의 판결이 내려지며, 여기서 하나님과 인간 사이의 관계가 현실적으로 눈에 보인다. 여기서 볼 수 있게 되는 그것과 비교할 때, 우리의 모든 탄식이란 무엇이고, 인간의 어리석음과 죄성 그리고 세상의 타락성에 대하여 인간이 스스로 안다고 생각하는 모든 것이란 무엇이며, 고통과 죽음에 대한 모든 사변이란 무엇인가? 그분이, 참 하나님 그리고 참 사람이신 바로 그분이 고난을 받으셨다. 그러한 것들에 대한 모든 독립적인 진술, 다시 말해 그분으로부터 분리된 진술은 필연적으로 불충분하고 불완전하다. 바로 그 중심으로부터 이루어지지 않는다면, 그것은 언제나 비본질적으로 전해진 셈이 된다. 중심의 그 인간은 가장 끔찍한 운명적 사건의 고통을 당하면서도 아무것에도 제약을 받지 않고 빗속을 뚫고 나아가는 것과 같이 나아간다. 이 사실이 오늘 우리 눈앞에 있다. 우리에게는 고통이든지 악이든지 그분의 그러한 고유한 현실성 안에서 닥쳐오는 것이 아니다. 이제 우리는 그것을 안다. 그렇기 때문에 우리는 우리의 죄와 허물에 대한 인식으로부터 언제나 또다시 벗어날 수 있다. 본질적 인식은 오직 우리가 그분 곧 참 하나님과 참 사람이신 분이 고난을 받으셨다는 사실을 인식하는 곳에서만 우리에게 온다. 다시 말해, 고통이 무엇인지 보기 위해서는 믿음이 필요하다. **여기에** 고통이 있다. 우리가 고통이라고 아는 다른 모든 것은 여기서 발생한 것과 비교한다면 비본질적인 고통에 불과하다. 여기서야 비로소 피조된 우주 전체 안에서 은폐되거나 혹은 공개되면서 고통을 겪게 된다는 사실이 인식될 수 있다. 다시 말해 고통은 그분이 겪으신 고통에 참여하는 중에 겪게 된다.

"그분이 고난을 받으셨다"는 구절을 눈앞에 둘 때, 우리는 다음에서 시작해야 한다. 그분은 **하나님**이셨다. 하나님께서 예수 그리스도 안에서 인간이 되셨으며, 그 인간은 고난을 받으셔야만 했다. 그것도 피조 세계의 불완전성이나 어떤 자연적 맥락 아래서가 아니라, 바로 인간들 그리고 하나님께 대한 그들의 행위에 의해 고난을 받으셨다. 베들레헴부터 십자가에 이르기까지 그분은 자신을 둘러싼 이웃 세계에 의해 버림을 받고 배척되고 핍박받고, 마지막으로 고소당하여 심판을 받고 십자가에 못 박히셨다. 그것은 그분 곧 하나님께 대한 인간들의 공격이다. 여기서 하나님께 대한 인간의 반역이 드러난다. 하나님의 아들이 거부되고 배척되었다. 하나님의 아들에 관련해서 인간은 오직 악한 포도원지기들의 비유에서 행해졌던 그것만을 알 뿐이다. 저기 상속자인 아들이 오니 우리가 그를 죽여서 그의 상속을 빼앗자! 하나님의 은혜로운 현재에 대해 인간은 바로 그와 같이 대답한다. 인간은 하나님의 은혜에 대해 다만 증오에 가득 찬 '아니오'를 말한다. 예수 안에서 자신의 메시아를, 자신의 왕을 배척한 것은 바로 이스라엘이다. 이스라엘이 아는 것은 다름이 아니라 자신의 역사에 의미를 부여하고 그 역사를 종결하고 성취하시는 그분, 곧 약속된 그 역사 전체의 인도자를 처형하기 위해 이방인들에게 넘겨 주기 시작하는 것뿐이었다. 예수께서는 이스라엘에 의해 이방인들에게 넘겨진 자로서 로마 법률의 사형 판결에 따라 죽음을 당하였다. 이스라엘은 자신의 구원자에게 바로 그와 같이 행하였다. 그리고 빌라도라는 형태의 이방 세계는 넘겨진 그것을 그대로 수용하였다. 이방 세계는 유대인들이 선고했던 판결을 그대로 집행하며, 하나님께 대한 그 반역에 마찬가지로 참여하였다. 여기서 이스라엘이 행하는 것은 이스라엘 역사 전체 안에 현존했던 사태 관계를 드러내는 것이다. 하나님께서 보내신 사람들은 돕는 자, 위로자, 구원자로서 기쁘게 수용되지 않는다. 오히려 이스라엘은 '아니오'를 말하면서 그들에게 보내진 사람들과 만난다. 이것은 모세로부터 시작되었던 것이며, 여기서 다시 한 번 그리고 종결하면서 발생한다. 그 '아니오'가 하나님께 직접적으로 적중한다. 하나님의 이러한 최종적이고 가장 친밀하고 직접적인 현재 안에서 그분께 대한 인간의 절대적 소외가 비로소 계시된다. 여기서 죄가 무엇인지 계시된다. 죄란 우리에게 가까이 다가온 은혜, 우리에게 현재하는 하나님의 은혜를 그 자체로 퇴출시키는 것이다. 이스라엘은 자신을 스스로 도울 수 있다고 주장한다. 이곳에서 볼 때, 우리가 죄라고 알고 있는 모든 것은 작고 주변적인 것이며, 그 원죄의 적용에 불과하다. 구약성서에서 모든 계명들이 이스라엘 민족을 하나님의 은혜의 계약에 묶어 놓는 그 하나의 의미만 갖는 것과 정확하게 똑같이, 계명의 모든 위반들은 그것이 하나님의 은혜에 대한 인간의 항의를 드러낸다는 한 가지 이유에서 나쁘고 악하다. 하나님의 아들이신 예수께서 유대인과 이방인 아래서 고난을 받으셨다는 사실이, 오직 그 사실만이, 악을 현실적으로 드러낸다. 여기서 볼 때 인간이 고소되고 있으며 누구에 의해 고소되고 있는가 하는 것이 이해될 수 있다. 여기서 우리는 크고 작은 모든 위반들의 뿌리 앞에 선다. 우리가 크고 작은 일에서 또 서로에 대해서 죄를 범할 때, 그 뿌리를 인식하지 못하고 우리가 그리스도의 고난 안에서 고소된 것을 보지 못한다면, 우리가 그곳에서 성취된 인간의 하나님 자신에 대한 반역을 재차 인식하지 못한다면, 그때 모든 죄의 인식과 고백은 공허하게 될 것이다. 왜냐하면 **바로 그** 뿌리의 인식이 없는 죄의 모든 인식은, 물에 젖은 푸들이 몸을 흔들어 물기를 떨쳐 버리고 다시 뛰어다니는 것처럼, 우리가 그렇게 벗어날 수 있는 것이기 때문이다. 죄를 아직 그 본래적 본성 안에서 보지 못한 사람은 다음의 고백의 의미에 붙들려 있지 않다(비록 그가 강한 어조로 자신의 허물을 말한다고 해도 마찬가지다). "나는 하늘 안에서 그리고 당신 앞에서 죄를 범하였습니다"(눅 15:21). 바로 이 '당신 앞에서'가 여기서 공개되며, 그것도 우리가 범하는 모든 개별적 죄의 핵심과 의미로서 계시된다. 그때 그 개별적 허물들도 주변적이지 않게 된다. 개별 행위들 안에서 인간이 행하는 것은 빌라도의 행위부터 유다의 것에 이르기까지 하나님의 은혜의 배척이다. 그러나 그곳에서 인간이 행하는 것은 그것이 바로 하나님께 행하여진다는 사실을 통하여 총체적 중요성을 획득한다. 악에 대한 우리의 인식에 관해 가장 중요한 것은 인간이 하나님의 모욕자라는 고발 아래 있다는 **바로 그** 사실을 인식하는 것이다. 우리는 무한한 죄책들을 보며, 그 안에서 하나님과 대면하여 서 있다. 그러나 마주 서시는 하나님은 **인간**이 되신 하나님이시다. 우리가 인간에게 죄를 범할 경우, 우리는 자동적으로 바로 그 **특정한** 인간을 기억하게 된다. 왜냐하면 우리가 모욕하고 괴롭힌 모든 인간은 예수 그리스도께서 자신의 형제라 부르셨던 사람 중의 하나이기 때문이다. 우리가 **그러한 인간**에게 행한 것은 곧 **하나님께** 행한 것이다.

그러나 이제 물론 예수의 삶 그리고 그분의 수난의 역사 안에는 또한 단순하게 한 인간의 삶도 연출된다. 그리스도교적 예술의 훌륭한 작품들, 예를 들어 십자가에서 고난받으시는 분에 대한 그뤼네발트Matthias Grünewald의 환상으로부터 가톨릭적 경건의 소위 수난의 길들에 관한 좀 재능이 떨어지는 시도들에 이르는 작품들을 생각해 보라. 그 모든 것은 또한 고통 중에 있는 한 인간이며, 매질당하고 그리고 마침내 죽임을 당하는 시험의 색채 안에서 조금씩 가라앉아 가는 한 인간이다. 그러나 또한 이 측면에서 볼 때도 〔예수의 삶은〕 하나님이 아니라는 이유로 사멸적 본질로서의 괴로움을 당해야 하는 불완전한 한 인간의 단순한 삶은 아니다. 왜냐하면 고난받으시는 예수의 형태는 유죄 판결을 받고 처형된 형태이기 때문이다. 예수의 고난의 원인이 되었던 것은 시초부터 그분의 백성의 법률 행위이고, 이것은 극히 명백하게 볼 수 있는 것이다. 여러분은 그분 안에서 소위 메시아를 보는데, 이 메시아는 백성들이 기대했던 것과는 달랐고, 그래서 그들은 그분의 메시아의 권위에 대해 다만 항의할 수밖에 없었다. 바리새인들의 행위로부터 최고 의회인 산헤드린까지를 생각해 보라! 그곳에서 한 법적 판결이 선고되었다. 그 판결은 세상의 심판자에 의해 낭독되며, 빌라도에 의해 집행된다. 복음서 기자들은 바로 그 법률 행위에 큰 중요성을 부여하였다. 예수께서는 고소되신 자, 유죄 판결을 받은 자, 그리고 처형당하신 자다. 이러한 법률 행위 안에서 하나님께 대한 인간의 반역이 밖으로 드러난다.

그러나 그 행위 안에서는 또한 인간에 대한 **하나님의 진노**도 드러난다. '고난을 받으셨다'는 것은 『하이델베르크 교리문답』에서는 하나님의 진노를 일생 동안 짊어지신 것을 뜻한다.[2] '인간으로 존재한다'는 것은 하나님 앞에서 그 진노의 대상이 될 만한 존재임을 뜻한다. 그렇다면 하나님과 인간의 합일 안에서 그 인간은 바로 그 저주받은 자 그리고 채찍질 당한 자일 수밖에 없다. 하나님과의 합일 안에서 인간 예수는 하나님에 의해 채찍질을 당한 인간이시다. 이 판결을 내리는 세상의 법률 제도도 이것을 하나님의 뜻에 따라 행하여야 한다. 하나님의 아들이 인간이 되신 것은 바로 그분 안에서 인간이 하나님의 진노 아래 있음이 드러내기 위함이다. 사람의 아들은 **반드시** 고난받아야 하며, 인도되고 십자가에 못 박히셔야만 한다. 신약성서는 그렇게 말한다. 그 고난 안에서 무수한 죄와 그 죄에 필연적으로 뒤따르는 속죄 사이의 관계가 가시화된다. 하나님의 은혜가 배척되는 곳에서, 인간은 재앙 안으로 내달린다. 하나님 자신이 인간이 되신 이곳에서 인간적 삶의 가장 깊은 진리가 계시된다. 그것은 총체적 고난이며, 이것은 총체적 속죄에 상응한다. 인간으로 존재한다는 것은 예수 그리스도께서 하나님 앞에서 존재하셨던 것처럼 그렇게 존재하는 것을 뜻한다. 그것은 하나님의 진노를 짊어지는 자다. 십자가 처형의 종말이 우리에게 속한다. 그러나 그것이 끝은 아니다. 인간 반역의 끝도 아니고, 하나님 진노의 끝도 아니다. 오히려 하나님의 가장 깊은 비밀은 하나님 자신이 인간 예수 안에서 죄인의 자리에 서시기를 피하지 않으셨다는 것이며, 반역자로서의 인간 존재가 되기를 피하지 않으셨다는 것이며(하나님께서는 어떤 죄도 알지 못하신 자를 죄로 만드셨다), 그러한 인간 존재의 고통을 직접 당하시기를 피하지 않으셨다는 것이다. 그분 자신이 총체적 죄 그리고 총체적 속죄가 되셨다! 바로 이것이 하나님께서 예수 그리스도 안에서 행하신 것이다. 물론 그것은 그분의 삶의 철두철미 은폐된 것이며, 그리스도의 부활 안에서 비로소 밝게 드러나는 것이다. 그러나 우리가 인간과 그의 운명에 대한 고소에 머물러 있으려 한다면 그것은 예수 그리스도의 고난을 잘못 해석하는 것이 될 것이다. 진실로 예수 그리스도의 고난은 인간에 대한 항의와 하나님의 진노에 대한 경악을 불러일으키는 것에 그치지 않는다(이것은 고난의 다만 한쪽 측면에 불과하며, 이미 구약성서도 그것을 넘어서는 곳을 지시한다). 그러한 격분케 하고 경악케 하는 인간의 상像 너머에 평화의 계약이 서 있다. 진실로 **하나님**께서는 여기서 죄를 짊어지고 속죄가 되는 분이시다. 그래서 여기서 경계선이 눈에 보이게 된다. 그것은 **총체적** 죄책에 대한 **총**

체적 도우심이다. 또한 최초이기도 한 최종의 것이다. 하나님께서 현재하시며, 그분의 선하심에는 끝이 없다. 이것이 무엇을 뜻하는가는 이후의 내용에서 우리에게 분명해질 것이다. 지금 우리는 특징적으로 그 중간에 끼어 있는 진술인 "본디오 빌라도에게"의 숙고로 건너간다.

16

본디오 빌라도에게

예수 그리스도의 삶과 고난은 그것과 결합된 본디오 빌라도의 이름에 의해 (바로 우리의 삶이 발생하는 동일한) 세계사 안의 한 사건이다. 이 정치가의 동반 작용에 의해 그 사건은 한 외적 행위의 특징을 획득하는데, 그 행위 안에서 한편으로 하나님의 개입과 정의가, 다른 한편으로 세계 사건에 관련된 국가적 질서의 인간적 타락성과 불의가 작용하면서 공개된다.

어떻게 본디오 빌라도가 사도신경 안에 들어오게 되는가? 좀 거칠고 신랄한 대답은 "개가 깨끗한 방에 들어오는 것같이!"가 될 것이다. 어떻게 〔더러운〕 정치가 인간의 삶 안에 들어오며, 그 다음에 어떤 형식을 갖추어 교회 안에 들어올 수 있는가! 본디오 빌라도가 누구인가? 그는 공공연하게 불쾌감을 주는 성격의 오만하고 예의 없는 사람이 아닌가? 본디오 빌라도가 누구인가? 그는 권위적 조직에 철저히 예속된 기능적 인간이요, 예루살렘을 점령한 외국 군대의 지휘관이 아닌가?

그는 그곳에서 무엇을 행하는가? 유대의 지역 공회는 한 판결을 내렸는데, 그 공회는 그것을 집행할 권한을 가지고 있지 못하였다. 그 공회는 사형 판결을 내렸으며, 이제 빌라도에게서 공적 승인과 집행권을 얻어야 한다. 그는 약간 주저했지만, 그러나 그가 요청받은 것을 행한다. 그는 다만 형식적 역할만 행하는 중요하지 않은 사람이다. 왜냐하면 모든 중요한 것, 모든 영적인 것은 이스라엘과 그리스도 사이에서, 그분을 고소하고 정죄하는 최고 공회 안에서 벌어지기 때문이다. 빌라도는 제복을 입고 곁에 서서 이용되었으며, 그의 역할은 명예로운 것이 아니었다. 빌라도는 그 사람이 무죄하다는 것을 알았지만, 그러나 그를 죽음에 넘겨주었다. 그는 엄격하게 법에 따라 행동해야 했지만, 그러나 그렇게 행하지 않으며, 오히려 '정치적 계산'에 자신을 내맡긴다. 그는 올바른 법집행자의 자리에 서는 모험을 피하며, 백성들의 고함소리에 굴복하여 예수를 넘겨준다. 그는 자신의 부하들이 그 십자가형을 집행하도록 승인한다. 우리가 그리스도교적 교회의 사도신경에서 하나님의 가장 깊은 비밀의 공간에 이제 막 입장하려는 바로 그 순간 그러한 일이 눈에 들어오며, 그래서 우리는 괴테와 함께 외치고 싶어진다. "그건 혐오스러운 노래, 에이, 그건 정치적 노래야!"[1] 그러나 '본디오 빌라도에게'는 사도신경 안에 있다. 그렇기 때문에 우리는 그것이 무엇을 뜻하는지 질문하지 않을 수 없다. 여류 작가인 도로시 세이어즈는 영국 라디오를 위하여 「왕이 되기 위해 태어난 사람」이라는 방송 대본을 썼는데,[2] 그 대본에서 빌라도의 아내인 프로클라Prokla의 꿈에 관해 설명하였다. 그 여자는 꿈에서 수백 년에 걸쳐 온갖 언어로 바로 그 "본디오 빌라도에게 고난을 받아"라는 소리가 울려 퍼지는 것을 들었다고 한다. 빌라도는 어떻게 사도신경 안으로 들어왔는가?

그 이름과 그리스도의 고난과의 관계는 다음을 간과할 수 없이 분명하게 만든다. 인간의 반역과 하나님의 진노의, 그러나 또한 긍휼하심의 드러남은 하늘에서가 아니라, 어떤 먼 별 혹은 이념의 세계에서가 아니라, 오히려 **우리의 시간** 안에서, 우리의 인간적 삶이 연출되는 세계사의 한가운데에서 발생하였다. 우리가 이 삶을 벗어나려고 해서는 안 된다. 우리는 어떤 더 나은 땅 혹은 어떤 미지의 높은 곳으로 도피해서는 안 되며, 어떤 정신적 이상향 혹은 그리스도교적 마법의 땅으로 도피해서도 안 된다. 하나님께서는 전혀 아름답지 않고 오히려 끔찍한 우리의 삶 안으로 오셨다. 말씀이 육신이 되셨다는 것은 말씀이 시간적으로, 역사적으로 되셨음을 뜻한다. 말씀은 인간적 피조물에 속한 형체를 취했다. 그 형체 안에는 바로 그 빌라도 같은 사람도 있고 또 일반적인 사람도 있지만, 그러나 인간은 한 걸음만 나아가면 언제나 그 사람이 그 사람이다! 이 사실 앞에서 우리는 눈을 감아서는 안 된다. 왜냐하면 하나님께서 눈을 감지 않으셨으며, 오히려 그 모든 현실 안으로 오셨기 때문이다. 말씀의 육신이 되심은 최고로 구체적인 사건이다. 그 사건 안에서는 한 인간의 이름이 한 역할을 담당할 수 있다. 하나님의 말씀은 '지금 여기'*hic et nunc*의 특성을 갖는다. 하나님의 말씀은 레싱이 말하는 "영원한 이성의 진리"와 아무 관계가 없으며, "우연한 역사적 진리"도 아니다. 물론 하나님의 역사는 이 보잘것없는 지휘관과 마찬가지로 우연한 역사적 진리이기는 하다. 하나님께서는 그러한 우연성 안에서 실존하기를 부끄러워하지 않으셨다. 예수의 삶과 고난이 본디오 빌라도의 이름에 의해 (우리의 인간적 시간과 인간적 역사를 규정하는) 요소들에 속하게 되었다. 우리는 이 기괴한 세계 안에서 홀로 버려지지 않았다. 오히려 하나님께서 이 낯선 곳의 우리에게 오셨다.

물론 다음은 명확하다. 예수 그리스도께서 본디오 빌라도 아래서 오직 **고난**을 받으시고 **죽으셔야** 했다는 사실은 이 세계사에 최고로 의문스러운 특징을 부여한다. 그 사실에 의해 다음이 공개된다. 이 세계는 소멸적인 것이며, 옛 에온(시대)이며, 그 세계의 전형적인 대변자는 (완전히 무력하고 어떤 도움도 없는) 예수 그리스도를 마주 대하여 선 본디오 빌라도다. 로마 제국은 그와 같이 정체가 폭로되었으며, 로마 황제의 총독인 빌라도도 마찬가지다. 그와 같은 정치적 추진 전체가 가까이 다가온 하나님 나라의 빛 안에서 드러난다. 모든 것은 파멸을 향해 미리 앞서서 반박된다. 그것이 한쪽 측면이다. 그리스도께서 오신 이 세계는 그분을 통해 조명되면서, 그것의 전적인 허약함과 어리석음이 드러난다.

그러나 여기서 멈추는 것은 옳지 않다. 왜냐하면 네 복음서 모두에서 빌라도의 이야기는, 그가 다만 일반적인 세상 사람일 뿐이라고 확정하고 만족하기에는 너무도 큰 중요성을 갖기 때문이다. 그는 다만 그러한 사람에 그치지 않으며, 오히려 그는 대단히 특수한 관료Staatsmann인 동시에 정치인이며, 그래서 여기서 세상과 하나님 나라 사이의 만남은 대단히 특수한 만남이 된다. 문제가 되는 것은 하나님 나라와 인간적 학문, 인간 사회, 인간적 노동 사이의 만남이 아니며, 오히려 하나님 나라와 세상 국가Polis와의 만남이다. 말하자면 빌라도는 한 다른 질서 곧 이스라엘과 교회를 서술하는 질서와 마주 대면한다. 빌라도는 디베리우스 황제의 대변인이다. 그는 세계사를 대표한다. 세계사가 모든 시대에 국가적 질서를 갖는다는 점에서 그러하다. 예수 그리스도께서 본디오 빌라도에게 고난을 받으셨다는 것은 그분이 국가적 질서에 굴복하셨다는 것을 뜻하기도 한다. "위에서 주지 아니하셨더라면 나를 해할 권한이 없었으리니"(요 19:11). 예수 그리스도께서는 대단히 진지하게 다음을 말하신다. "가이사의 것은 가이사에게 바치라!"(막 12:17) 예수께서는 황제의 것을 황제에게 주셨으며, 빌라도의 권위를 공격하지 않으셨다. 그분은 고난을 받으시지만, 그러나 예를 들어 빌라도가 자신에 대해 판결을 내리는 것에 대해서는 항의하지 않으신다. 다른 말로 하자면 국가적 질서 곧 폴리스Polis는 한 공간이며, 그 공간 안에서도 그분의 행동 곧 하나님의 영원하신 말씀의 행동이 발생한다. 그리고 그 공간 안에서는 인간적 통찰에 따르면 물리적 권세의 위협과 적용 아래서 인간의 외적 삶에서의 의와 불의가 결정된다. 그것이 국가이며, 우리가 정치Politik라 부르는 것이다. 정치의 영역 안에서 발생하는 모든 것은 어떻든 그러한 시도의 한 적용이다. 세계 사건은 언제나 국가적 질서 안에 있으며, 비록 운이 좋게 다만 국가적인 것에 그치지 않는다고 해도 그러하다. 그와 같이 국가적 질서를 갖는 세계의 한 가운데에 이제 예수께서 등장하신다. 예수 그리스도께서는 본디오 빌라도에게 고난을 받으심으로써, 그러한 국가적 질서에 참여하신다. 그렇기 때문에 그 사실이 무엇을 뜻하며, 그 외적 질서를 바라볼 때 그 사실에서 무엇이 드러나는가 하는 것, 곧 고난받으시는 주님의 관점에서 본디오 빌라도의 현실성 전체를 바라볼 때 그것이 어떻게 보일 것인가 하는 것은 숙고할 가치가 있다.

여기가 그리스도교적 국가론을 전개할 자리는 아니다. 국가론은 교회론으로부터 분리될 수 없다. 그러나 여기서 국가에 대해 약간은 서술되어야 한다. 왜냐하면 예수와 빌라도의 만남 안에 (간단히 말하자면 복음의 관점에서 국가의 영역에 관해 생각하고 말해야 하는) 모든 것이 함께 들어 있기 때문이다.

본디오 빌라도가 예수께 행사하는 것과 같은 국가 질서 혹은 국가 권력은 여기서 의심의 여지 없이 **부정적** 형태이며, 전적으로 인간적 도착성倒錯性과 불의 안에 있는 것으로 드러난다. 이렇게 말할 수도 있다. 어느 곳에서 국가가 불의한 국가임이 드러난다면, 여기가 바로 그러하며, 어느 곳에서 국가가 자신의 정체를 폭로하고 정치가 괴물로 예시된다면, 마찬가지로 그것도 바로 여기다. 빌라도는 무엇을 행하는가? 그는 정치가들이 언제나 다소간에 행하여 온 그것 그리고 정치의 실제적 실행을 위해 모든 시대에 걸쳐 들어 왔던 그것을 행한다. 다시 말해 그는 본래 법의 보호를 위해 예루살렘에 취임하였지만, 분명하게 의로운 법을 포기한다. 그렇게 하여 그는 예루살렘의 질서를 회복하여 다시 유지하기를 시도하며, 동시에 자신의 권력의 자리를 보존하려고 시도한다. 이것은 얼마나 두드러지는 뚜렷한 모순인가! 그는 법과 불법을 결정하여야 한다. 그것이 그의 존재 이유*raison d'être*다. 그리고 그의 자리에 계속 머무르기 위해 그는 "유대인들에 대한 두려움 때문에" 그가 마땅히 행해야 하는 결정을 현실적으로 내리기를 포기한다. 그는 굴복한다. 비록 빌라도는 예수께 유죄 판결을 내리지는 않지만—그는 예수께서 무죄임을 확인했기 때문에 유죄 판결을 내릴 수 **없다**—그렇지만 그분을 포기한다. 그리고 그는 예수를 포기함으로써, 자기 자신도 포기한다. 빌라도가 교회의 모든 박해자들의 원형이 되고 그래서 그의 [인격] 안에서 이미 네로가 보이기 시작할 때, 그곳에서 불의한 국가가 등장할 때, 바로 국가 그 자체가 수치를 당한다. 빌라도의 인격 안에서 국가는 그것의 본래적 존재 근거를 벗어나며, 강도의 소굴이 되며, 폭력배 국가가 되며, 책임을 지지 않는 무리의 질서가 된다. **바로 그것**이 국가Polis이며, **바로 그것**이 정치Politik이다. 사람들이 바로 그러한 국가 앞에서 다만 자신의 얼굴을 숨기는 것이 최선이라고 생각할 때, 그것이 무엇이 이상한가? 국가가 수십 년 혹은 수백 년 동안 다만 그런 모습만 보여주었을 때, 그래서 사람들이 정치적 영역 전체에 대해 피곤을 느낄 때, 무엇이 이상한가? 실제로 국가를 그렇게 볼 때, 곧 빌라도적 국가의 형태 안에 있을 때, 국가는 교회 그리고 하나님 나라에 철두철미 반대되는 국가Polis다. 그것이 신약성서의 요한계시록 13장에서 음부로부터 올라오는 짐승으로 묘사되는 국가다. 그 짐승은 큰 입을 가진 다른 짐승들을 동반하며, 다른 짐승들은 첫 짐승을 지속적으로 찬양하고 영광을 돌린다. 그리스도의 고난은 스스로를 폴리스라고 일컫는 그 짐승을 드러내고 위기로 내몰고 정죄한다.

그러나 이것이 전부는 아니며, 우리는 여기서 머물러 있을 수 없다. 빌라도가 우선 단순히 국가의 변질 곧 불의한 국가를 보이게 만든다고 해도, 그 오목 거울 안에서 다음이 오인되어서는 안 된다. 여기서 수립되고 지속되고 작용해야 하는 하나님의 우월하고 선한 질서는 **의로운 법**의 국가der rechte Staat다. 이 국가는 물론 불의한 인간적 행위들에 의해 수치를 당하지만, 그러나 올바른 법의 교회와 마찬가지로 전적으로 제거될 수는 없다. 왜냐하면 그 국가는 하나님이 세우시고 부여하신 질서에 근거하기 때문이다. 빌라도가 가진 권세는 비록 그가 그것을 오용하기는 했지만, 그렇다고 해서 위로부터 주어지지 않은 것이 아니다. 예수께서는 그것을 인정하셨다. 그것은 후에 바울이 로마의 그리스도인들에게 비록 네로의 국가이지만 그럼에도 불구하고 하나님께서 세우고 부여하신 질서를 인정하라고 외쳤던 것과 마찬가지다. 바울은 그 질서에 순응하고, 모든 비정치적 그리스도교와 거리를 두며, 더 나아가 그 국가의 유지에 책임질 줄 알아야 한다고 권고한다. 국가의 질서 그 자체가 하나님의 질서라는 사실은 빌라도의 경우에도 다음에서 볼 수 있다. 빌라도는—그가 **악한** 국가 관료로서 예수를 죽음에 넘길 때—동시에 **올바른** 국가 관료로서 예수를 모든 점에서 무죄하다고 선언하지 않을 수 없었다. 이것을 넘어서서 그 사실은 다음에서 믿을 수 없을 만큼 강력하게 드러난다. 악한 국가 관료인 빌라도는 그가 올바른 국가 관료로서 마땅히 의도하고 행하여야 하는 것의 정반대를 의도하고 행할 수 있다. 다시 말해 그는 바라바를 석방하고 예수를 죽음에 넘겨준다. 그는 (베드로전서 2:14 말씀과는 다르게!) "악인에게 포상하고 선한 자를 징벌한다." 그러나 그는 그 결과 최고로 의로운 〔하나님의〕 법을 집행하는 셈이 된다. 물론 그것이 빌라도의 죄를 면제하는 것은 아니며, 다만 하나님의 지혜를 정당화할 뿐이다. 의로운 자이신 예수께서는 불의한 인간의 자리에서 죽으셔야 하며, 바로 그 인간은—바라바는!—예수의 자리에서 자유롭게 석방된다. 바로 그것이 예수 그리스도의 고난 안에 담긴 하나님의 뜻이었다. 바로 그렇게 하여 그 고난은 저 악한—자신의 의지와는 다르게 의롭게 된—국가 관료인 빌라도 아래서 겪은 고난이 되었다. 예수께서 유대인에 의해 이방인들에게 넘겨져야 한다는 것, 하나님의 말씀이 이스라엘 민족의 좁은 영역으로부터 넓은 열방의 세계로 나아가야 한다는 것, 그것이 예수 그리스도의 고난 안에 담긴 하나님의 뜻이었다. 예수를 넘겨받은 이방인의 손은 가룟 유다와 대제사장과 예루살렘 백성들의 손이지만, 그러나 빌라도 자신도 마찬가지로 더러운 손을 가진 이방인이며, 그도 마찬가지로 악한—그러나 그의 의지와는 달리 의롭게 된—국가 관료 본디오 빌라도다. 그는 이 관점에서 본다면 하만Hamann이 그렇게 불렀던 것처럼 신약성서의 강제 집행인Exekutor이며,[3] 어떤 의미에서는 바로 유대인과 이방인으로 구성된 교회의 설립자다. 바로 그렇게 예수께서는 자신을 고난받도록 했던 그 악에 대해 승리하신다. 그렇게 그분은 또한 세상에 대해서도 승리하신다. 그분은 그 세상에 발을 들여놓으셨기 때문에, 그 세상 안에서 고난을 받으셔야 했다. 그렇게 그분은 인간에 의해 배척되셔야 했던 바로 그곳에서도 주님이시다. 그렇게 바로 그 국가 질서는, 인간의 죄에 의한 그것의 변질된 타락성에도 불구하고, 예수께서 그 질서에 굴복하셨을 때 실상은 그 질서가 그분께 굴복했다는 것을 공개하지 않을 수 없었다. 그렇기 때문에 그리스도인들은 국가의 권력자들을 위해 기도한다. 그렇기 때문에 그리스도인들은 국가의 유지를 위해 스스로 책임을 진다. 그렇기 때문에 도시를 위한 최선의 것을 추구하고, 최선의 지식에 따라 나쁜 국가가 아니라 의로운 국가를 선택하고 의도하여 국가의 신적 질서와 권위를 존중하는 것은 그리스도인들의 과제가 된다. 의로운 국가는 자신의 권세를 '위로부터' 받는다는 사실을 빌라도와 같이 불명예로 만드는 것이 아니라, 오히려 명예롭게 만드는 국가다. 이것을 넘어서서 그리스도인들은 하나님의 의로운 법이 정치적 삶 안에서 인간에 의해 오인되고 짓밟히는 곳에서도, 그 법이 그 삶을 구성하는 강력한 부분이라는 신뢰를 갖는다. 예수 곧 하늘과 땅의 모든 권세가 주어진 그분의 고난 때문에 그렇게 신뢰하게 된다. 그러므로 저 악하고 보잘것없는 빌라도는 최종적으로는 하찮게 취급되어야 한다. 어떻게 그리스도인이 그의 편을 들 수 있겠는가?

17

십자가에 못 박혀 죽으시고 장사되시고 음부에 내려가시다

예수 그리스도의 죽음 안에서 하나님께서는 자신을 낮추시고 넘겨주셨다. 그 결과 그분의 의로운 법은 하나님께서 죄인의 자리에 서시는 방식으로 죄인들에 대해 실행되었다. 그렇게 하나님께서는 인간에게 적중되는 '저주'와 인간이 마땅히 받아야 하는 '징벌'과 인간의 질주가 향하는 종점인 '과거'와 인간이 빠져 있는 '버림받은 상태'를 영원히 유일회적으로 스스로 짊어지시며, 그것들을 인간으로부터 제거하신다.

성육신의 비밀은 **성 금요일** 그리고 **부활절**의 비밀로 **전개**된다. 이전과 마찬가지로 여기서도 믿음의 비밀의 전체성 안에서 언제나 우리는 **양자**兩者를 함께 보아야 하며, 하나를 다른 하나로부터 이해해야 한다. 물론 그리스도교적 믿음의 역사 안에서 그리스도인들은 언제나 한쪽 혹은 다른 쪽에 더 큰 강조점을 두면서 알려고 했다. 서구 교회 곧 서방의 교회는 결정적으로 십자가의 신학*theologia crucis* 쪽으로 기울었으며,

반면에 동방교회는 영광의 신학theologia gloriae쪽으로 기울었음을 우리는 확인할 수 있다. 십자가의 신학은 "그분이 우리의 범죄함을 위하여 내어준 바 되셨다!"를 더 강조하며, 영광의 신학은 "그분은 우리의 의를 위하여 부활하셨다!"를 전면에 내세운다. 이 문제에서 한쪽을 다른 쪽과 싸움을 붙이려고 하는 것은 아무 의미가 없다. 여러분은 루터가 처음부터 서구적 관심사를 강력하게 대변했다는 것을 안다. "영광의 신학이 아니라, 십자가의 신학이다!" 여기서 루터가 말하려고 했던 것은 맞다. 우리는 그것의 반대를 제시하고 확정하려고 해서는 안 된다. 왜냐하면 영광의 신학이라는 보충요소를 갖지 않는 십자가 신학이란 없기 때문이다. 확실히 성 금요일 없는 부활절이란 없으며, 마찬가지로 확실하게 부활절 없는 어떤 성 금요일도 없다! 너무도 많은 슬픔이, 그 다음에는 너무도 많은 우울함Muffigkeit이 그리스도교적 작업 안으로 쉽게 들어왔다. 그러나 십자가가 **예수 그리스도**의 십자가라면, 그래서 근본적으로 모든 이방인도 가질 수 있는 어떤 십자가 사변思辨이 아니라면, 그때 "십자가에 못 박히신 분이 제3일에 죽은 자 가운데서 부활하셨다!"는 사실은 한순간도 잊거나 간과될 수 없다. 그때 성 금요일은 전혀 다르게 이해될 것begehen이며, 그때는 성 금요일에 무겁고 슬픈 수난곡을 노래하는 것보다 오히려 미리 앞당겨 부활의 노래를 연주하는 것이 아마도 더 나을 것이다. 성 금요일에 발생한 것은 슬프고 한탄할 만한 일이 아니다. 왜냐하면 그분은 부활하셨기 때문이다. 나는 이 사실을 먼저 말하면서 다음을 부탁하고 싶다. 우리는 예수 그리스도의 수난과 죽음으로부터 말해야 하는 것을 절대로 추상적으로 이해해서는 안 되지만, 그러나 그것을 넘어서서 그분의 영광이 계시되는 곳을 미리 내다보아야 한다.

옛 신학 안에서 사람들은 그리스도론의 이 중심을 그리스도의 '낮아지심'*exinanitio*과 '높여지심'*exaltatio*이라는 두 주요 개념으로 서술하였다. 여기서 '낮아지심'은 무엇이며, '높여지심'은 무엇을 뜻하는가?

그리스도의 **'낮아지심'**은 "본디오 빌라도에게 고난을 받으시고"에서 시작하여 결정적으로는 "십자가에 못 박히시고 죽으시고 장사되시고 음부에 내려가시고"에서 가시화되는 전체 과정을 포괄한다. 물론 '낮아지심'은 우선 그곳에서 고통당하시고 죽으시고 극단적 어둠 속으로 들어가신 그 사람의 '낮아지심'이다. 그러나 그 사람의 낮아짐과 버려짐에 의미를 부여하는 것은 그 사람이 하나님의 아들이라는 사실이며, 그 사람 안에서 자기를 비우고 버리신 분이 다름이 아니라 **하나님 자신**이라는 사실이다.

그리고 이제 그 '낮아지심'에 예수 그리스도의 '높여지심'이 부활의 비밀로서 마주 선다. 그 영광은 확실하게도 하나님의 자기 영광이며, 그곳에서 승리하시는 그분의 영예다. "하나님께서 환호의 외침과 함께 위로 올라가셨다."[1] 그러나 부활절의 본래적 비밀은 하나님께서 그곳에서 영광을 받으셨다는 것이 아니며, 오히려 여기서 인간의 '높여짐'이 발생하고, 그분이 하나님 우편으로 높여지며, 죄와 죽음과 마귀에 대해 승리하신다는 사실이다.

우리가 양쪽을 함께 붙들 때, 우리 앞에 떠오르는 상은 어떤 도무지 이해될 수 없는 교환 곧 실체적 교환*katalage*의 상이다. 하나님께서 자신을 인간의 자리에 위치시키고 인간은 하나님의 자리에 위치된다는 것, 이러한 철두철미 은혜의 행위인 교환 안에서 인간의 하나님과의 화해가 발생한다. 도무지 이해될 수 없는 이 기적이 우리의 **화해**이다.

사도신경 자체가 "십자가에 못 박히시고 죽으시고 장사되시고"라고 다른 곳에서는 그렇게 표현되지 않는데도 여기서는 외적으로도 이미 길게 열거하면서 상세하고 완전하게 강조할 때, 복음서 기자들이 십자가 처형의 기사를 그렇게 강력하게 서술할 때, 그리고 예수의 십자가가 모든 시대에 그리스도교적 믿음 전체의 본래적 중심으로서 언제나 또다시 등장할 때, 매 세기마다 "오 거룩한 십자가, 나의 유일한 희망이여!"*Ave crux unica spes mea!*의 외침이 언제나 또다시 울려 퍼질 때, 그때 우리는 다음을 분명히 해야 한다. 그것은 어떤 종교 창시자의 순교적 죽음의 영광과 강조에 관계되지 않으며—물론 의심의 여지 없이 대단히 인상적인 순교자들의 이야기가 있지만 그런 것에 관계되지 않으며—그러나 또한 예를 들어 십자가를 인간의 실존적 한계로 삼는 것과 같은 세상의 일반적 고통의 표현에 관계되지도 않는다. 그렇게 하면 우리는 십자가에 못 박히신 예수 그리스도를 증거했던 사람들의 인식으로부터 멀어지게 된다. 사도적 증거의 의미에서 예수 그리스도의 십자가 처형은 하나님 자신의 구체적 행하심이며 실제적 행위다. 하나님께서는 자기 자신을 변화시키셨으며, 우리에게 가까이 오셨으며, 신적으로 존재하시는 것을 강탈한 것으로 여기지 않으시며, 그것을 강도가 자신의 노략물을 꽉 붙잡고 있는 것같이 붙들고 계시는 것이 아니라, 오히려 자기 자신을 비우신다. 하나님께서는 무자아selbstlos로서 존재할 수 있으시며, 또 자신 중 어떤 것을 포기하실 수도 있다. 바로 그것이 신성의 영광이다. 하나님께서는 진실로 자기 자신에게 충실하시지만, 그것이 하나님께서 반드시 자신의 신성 안에 제한되셔야 함을 뜻하지는 않는다. 바로 그것이 신성의 깊이며, 그분의 영광의 위대함이다. 그 영광은 다음에서 계시된다. 그 영광은 그것과 완전히 반대되는 것 안에 전적으로 은폐될 수 있으며, 다시 말해 피조물의 가장 깊은 저주와 가장 큰 비참 안에 은폐될 수 있다. 그리스도의 십자가 처형 안에서 발생한 것은 하나님의 아들이 반역하는 피조물에게 닥쳐야 할 저주를 스스로 짊어지셨다는 사실이다. 그 피조물은 피조물이면서도 피조성을 벗어나 스스로 창조자가 되려는 반역의 피조물을 뜻한다. 그분은 피조물의 곤경 안으로 들어가시며, 피조물을 홀로 버려두지 않으신다. 그분은 피조물을 다만 외적으로만 돕는 데 그치지 않으시며, 다만 멀리서 안부만 묻지 않으신다. 오히려 그분은 자신의 피조물의 비참을 스스로 짊어지신다. 무엇을 위하여? 그분의 피조물이 자유롭게 되도록 하기 위하여, 그 피조물이 자신 위에 쌓아 놓은 짐이 옮겨지고 제거되도록 하기 위하여! 피조물 자신은 그 짐 때문에 반드시 멸망할 것이지만, 하나님께서는 그것을 원하지 않으셨으며, 피조물이 구원받기를 원하셨다. 피조물의 파멸이 아무리 크다고 해도, 하나님의 헌신이 그보다 작아서 피조물의 구원에 충분하지 못하게 되는 일은 없다. 자기 자신을 버리시는 하나님의 **바로 그** 뜻은 그렇게도 크다. 인간의 자리에 서시는 하나님, 이것이 화해다(중간에 덧붙여 말하자면, 이 중심적 비밀에 관한 모든 교의도 어떤 한도에서 하나님께서 여기서 개입하여 들어오시는지를 충분하고 정확하게 파악하고 서술할 수 없다. 여러분은 화해에 관한 나의 이론을 사태 자체와 혼동해서는 안 된다. 모든 화해론은 다만 가리키는 손가락일 뿐이다. 그러나 여러분은 이 '우리를 위하여'für uns에 주목해야 한다. 그것에서 감할 수 있는 것은 아무것도 없다! 화해론이 무엇을 표현하려고 하든지 상관없이, 화해론은 반드시 '우리를 위하여'를 말해야 한다!)

하나님께서는 예수 그리스도의 죽음 안에서 하나님의 **의**를 실행하셨다. 하나님께서는 예수 그리스도의 죽음 안에서 인간에 대해 심판자로서 행동하셨다. 인간은 인간에 대한 하나님의 심판이 선고되고 불가피하게 집행되어야 하는 바로 그 장소로 이동하였다. 인간은 하나님 앞에서 죄인으로서 마주 선다. 죄인은 하나님으로부터 스스로를 구분하고, 마땅히 되어야 할 존재이기를 거부하는 존재다. 그는 하나님의 은혜가 자기에게 너무 적다고 생각하여 그것을 거부하며, 감사를 외면한다. 인간의 삶이란 그것이며, 그러한 지속적 회피이며, 그러한 조야하거나 세련된 죄 지음의 삶이다. 이 죄 지음이 인간을 파악될 수 없는 곤경 안으로 끌고 가며, 하나님 앞의 자신을 불가능성으로 만든다. 그는 하나님께서 그를 보실 수 없는 곳에 자리를 잡는다. 그는 말하자면 은혜의 뒤편에 숨는다. 그러나 하나님의 '예'의 뒤편은 하나님의 '아니오'이며, 심판이다. 하나님의 은혜가 저항할 수 없는 것처럼, 하나님의 심판 또한 그러하다.

이제 우리는 그리스도에 대해 말하는 "십자가에 못 박히시고 죽으시고 장사되시고"를 인간에 대한 하나님의 심판의 발생으로, 지금 인간에게 실제로 실행되는 것의 표현으로 이해해야 한다.

십자가에 못 박힘. 한 이스라엘인이 십자가에 못 박혔을 때, 그것은 살아 있는 자들의 〔현실적〕 국가로부터만 아니라 또한 하나님과의 계약으로부터 저주받고 배척된 것을 뜻하며, 선택된 자들의 영역으로부터 멀어진 것을 뜻한다. 십자가에 못 박힌다는 것은 버려지는 것이며, 이방인들의 십자가 처형대에 넘겨지는 것을 뜻한다. 우리는 다음을 분명히 해야 한다. 하나님의 심판, 다시 말해 인간적 피조물이 하나님의 편에서 볼 때 죄를 지은 피조물로서 겪어야 하는 고통은 버림받음과 저주를 뜻한다. "십자가에 달린 자마다, 저주를 받은 것이다"(신 21:23, 갈 3:13). 그리스도에게 그곳에서 일어난 일은 바로 우리에게 마땅히 일어났어야 했던 일이다.

죽으심. 죽음은 현존하는 모든 생명의 가능성들의 종말이다. 죽는다는 것은 우리에게 주어진 가능성들 중 최후의 것을 소진하는 것이다. 사람들이 죽음을 물리적 혹은 형이상학적으로 어떻게 해석하든지 관계없이, 그곳에서 발생하는 것은 확실하다. 그것은 피조적 실존에서 행위로 발생할 수 있는 최후의 것이다. 죽음의 저편에서 발생하는 것이 무엇이든지 간에, 그것은 어떻든 이 세상에서의 삶의 연속과는 다른 어떤 것임이 틀림없다. 죽음은 정말로 **마침**을 뜻한다. 그것은 심판이며, 우리의 삶은 그 심판 아래 있다. 우리의 삶은 죽음을 기다린다. 탄생하고 성장한다는 것 그리고 어른이 되고 늙는다는 것은 우리 모두의 마지막 곧 결정적 마침이 될 순간을 마주 향해 나아가는 것을 뜻한다. 이 문제는 이러한 측면에서 본다면 죽음을 우리 삶의 한 요소로 만드는 문제이며, 그래서 우리가 차라리 생각하고 싶지 않은 문제이기도 하다.

장사되시고. 이 구절은 눈에 매우 거슬리고unscheinbar 거의 불필요하다고 보이기까지 하면서 그곳에 있다. 그러나 까닭 없이 있는 것은 아니다. 우리도 언젠가는 장사될 것이다. 한때 정장을 입은 한 무리의 사람들이 묘지의 뜰로 나갈 것이며, 그곳에서 관을 내려놓을 것이며, 그 다음에 모두 집으로 돌아갈 것이지만 한 사람만은 돌아가지 못할 것이며, 그 사람이 내가 될 것이다. 사람들이 나를 산 자들의 나라에서 불필요하고 방해가 되는 한 물건처럼 흙 속에 묻을 것이며, 그것이 죽음의 마지막 봉인이 될 것이다. '장사되는 것'은 죽음에게 소멸과 부패의 성격을 주고, 인간적 실존에게 무상과 덧없음Verweslichkeit의 성격을 준다. 인간의 삶이란 무엇인가? 그것은 무덤을 향해 서둘러 나아가는 것이다. 인간은 자신의 소멸을 향하여 서둘러 나아간다. 어떤 미래도 더 이상 갖지 못하는 과거가 마지막이 될 것이다. 나로서 존재했던 모든 것은 과거에 존재했던 것이 되어 소멸할 것이다. 아마도 아직 우리를 기억하는 사람들이 있다는 한도에서, 기억은 여전히 남아 있을 수 있을 것이다. 그러나 그들도 언젠가는 죽을 것이며, 그때 또한 그 기억도 사라지게 될 것이다. 인간적 역사 안의 어떤 위대한 이름들 중에서 언젠가는 잊혀진 이름이 되지 않을 것은 없다. 무덤 속에서 망각의 고향으로 떨어지는 것, 그것이 '장사되는 것'이며, 인간에게 내려지는 심판이다. 그것이 죄에 대한 하나님의 대답이다. 죄인에 대해 시작될 수 있는 것은 사람들이 그를 파묻고 잊는 것 외에 어떤 다른 것일 수 없다.

음부에 내려가심. 구약과 신약성서 안의 지옥의 상은 후대에 그렸던 상과는 어느 정도 다르다. 음부 혹은 지옥*inferi* 곧 구약성서적 의미에서 '하데스'는 물론 고통의 장소이고, 완전히 격리된 장소이며, 그곳에서 인간은 본질적으로 오직 비존재적으로 존재하며, 오직 그림자로서 존재한다. 이스라엘 사람들은 그 장소를 인간들이 오직 가물거리는 그림자로서 떠돌고 배회하는 곳이라고 생각했다. 그러한 장소에 있는 인간들에게 최악인 것은 구약성서의 의미에 따르면 다음이다. 죽은 자들은 하나님을 더 이상 찬양하지 못하며, 그들은 그분의 얼굴을 더 이상 볼 수 없으며, 더 이상 이스라엘의 하나님께 드리는 예배에 참여할 수 없다. 그것은 하나님으로부터 배제된 존재이며, 그것이 죽음을 그렇게도 두렵게 만들며, 지옥을 지옥으로 만든다. 인간이 하나님과 분리된다는 것, 그것은 고통의 장소라는 뜻이다. "슬피 울며 이를 간다"(마 22:13; 24:51; 25:30, 눅 13:28). 우리의 상상은 그러한 현실성 곧 하나님 없는 존재에 도달하지 못한다. 무신론자들은 '하나님 없음'이 무엇인지 알지 못한다. 하나님이 없는 것은 지옥의 존재이다. 죄의 결과로 남는 것이 그것 외에 다른 무엇이겠는가? 인간은 자신의 행위에 의해 자신을 하나님으로부터 분리시키지 않았는가? "음부로 내려가셨다"는 것은 오직 그것의 확증일 뿐이다. 하나님의 심판은 의롭다. 다시 말해 그 심판은 인간에게 바로 그가 원했던 것을 준다. 그 판결과 그것의 집행이 일어나지 않는다면, 하나님은 하나님이 아닐 것이고, 창조주는 창조주가 아닐 것이며, 인간은 인간이 아닐 것이다.

그러나 이제 사도신경은 우리에게 바로 그 판결의 집행은 그분 곧 하나님 자신이 (참 하나님이신 동시에 참 인간이신 아들 예수 그리스도 안에서) 유죄 판결을 받은 인간의 자리에 서시는 방식으로 하나님에 의해 완성되었다고 말한다. 하나님의 판결은 내려지며, 하나님의 의로운 법은 진행되지만, 그러나 그 경로는 인간이 당해야 하는 고통을 바로 그 한분이, 하나님의 아들로서 모든 다른 인간들을 대신하는 자리에 서신 분이 당하는 방식을 취한다. 그것이 하나님 앞에서 우리를 대신하는 자리에 서시면서 우리에게 닥쳐오는 것을 스스로 짊어지신 예수 그리스도의 통치다. 하나님께서는 그분 안에서 우리가 저주받고 죄 짐을 지고 타락한 곳에 서시면서 책임을 떠맡으셨다. 아들 안에 계신 바로 그분은 골고다에서 십자가에 못 박히신 인간의 인격 안에 계신 분이다. 그분이 우리 모두가 짊어져야 할 모든 것을 짊어지셨다. 그렇게 하여 그분은 저주를 끝내셨다. 하나님께서는 인간이 상실되는 것을 원치 않으시며, 인간이 반드시 지불해야만 하는 그것을 지불하게 되는 것을 원치 않으신다. 다시 말해 하나님께서는 죄를 소멸시키신다. 하나님께서는 자신의 의에도 불구하고 그렇게 행하시는 것이 아니라, 오히려 바로 그것이 하나님의 '의'다. 거룩하신 그분이 거룩하지 못한 우리를 위해 개입하시며, 우리를 구원하려 하시고 구원하신다. 구약성서적 의미에서의 정의는 빚진 자에게 지불하도록 하는 심판자의 정의가 아니라, 오히려 고소당한 자의 비참함을 알아보고 그를 올바로 만드는 방식으로 돕기를 원하는 심판자의 행동이다. 그것이 정의다. 정의는 일으켜 세우는 것이다. 바로 그것이 하나님께서 행하시는 것이다. 물론 징벌의 고통을 겪고 총체적 곤경이 닥쳐오는 일이 없어지는 것은 아니지만, 그러나 그 일은 하나님께서 죄의 책임을 져야 하는 자들의 자리에 서시는 것에 의해 발생한다. 그렇게 하실 능력과 명분을 가지신 바로 그분이 피조물의 역할을 담당하심에 의해 스스로를 의롭게 하신다! 하나님의 긍휼과 하나님의 정의는 서로 갈등을 일으키지 않는다. "그분의 아들조차도 그분께는 소중하지 않았다. 그분은 그 아들을 우리를 위해 넘겨주셨다. 그분은 그 아들의 고귀한 피에 의해 나를 영원한 지옥불로부터 건져 내셨다."[2] 이것이 성 금요일의 비밀이다.

그러나 하나님께서 우리의 자리에 서시고 우리의 징벌을 짊어지셨다고 말할 때, 우리는 사실상 이미 성 금요일을 넘어선 곳을 바라보고 있다. 그분은 사실상 그 징벌을 **우리에게서 제거**하신다. 이제 모든 고통, 모든 시험들, 그리고 우리의 죽음까지도 하나님께서 우리의 유익을 위해 이미 실행하신 저 심판의 그림자일 뿐이다. 진실로 마땅히 그리고 반드시 우리에게 적중해야 할 그것이 그리스도의 죽음 안에서 이미 우리를 비켜 갔다. 십자가상의 그리스도의 말씀은 이러하다. "다 이루었다!"(요 19:30) 우리는 그리스도의 십자가에 직면하여 한편으로는 우리가 용서받기 위해 어떤 **대가가 치러졌는지**를 깨닫도록 초대를 받는다. 죄의 참된 인식은 엄격하게 말하여 오직 그리스도의 십자가의 빛 안에서만 주어진다. 왜냐하면 죄가 무엇인가 하는 것은 오직 그 죄를 용서받은 사람만 알 수 있기 때문이다. 다른 한편으로 우리는 (우리가 죄와 죄의 결과로부터 자유롭게 되기 위해) 우리를 위한 대가가 치러졌음을 마땅히 깨달아야 한다. 하나님께서는 우리를 더 이상 죄의 책임 때문에 심판을 받아야 하는 죄인으로 부르지 않으시고 그렇게 여기지도 않으신다. 우리는 더 이상 아무런 빚을 지고 있지 않다. 우리는 하나님께서 우리를 위해 직접 등장하셨다는 은혜, 곧 오직 은혜를 통하여*sola gratia* 무죄 판결을 받았다.

18

제3일에 죽은 자 가운데서 다시 살아나시다

예수 그리스도의 부활 안에서 인간은 영원히 유일회적으로 (하나님 곁에서 하나님께 대적하는 모든 원수들에 대항하여) 자신의 의로운 권리를 발견하도록 고양되고 규정되었으며, 새로운 삶을 살아가도록 해방되었다. 그 삶 안에서 인간은 죄 그리고 또한 저주, 죽음, 무덤, 지옥 등을 이제는 자신의 앞이 아니라 오히려 뒤에 둔다.

"제3일에 죽은 자 가운데서 다시 살아나셨다." 이것이 부활절 소식이다. 그 소식은 하나님께서 아들 안에서 자신을 낮추신 것이 까닭 없는 일이 아니며, 오히려 하나님의 고유한 영예를 위한 것이고 그분의 영광을 확증하는 일이었음을 말해 준다. 하나님의 긍휼이 다름이 아니라 그분의 '낮아지심' 안에서 승리하며, 그 승리에 의해 이제 예수의 '**높여지심**'이 발생한다. 우리는 앞에서 '낮아지심'은 하나님의 아들에, 그래서 **하나님** 자신에 관계된다고 말했다. 이에 대해 우리는 '높여지심'은

인간에 관계된다는 점을 강조해야 한다. 인간이 예수 그리스도 안에서 높여지며, 저 생명으로 규정된다. 하나님께서는 예수 그리스도 안에서 인간을 그 생명을 향해 해방시키셨다. 하나님께서는 말하자면 영광의 공간을 떠나셨으며, 이제 인간이 그 자리를 차지할 수 있게 되었다. 그것이 부활절 소식이며, 화해 그리고 '인간의 구원'의 목적이다. 그것은 이미 성 금요일에도 볼 수 있게 되었던 목적이다. 하나님께서 인간을 위해 개입하심에 의해—신약성서 기자들은 "지불했다"는 표현을 쓰기를 주저하지 않았다—인간은 몸값을 지불하고 풀려난 자가 되었다. 그 표현에 해당하는 희랍어 아폴뤼트로시스ἀπολύτρωσις는 법률적 개념이며, 노예의 몸값을 지불하여 사는 일을 가리킨다. 인간이 어떤 다른 법률적 신분에 놓인다는 것이 목적이다. 그는 과거에 그 자신에 대한 권리를 가졌던 자에게 더 이상 속하지 않으며, 저주와 죽음과 지옥의 저 영역에 더 이상 속하지 않으며, 오히려 하나님의 사랑하는 아들의 나라로 옮겨졌다. 이것은 다음을 뜻한다. 모든 형식에서 죄인으로서의 신분, 법적 규정, 법률적 신분이 인간에게서 말소되었다. 인간은 하나님에 의해 더 이상 죄인인 인간으로 심각하게 취급되지 않는다. 인간이 무엇이든지, 인간에 대해 무엇이 말해지든지, 인간이 스스로 무엇이라고 저주하든지 상관없이 하나님께서는 인간을 죄인으로 심각하게 취급하지 않으신다. 인간은 죄에 대해 죽었다. 저곳 골고다의 십자가에서 죽었다. 인간은 죄를 향해서는 더 이상 존재하지 않는다. 인간은 하나님 앞에서 의로운 자로, 하나님께서 의롭게 만드신 자로 인정받았고 확정되었다. 물론 인간은 지금 현존하는 것처럼 죄 안에 있고 죄의 책임을 져야 하는 현존재를 갖지만, 그러나 그는 그것을 자신의 뒤편에 갖는다. 전환이 영원히 유일회적으로 성취되었다. 물론 그렇다고 해서 우리가 "내가 영원히 유일회적으로 나 자신을 돌이켰고, 내가 그렇게 경험했다"고 말할 수 있게 되는 것은 아니다. 오히려 그 '영원한 유일회성'은 바로 예수 그리스도의 '영원한 유일회성'ein für allemal이다. 우리가 그분을 믿을 때, 그것이 이제 우리에게도 해당한다. 인간은 (우리를 위해 죽으셨던 예수 그리스도 안에서 바로 그분의 부활에 의해) 하나님께서 사랑하시는 자녀다. 그 자녀는 이제 하나님의 호의로부터 하나님의 호의를 향해 살아갈 수 있다.

이것이 부활절 소식이라면, 여러분은 다음을 이해하게 된다. 예수 그리스도의 부활은 그리스도의 죽음의 은폐된 결실을 계시한다. 바로 그 전환Wendung이 예수 그리스도의 죽음 안에 아직 은폐되어 있었다. 그것은 인간이 하나님의 진노에 의해 불살라지는 자로 나타나는 국면 아래 은폐되어 있었다. 이제 신약성서는 인간의 그러한 [진노의] 국면이 곧고다 사건의 의미가 아니며, 오히려 그 국면의 배후에 있는 그 사건의 본래적 의미는 제3일에 계시되신 바로 그분이라고 우리에게 말한다. 셋째 날에 인간의 한 새로운 역사가 시작된다. 그래서 우리는 예수의 삶을 두 가지의 큰 기간으로 나눌 수 있다. 그것은 그분의 죽음까지의 33년 그리고 그분의 죽음과 승천 사이의 대단히 짧고 결정적인 기간이다. 셋째 날에 예수의 새로운 생명이 시작된다. 동시에 또한 셋째 날에는 한 새로운 시대Äon가 시작된다. 그것은 예수 그리스도의 죽음 안에서 옛 세계가 철두철미 제거되고 소멸한 이후 나타나는 세계의 새로운 형태다. 부활절 소식은 인간 예수의 실존 안에서 한 새로운 시간과 세계가 터져 시작하는 소식이다. 그분은 이제 (그분 위에 지워진 인간의 죄의 짐을) **극복**하고 **승리**하고 소멸시키면서 젊어진 자로서 한 새로운 생명을 시작하신다. 그분의 그러한 변화된 실존 안에서 초대 공동체는 그분 이전의 삶의 어떤 초자연적인 연속이 아니라, 오히려 전적으로 새로운 생명 곧 **높여지신** 예수 그리스도의 생명을 보았으며, 그와 함께 동시에 한 새로운 **세계**의 시작을 보았다(만일 어느 누가 부활절을 피조 세계 안에서 일어날 수 있는 어떤 갱신, 예를 들어 계절의 바뀜 혹은 인간이 아침에 잠에서 깨는 것과 같은 갱신과 연결 지으려고 한다면, 그것은 너무도 무력한 시도가 될 것이다. 봄 다음에는 그치지 않고 다시 겨울이 찾아오며, 깨어난 다음에는 다시 잠든다. 그것은 새것이 되고 또 옛것이 되는 순환적 운동에 관계된다. 그러나 부활절의 새롭게 됨은 영원히 유일회적으로 새롭게 되는 것이다!) 신약성서에 따르면, 예수 그리스도의 부활에서 인간을 위한 하나님의 승리가 그분의 아들의 인격 안에 철두철미 **이미 확정되었다**는 사실이 선포되었다. 부활절은 물론 우리의 희망의 크나큰 담보이지만, 그러나 부활의 소식 안의 그 미래는 이미 **현재**이다. 부활절은 이미 확정된 승리의 통고다. 전쟁은 이미 끝났다. 아직 항복의 소식을 듣지 못했기 때문에 이곳저곳에서 아직도 총을 쏘는 남은 군인들이 있다고는 해도 그러하다. 게임은 이미 승리로 끝났다. 비록 상대자가 몇 판을 더 계속할 수 있다고 해도 그러하다. 그러나 실제로 그는 이미 지쳤다! 시간은 이미 끝났다. 시계추가 아직도 몇 번 더 흔들릴 수 있다고 해도 그러하다. 그러한 중간시대의 공간 안에서 우리는 살고 있다. "이전 것은 지나갔으니 보라 새 것이 되었도다"(고후 5:17). 부활절 소식은 우리의 원수인 죄와 저주와 죽음이 격퇴되었다는 사실을 우리에게 말해 준다. 그것들은 최종적으로 이제 더 이상 재앙을 야기할 수 없다. 그것들은 아직도 게임이 끝나지 않은 것처럼, 침입이 아직 격퇴되지 않은 것처럼, 그래서 우리가 아직도 그것들을 고려해야만 하는 것처럼 행동한다. 그러나 우리는 그것들을 가장 깊은 근저에서 두려워할 필요가 없다. 부활절 소식을 들은 사람은 더 이상 슬픈 기색을 하고 돌아다닐 수 없으며, 어떤 희망도 없이 유머가 사라진 인간 실존을 이끌고 다닐 수 없다. 이제 유효한 것은 오직 하나 곧 "예수는 승리자이시다"라는 사실이며,[1] 오직 그 하나만이 현실적이고 진지하다. 롯의 아내처럼 그 사실로부터 눈을 돌려 뒤를 돌아보는 진지함은 **그리스도교적** 진지함이 아니다. 저기 뒤편에서 불길이 치솟는다고 해도—정말로 불타오르고 있기는 하다—그러나 우리는 그것을 바라볼 필요가 없다. 오히려 저 다른 것을 바라보아야 한다. 그것은 우리가 저 인간 예수 안에서 발생한 하나님의 영광의 승리를 진지하게 수용하고 그것을 기뻐하도록 초대받고 부르심을 받았다는 사실이다. 그때 우리는 두려움 안에서가 아니라 오히려 마땅히 감사하면서 살아갈 수 있다.

예수 그리스도의 부활은 바로 그러한 승리를 계시하며, 완전하게 통고한다. 우리는 부활을 어떤 정신적 과정으로 곡해해서는 안 된다. 우리는 그곳에 빈 무덤이 있었고 죽음 저편의 한 새로운 생명이 나타났다는 사실을 반드시 들어야 하며, 그것이 설명되도록 해야 한다. "(죽음으로부터 건져 내어진) 바로 이 사람이 내 사랑하는 아들이라. 내가 너를 기뻐하노라"(막 1:11). 요단 강의 세례에서 통고되었던 것이 이제 사건으로 발생하고 계시된다. 이것을 아는 자들에게는 옛 세계의 소멸과 새 세계의 시작이 선포된다. 그 아는 자들은 아직 얼마간 남은 길을 진행하여야 한다. 잠시 후 하나님께서 예수 그리스도 안에서 만물을 그들을 위해 **완성하셨다**는 사실이 **눈에 보이게** 될 것이다.

19

하늘에 오르시어 전능하신 아버지 하나님의 우편에 앉으시다

영원히 유일회적으로 발생한 예수 그리스도의 사역의 목적은 부활의 증인들에게 맡겨진 앎에 의한 교회의 건립이다. 그 증인들은 하나님의 전능성과 예수 그리스도 안에서 작용하고 나타난 하나님의 은혜가 하나이고 동일하다는 것을 알았다. 그러므로 그 사역의 마지막은 동시에 종말의 시간, 곧 교회가 예수 그리스도 안에서의 하나님의 은혜로우신 전능성 그리고 전능하신 하나님의 은혜를 온 세상에 전해야 하는 시간의 시작이다.

사도신경 본문의 진행은 이미 외적으로도 우리가 한 **목적** 곧 예수 그리스도의 사역의 목적에 도달하고 있음을 보여준다. 그 사역이 영원히 유일회적으로 발생하였다는 점에서 그러하다. 그 길에는 아직 미래에 있는 어떤 것, 곧 제2조항 고백의 마지막에 가시화될 다음이 남아 있기는 하다. "거기로부터 그분은 다시 오실 것입니다" 그러나 영원히 유일회적으로 발생한 것은 일련의 '완료형' 안에서 종결된 것으로서 우리 눈앞에 있다. [아버지에게서] 나셨고, 잉태되셨고, 탄생하셨고, 고난받으셨고, 십자가에 못 박히셨고, 죽으셨고, 장사되셨고, 내려가셨고, 부활하셨다. 그런데 이제 갑자기 '현재형'이 온다. "**그분**은 하나님의 우편에 **앉아 계신다**." 이것은 마치 우리가 등반을 하다가 갑자기 그 산의 정상에 도달한 것과도 같다. 이 현재형은 마지막 완료형인 '하늘에 오르셨음'에 의해 보충되는데, 이 완료형은 마찬가지로 그 앞의 '죽은 자 가운데서 부활하셨음'에 의해 보충된다.

"그분은 아버지 하나님의 우편에 앉아 계신다"에 의해 우리는 명백하게도 한 **새로운 시간** 안으로 입장한다. 그것은 우리의 현재 시간이며, 교회의 시간이며, 종말의 시간이다. 그 시간은 예수 그리스도의 사역을 통해 개시開始되고 근거된다. 신약성서에서는 이 사건에 대한 보고가 예수 그리스도의 부활에 대한 보고의 종결을 형성한다. 신약성서 안에는—성탄의 기적과 거의 비슷하게—그리스도의 승천에 대해서 비교적 희미한 노선으로 언급된다. 여러 곳에서 다만 부활만이 언급되며, 그 다음에 [승천의 언급은 없이] 직접 아버지의 우편에 앉아 계심이 언급된다. 또한 복음서 안에서도 승천에 관해서는 비교적 인색하게 언급된다. 이 문제에서 중요한 것은 계시의 시간으로부터 우리의 시간으로의 건너감 곧 전환이다.

승천은 무엇을 뜻하는가? 우리가 앞에서 하늘과 땅에 대해 설명했던 것에 따르면 승천은 어떻든 다음을 뜻한다. 예수께서 이 지상의 공간을 떠나셨다. 이 공간은 우리에게 파악 가능하며, 그분이 우리를 위해 방문하셨던 공간이다. 이 공간은 이제 그것이 우리에게 속하는 것과 같은 방식으로는 더 이상 그분께 속하지 않는다. 이것은 이 공간이 그분께 낯설게 되었다거나 혹은 이 공간이 더 이상 그분의 것이 아니라는 것을 뜻하지는 않는다. 오히려 반대로 그분이 이 공간 **밖에서** 〔공간 전체의〕 **위에** 계시기 때문에, 그분은 이 공간을 가득 채우시며, 이 공간 전체에 현재하신다. 그것은 그분의 계시의 때나 지상의 사역의 시간에 그렇게 하셨던 방법과는 다르다. 승천은 예를 들어 그리스도께서 피조 세계의 저 다른 영역 곧 우리에게 파악되지 않는 영역으로 건너가 버리셨다는 것을 뜻하지 않는다. '아버지의 우편'은 피조 세계 안의 파악될 수 있는 영역으로부터 파악될 수 없는 영역으로의 건너감만 뜻하지 않는다. 예수께서는 인간에게는 철두철미 은폐된 **신적** 공간의 비밀 속으로 멀어지신다. 하늘이 그분의 체류지가 아니다. 그분은 하나님 곁에 계신다. 십자가에 못 박히신 자 그리고 부활하신 자는 하나님이 계신 곳에 계신다. 그분이 **바로 그곳으로** 가신다는 것, 그것이 그분의 (지상과 역사 안에서의) 사역의 목적이었다. 성육신과 십자가 처형은 하나님의 낮아지심에 관계된다. 그러나 예수 그리스도의 부활은 인간의 높여지심에 관계된다. 그리스도께서는 이제 인간성의 담지자擔持者로서 그리고 우리를 대신하는 자로서 하나님이 계신 그곳에 계시며, 하나님으로서 계신다. 우리의 육체, 우리의 인간적 본질이 그분 안에서 하나님께로 고양되었다. 우리가 그분과 함께 그 높은 곳에 있게 되었다! 바로 이것이 그분의 사역의 마지막이다. 우리가 그분과 함께 하나님 곁에 있다!

그곳으로부터 우리는 뒤돌아보고 또 앞으로 내다보아야 한다. 우리가 예수 그리스도의 삶과 사역의 그러한 마지막을 증거하는 신약성서를 바르게 이해한다면, 그 마지막은 두 가지 사실에 의해 특징지어진다.

1. 그 마지막〔승천〕으로부터 한 줄기 빛이 시작되는데, 그분의 사

도들이 그 빛을 보았다. 그분의 부활의 증인들에게는 최종적으로 한 가지 **앎**Erkenntnis이 **맡겨졌다**. 마태복음에 다음과 같은 그리스도의 말씀이 있다. "하늘과 땅의 모든 권세를 내게 주셨으니"(마 28:18). 이 말씀을 전능하신 아버지 하나님의 우편에 앉아 계심의 말씀과 연결하는 것은 의미 깊고 또 필연적이다. 전권〔전능〕Allmacht의 개념이 여기서 양쪽에 공통으로 등장한다. 에베소서 4:10도 동일한 앎을 표현한다. 그분은 "모든 하늘 위에 오르신 자니 이는 만물을 충만하게 하려 하심이라." 그분은 자신의 뜻과 말씀으로 만물을 충만하게 하신다. 그분은 이제 높은 곳에 계시며, 이제 주님이시며, 그분 자신을 그렇게 계시하신다. 여기서 우리는 앞에서 이미 첫째 조항의 해석에서 취급하였던 문제들의 자리에 도착한다. 우리가 만물을 다스리시는 전능하신 하나님에 관해 바르게 말하려고 한다면, 우리는 하나님의 전능성과 관련하여 (어떤 경우에도 그리고 어떤 의미에서도) 둘째 조항이 말하는 현실이 아닌 다른 어떤 것을 이해해서는 안 된다. 사도들의 앎, 곧 그들이 예수 그리스도의 부활에 근거하여 얻게 되었고 그리스도의 승천에서 종결되었던 앎은 다음과 같은 근본적 앎이다. 한편으로 예수 그리스도 안에서 발생한 화해는 어떤 부차적 역사가 아니며, 오히려 (그러한 하나님의 은혜의 사역 안에서) 우리는 **전능하신 하나님**의 사역과 관계되며, 그러므로 그 〔전능의〕 사역 안에서는 최후의 것 그리고 최고의 것이 등장하였으며, 그 사역의 뒤편에는 어떤 현실성도 존재하지 않는다. 사도신경의 제2조항, 제3조항이 말하는 이 사건을 넘어서는 어떤 것은 없다. 그리스도는 **모든** 권세를 가진 분이며, 우리는 믿을 때 그분과 관계하게 된다. 그리고 거꾸로 하나님의 전능성은 철두철미 예수 그리스도의 화해의 은혜 안에서 계시되고 확증된다. 하나님의 은혜와 하나님의 전능성은 동일하다. 우리는 하나를 다른 하나 없이 이해할 수 없다. 우리는 여기서 다시 한 번 성육신의 비밀의 계시와 관계하게 된다. **바로 그** 인간은 하나님의 아들이시며, **하나님의 아들**은 바로 그 인간이다. 예수 그리스도께서는 (우리에 대하여 그리고 최종적 현실성 안에서) 바로 그 장소와 바로 그 기능을 가지신다. 그분은 하나님과의 관계 안에서 하나님의 권능을 철두철미 위탁받으신 분으로서 왕이 자신의 권력 전체를 맡긴 어떤 통치자 혹은 수상과 같다. 예수 그리스도께서는 하나님과 같이 말씀하고 행동하시는데, 거꾸로 우리가 하나님의 말씀하심과 행하심을 인식하려고 한다면, 우리는 다만 그 한 사람을 바라보기만 하면 된다. 예수 그리스도 안에서의 하나님과 인간의 일치, 이것이 앎이며, 앎의 계시이다. 그 앎과 함께 영원히 유일회적으로 발생한 예수 그리스도의 사역은 종결되었다.

2. "그분은 아버지 하나님의 우편에 앉아 계신다"의 진술과 함께 우리는 정상에 도달하였고, 완료형들은 우리 뒤편에 있으며, 우리는 현재형의 영역으로 들어간다. [하나님의 영원한 시간에 대한] 그 진술은 우리의 [유한한] 시간에 대해서도 말해져야 한다. 그 진술은 시간 안에 있는 우리의 존재에 해당하는 최초 그리고 최후의 것이다. 이제 우리의 존재 근저에 예수 그리스도의 존재가 있다. 그분이 하나님 우편에 앉아 계시기 때문이다. 우리의 공간 안에서의 상승과 하강에서 무슨 일이 일어나든지, 그곳에서 무엇이 생성되고 소멸되든지 관계없이, 그곳에는 한 가지 변치 않는 상수 곧 지속적으로 계속되는 것이 있다. 그것은 그분이 아버지 하나님의 우편에 앉아 계신다는 사실이다. 이러한 중요한 중심 문제에 접근하는 어떤 역사적 전환이란 없다. 바로 그곳에 우리가 세계사, 교회사, 문화사라 부르는 것의 비밀이 있으며, 그

곳에 만물의 근저에 놓이는 것이 있다. 그것은 우선 대단히 단순히 마태복음의 끝에서 소위 **선교 명령**과 함께 언급되는 것을 가리킨다! "너희는 가서 모든 민족을 제자로 삼아……세례를 베풀고 내가 너희에게 분부한 모든 것을 가르쳐 지키게 하라!"(마 28:19-20) 그러므로 "하나님의 전능성이 하나님의 은혜다"라는 앎은 어떤 한가로운 앎이 아니다. 계시의 시간의 종결은 막이 내리고 관객들이 집으로 돌아가는 어떤 연극의 끝이 아니며, 오히려 그 시간은 부르심의 외침 곧 명령과 함께 끝난다. **구원**의 사건이 이제는 **세계** 사건의 한 부분이 된다. 사도들이 보았던 것에 다음 사실이 상응한다. 그것은 이제 땅 위에도 저 하늘의 장소에 상응하는 땅의 장소가 인간적 역사 그리고 제자들의 행위로서 존재한다는 사실이다. 그것은 그분의 **부활의 증인들**의 존재와 행위를 뜻한다. 예수께서 아버지께로 가심에 의해 땅에는 〔교회의〕 건립이 발생한다. 그분의 작별은 종말일 뿐만 아니라, 시작을 뜻한다. 물론 과거 그분의 오심의 계속을 뜻하지는 않는다. 우리는 말하자면 예수 그리스도의 사역이 그리스도인들의 삶과 교회의 실존 안에서 단순히 계속된다고 말해서는 안 된다. 성도들의 삶이 땅 위에서의 예수 그리스도의 계시의 연장인 것은 아니다. 그것은 "다 이루었다"에 모순된다. 예수 그리스도 안에서 발생한 것은 어떤 계속도 필요로 하지 않는다. 저 영원히 유일회적으로 발생한 사건은 이제 땅에서 발생하는 것 안에서 한 상응을, 한 반영을 갖는데, 이것은 물론 반복이 아니며, 오히려 비유다. 그리고 그리스도에 대한 믿음 안에서 그리스도교적 삶이라고 말하는 모든 것 곧 **공동체**라 부르는 것은 몸의 머리이신 예수 그리스도의 존재의 비유이며 그림자다. 그리스도께서 아버지께로 가심에 의해 그리고 사도들에게 자신을 알게 하심에 의해, **자신의 교회**의 근거를 놓으신다. 이 앎 그 자체는 다음의 외침을 뜻한다. "가서 모든 피조물에게 복음을 선포하라!"(막 16:15) 그리스도는 주님이시다! 바로 이것이 모든 피조물, 모든 민족이 마땅히 알아야 하는 것이다. 그렇기 때문에 그리스도의 사역의 종결은 사도들에게 주어진 어떤 한가로운 삶의 기회가 아니라, 오히려 그들의 세상 안으로의 파송이다. 이곳에는 어떤 쉼도 없으며, 오히려 이곳에는 서두름과 달려감만이 있으며, 이곳에는 **선교**가 시작된다. 선교는 교회가 세상을 위해 세상 안으로 파송되는 것이다.

이제 막 시작되는 이 시간 곧 **교회의** 시간은 동시에 **종말의 시간**이며, 마지막 때다. 이 시간 안에서 피조적 세계의 실존 혹은 그 실존의 의미가 목적에 도달한다. 우리가 그리스도의 십자가와 부활을 말했을 때, 우리는 전투에서 이미 승리가 확정되었으며, 시계의 시간이 이미 경과하였다고 들었다. 그러나 하나님께서는 아직도 **인내**하시며, 아직도 기다리신다. 하나님께서 자신의 인내의 시간을 위해 교회를 세상 안으로 투입하셨다. 세상이 복음의 소식에 의해 가득 채워지는 것, 세상이 그러한 제공을 받고 그 소식을 듣는 것, 그것이 이 마지막 때의 의미다. 우리는 그리스도의 승천과 함께 시작된 이 시간을 **말씀의 시간**이라고, 혹은 아마도 〔교회가〕 홀로 있게 된Verlassenheit 시간 혹은 어떤 관점에서는 지상에서의 교회의 고독의 시간이라고 부를 수도 있을 것이다. 이 시간은 교회가 철두철미 오직 믿음 안에서 그리고 오직 성령을 통하여 그리스도와 결합되는 시간이며, 그분의 과거 한때의 지상에서의 현존재와 그분의 영광의 재림 사이의 중간시대이며, 세상에 대한 교회의 크나큰 과제가 주어진 기회의 시간이며, 선교의 시간이다. 그것은 우리가 이미 말했던 것처럼 하나님의 인내의 시간이며, 하나님께서 교회를 그리고 교회와 함께 세상을 기다리시는 시간이다. 왜냐하면 예수 그리스도 안에서 종결되면서 발생한 것 곧 시간의 충만은 명백하게도 인간의 참여 없이 종결되고자 하지 않으며, 인간의 입에 의한 하나님 찬양, 말씀을 들어야 하는 인간의 귀, 그들이 복음의 전달자가 되도록 하는 발과 손 등이 없이는 종결되고자 하지 않는다. 하나님과 인간이 예수 그리스도 안에서 하나가 되었다는 사실은 땅 위에 그분의 증인이 될 수 있는 하나님의 사람들이 존재한다는 사실에서 우선적으로 볼 수 있게 된다. 교회의 시간, 종말의 시간, 마지막 때. 이 시간들을 중요하고 위대하게 만드는 것은 그 시간이 최종적이라는 사실이 아니라, 오히려 그 시간이 들음과 믿음과 회개를 행하고 그리고 그 소식을 선포하고 이해할 수 있는 공간을 허락한다는 사실이다. 그 시간은 예수께서 "볼지어다, 내가 문 밖에 서서 두드리노니"(계 3:20)라고 말씀하시는 시간이다. 그분은 가장 가까운 직접성 안에 계시며, 그분은 들어오려고 하시며, 우리는 안에 있지만 이미 그분의 소리를 들을 수 있으며, 그분이 들어오시는 것을 현재화할 수 있다. 이러한 중간시대 곧 마지막 때 안으로, 이러한 기다림과 하나님의 인내의 시간 안으로 하나님 섭리의 저 이중적 질서 곧 교회와 국가의 관계가 주어진다. 양자는 서로 대립하지만 그러나 또한 연결되기도 하는 내적 그리고 외적 영역의 질서를 갖는다. 그 질서는 최종적인 것도 아니고 최종적 말씀도 아니다. 바르게 이해된다면, 그 질서는 하나님의 은혜에 상응하여 목적을 향해 나아가는 선한 질서이다. 예수 그리스도의 승천은 바로 그러한 **우리의** 시간의 시작이다.

20

심판자 예수 그리스도의 미래

교회의 기억은 또한 교회의 기대이다. 그리고 세상을 향한 교회의 소식 전함은 또한 교회의 희망이다. 왜냐하면 바로 예수 그리스도께서는(그분의 말씀과 사역으로부터 교회는 알면서 유래하고 세상은 아직 알지 못하면서 유래한다) 종말을 향해 가는 시간의 목적으로서 교회와 세상에 마주 나아오시는 분이며, 그분 안에서 발생한 결정을 궁극적으로 그리고 모든 사람을 위해 볼 수 있게 만드시는 분이기 때문이다. 그 결정은 [궁극적] 척도가 되는 하나님의 은혜와 하나님 나라다. 인간성 전체와 모든 개별적 인간 존재는 그 척도에 비추어 측정된다.

"거기로부터 그분은 살아 있는 자와 죽은 자를 심판하러 오십니다!" 많은 완료형들 그리고 하나뿐인 현재형 뒤에 이제 미래형이 뒤따라온다. 그분은 **오실 것**이다. 우리는 제2조항 전체를 다음 세 부분으로 요약할 수 있다. **오셨던** 분, 아버지 우편에 **앉아 계시는** 분, 그리고 **오실** 분.

먼저 **그리스도교적 시간 개념**을 함께 생각해 보도록 하자. 다음이 오인되어서는 안 된다. 여기서 진정하고 본래적인 의미에서 참된 시간이라고 말할 수 있는 것이 등장하며, 그 위에 대단히 독특한 빛이 비치고 있다. 그것은 하나님의 시간 곧 영원의 빛 안에 있는 시간이다.

예수 그리스도께서 **오셨다**는 것, 곧 저 완료형은 우리가 **과거**라 부르는 것에 상응한다. 그러나 그 사건에 대하여 과거였다고 말하는 것은 얼마나 부적절한 일인가! 예수 그리스도께서 고난을 겪고 또 행하셨던 것은 과거로 사라지지 않았다. 오히려 사라진 것은 옛것 곧 인간 세상, 불순종과 무질서의 세상, 비참과 죄와 죽음의 세상이다. 죄는 도말되었고 죽음은 극복되었다. 죄와 죽음은 다만 과거에 있었을 뿐이고, 세계사世界史도 또한 그리스도 이후에 계속 진행되어 온 것까지도 다만 과거일 뿐이다. 그 모든 것은 그리스도 안에서 소멸되었으며, 우리는 그 모든 것을 다만 뒤를 바라보며 생각할 수 있을 뿐이다.

예수 그리스도께서는 고난받으시고 죽음으로부터 부활하신 분으로서 이제 아버지 곁에 **앉아 계신다**. 이것은 **현재**다. 그분은 하나님께서 현재하시는 방식으로 현재하시기 때문에, 다음과 같이 말할 수 있다. 과거에 계셨던 분으로서 그분은 다시 오실 것이다. 오늘 그분은 어제 그러하셨던 분이시며, 또한 내일도 **동일하신 분**이실 것이다. 예수 그리스도는 어제나 오늘이나 영원토록 동일하신 분이시다! 예수 그리스도께서 과거에 계셨던 분으로서 현재에도 계시기 때문에, 그분은 명백하게도 우리가 알고 있는 시간과는 전혀 다른 어떤 새로운 시간의 시작이다. 그 새로운 시간 안에는 어떤 과거도 없다. 그것은 **참된** 시간이며, 자신 안에 어제와 오늘과 내일을 갖는다. 예수 그리스도의 어제는 또한 그분의 오늘이고 또 그분의 내일이다. 어떤 무시간성, 어떤 공허한 영원성이 그분의 시간의 자리에 등장하는 것이 아니다. 그분의 시간은 끝나지 않으며, 오히려 그분의 시간은 어제로부터 오늘 안으로, 내일 안으로 계속되는 운동 중에 있다. 그분의 시간은 우리의 현재와 같이 저 무서운 흘러감의 성격을 갖지 않는다. 예수 그리스도께서 아버지의 우편에 앉아 계실 때, 아버지 곁의 그분의 존재 곧 우리 인간에 대한 신적 은혜와 권능의 소유자 그리고 대변자로서의 그분의 존재는, 우리가 어리석게도 '영원' 아래서 상상하곤 하는 어떤 '시간 없는 존재'와는 아무런 관계가 없다. 아버지 우편에서의 예수 그리스도의 그러한 존재가 **참된 현실적 존재**이고, 그 자체로 다른 모든 존재의 척도가 될 때, 그것은 또한 **시간** 안에 있는 존재이다. 물론 그 시간은 우리가 알고 있는 것과는 굉장히 다른 시간이다. 아버지의 우편에 계신 예수 그리스도의 주권과 통치가 우리가 눈으로 보는 세계사와 생명의 역사의 의미라고 한다면, 그때 예수 그리스도의 그 존재는 무시간적 존재가 아니며, 또한 영원도 시간이 없는 [어떤 추상적] 영원성이 아니다. 무시간은 죽음이며, '무'다. 우리가 하나님 없이, 그리스도 없이 존재할 때, 그때 우리 인간은 무시간적이 된다. 그때 우리는 시간을 갖지 못한다. 그분은 그러한 무시간성을 극복하셨다. 그리스도는 시간을 가지시며, 시간의 충만을 소유하신다. 그분은 오셨던 분으로서 곧 행동하셨고 고난받으셨고 죽음 안에서 승리하셨던 분으로서 아버지의 우편에 앉아 계신다. 그분이 아버지의 우편에 앉아 계신 것은 이 역사 밖의 행위Extrakt인 것만이 아니라, 또한 이 역사 **안**의 영원성이다.

그리스도의 그러한 영원한 존재에 이제 또한 **생성** 중에 있는 그분의 존재가 상응한다. 과거에 있었던 그것이 지금 오며, 발생했던 것이 앞으로 발생할 것이다. 그분은 알파와 오메가이시며, 참된 시간 곧 하나님 시간의 중심이시다. 그것은 허무한, 소멸하는 시간이 아니다. 우리가 아는 현재는 매 순간 '지금'에, '더 이상 아니'로부터 '아직 아니'로 뛰어드는 것일 뿐이다! 음부의 그림자 안에서의 그러한 깜박임Flattern이 현재일 수 있는가? 예수 그리스도의 삶 안에서 우리는 다른 현재를 만난다. 그 삶의 고유한 과거는 여전히 현재하며, 그래서 무시간성 안으로, 허무로 인도되지 않는다. 예수 그리스도께서 **다시 오신다**고 말할 때, 그 다시 오심은 무한대 안에 놓인 어떤 목적이 아니다. '무한대'라는 것은 신뢰되기 어려운 개념이며, 어떤 신적 서술어가 아니며, 오히려 타락한 피조 세계에 속한 서술어다. 그와 같이 끝이 없다는 어떤 종말은 끔찍할 뿐이다. 그것은 인간적 타락성의 한 모사Abbild이다. 인간은 그런 처지에 있다. 그는 목적도 없고 끝도 없는 상태로 추락한다. 이러한 무한대의 어떤 이상理想은 하나님과 아무 관계가 없다. 오히려 그러한 시간에게 한 **경계선**이 정해졌다. 예수 그리스도께서는 참된 현실적 시간이시며, 그 시간을 불러내신다. 하나님의 시간은 시작을 갖고 중심을 갖는 것처럼 또한 목적도 갖는다. 인간은 모든 측면에서 둘러싸이고 붙들린다. 그것이 삶이다. 인간 실존은 제2조항 곧 과거와 현재와 미래를 가지시는 예수 그리스도 안에서 바로 그렇게 보인다.

그리스도교적 공동체가 그리스도 안의 발생 사건과 그분의 첫 번째 오심 곧 그분의 삶과 죽음과 부활을 뒤돌아볼 때, 공동체가 그 **기억** 안에서 살아갈 때, 그때 그것은 단순한 기억, 곧 우리가 사실사Historie라고 부르는 것이 아니다. 영원히 유일회적으로 발생한 그 사건은 신적 **현재**의 능력을 갖고 있다. 과거에 발생했던 그 사건은 오늘도 발생하며, 또한 미래에도 발생할 것이다. 그리스도교적 공동체가 예수 그리스도에 대한 신앙고백과 함께 유래했던 그 장소는 그 공동체가 마주 보며 나아가고 있는 장소와 동일하다. 공동체의 기억은 또한 공동체의 기대다. 그리스도교적 공동체가 세상에 가까이 접근할 때, 그때 공동체의 소식은 첫눈에 보기에는 언제나 역사적 설명의 특성을 띠며, 로마 황제 아우구스투스 때 태어나신 후 본디오 빌라도에게 고난을 받으신 나사렛 예수에 관하여 말하게 된다. 그러나 세상을 향한 그리스도교적 소식이 그러한 사건 안에 갇히게 된다면 화가 있을 것이다! 그렇게 된다면 그 설명의 내용과 대상은 불가피하게 과거 한때 살았을 뿐인 한 인간 혹은 어떤 전설적 형태가 될 것이다. 많은 민족들도 많은 인간들 중 종교 창시자인 그러한 대상을 비슷한 방식으로 뒤돌아본다. 그렇게 된다면 세상은 진실로 과거에도 있었고 현재도 있는 다음의 기쁜 소식에 대해 얼마나 혼동하게 되겠는가! "그리스도께서 나타나셨으며, 우리의 죄를 사하셨으니, 오 기뻐하라 너 그리스도교여!"[1] "그리스도께서 나타나셨다"는 완료형은 또한 세상에 대해서도 실제적으로 선포되어야 한다. 그것이 바로 세상이 마땅히 희망해야 하는 것이며, 세계사가 마주 향해 나아가고 있는 목적이다.

마찬가지로 그리스도교적 믿음을 **기대**와 희망으로 이해하는 것도 가능하다. 그러나 그 기대는 공허하고 일반적인 성격을 갖는데 그칠 수 있다. 사람들은 '이 세상'에서 더 나은 시대들, 더 나은 상태들을 희망하며, 혹은 소위 '저 세상' 안에서의 어떤 다른 삶의 형태를 희망하기도 한다. 그래서 그리스도교적 희망은 너무도 쉽게 깨져서 어떤 꿈속 영광의 무규정적 기대 안으로 흐르기도 한다. 사람들은 그리스도교적 기대의 본래적 내용과 대상을 흔히 잊는다. 그것은 그때에 오실 그분이 바로 그곳에 오셨던 분이라는 사실이다. 우리는 우리가 유래한 그분을 향해 나아간다. 다음이 교회의 (세계에 대한) 관계 안에서 소식 전달의 실체가 되어야 한다. 교회가 사람들에게 용기와 희망을 줄 때, 교회는 허공을 가리키지 않으며, 오히려 **이미 발생**한 것을 바라보면서 용기와 희망을 만들어 낸다. "다 이루었다!"(요 19:30)는 완전하게 유효하다. 그리스도교적 완료형은 어떤 과거형이 아니며, 오히려 올바로 이해된 완료형은 미래형의 능력을 갖는다. "나의 앞날이 주의 손에 있사옵니다"(시 31:15). 그와 같이 우리는 그러한 〔미래형의 능력의〕 음식을 먹고 40주 40야를 달려 호렙이라 불리는 하나님의 산에 도착했던 엘리야와 같이 방랑한다. 아직도 방랑이며, 아직 목표에 도달한 것은 아니지만, 그러나 목표로부터 유래하는 방랑이다! 우리 그리스도인들은 비그리스도인들에게 바로 그렇게 말해야 할 것이다. 우리는 그들 사이에 슬픔에 잠긴 올빼미처럼 앉아서는 안 되며, 오히려 모든 확신들을 능가하는 우리의 목적에 대한 확신 안에 있어야 한다. 그러나 우리는 얼마나 자주 세상의 자녀들 곁에서 수치를 당하는가? 우리의 소식이 그들에게 충분하지 않다고 한다면, 우리는 어떻게 그들을 이해시킬 수 있을 것인가? "우리의 앞날이 주의 손에 있사옵니다"를 아는 사람은 우리를 자주 수치스럽게 만드는 어떤 특정한 희망 안에서 자기 길을 가는 세상 사람들을 오만하게 바라보지 않는다. 오히려 그 사람은 세상 사람들이 자신을 이해하는 것보다 그들을 더 잘 이해한다. 그 사람은 세상 사람들의 희망을 일종의 표징과 비유로 본다. 그것은 세상이 버림받지 않았으며, 오히려 시작과 목적을 가지고 있다는 사실의 표징과 비유다. 우리 그리스도인들은 그러한 세속적 사고와 희망 안에 올바른 알파와 오메가를 심어야 한다. 그것은 오직 우리가 세상이 신뢰하는 것보다 **더 크게 신뢰**할 수 있는 것을 제시할 때만 가능할 것이다.

상황은 이러하다. 세상과 교회는 모두 예수 그리스도로부터 **유래**

하는데, 세상은 **모르면서**, 교회는 **알면서** 유래한다. 객관적 사실은 예수 그리스도께서 오셨고, 자신의 말씀을 전하셨으며, 자신의 사역을 행하셨다는 것이다. 그것은 우리 인간들이 그 사실을 믿든지 믿지 않든지 관계없이 사실이다. 그것은 모든 사람에게, 그리스도인들 그리고 비그리스도인들에게 해당한다. 그리스도께서 오셨다는 것, 그 사실로부터 우리는 유래하며, 그 사실에 의해 우리는 세상을 바라보아야 한다. 세상이 '세상적'이라는 것은 자명하다. 그러나 세상이란 그것의 한가운데서 예수 그리스도께서 십자가에 못 박히고 부활하신 그런 세상이다. 교회는 그 중심으로부터 유래하지만, 그러나 세상과 다르지 않게 현존한다. 그러나 교회는 사람들이 그 사실을 **아는** 장소이다. 바로 그것이 교회와 세상 사이의 거대한 차이다. 우리 그리스도인들은 그것을 마땅히 알아야 하며, 우리는 열린 눈으로 저 동터 오는 빛을 바라보아야 한다. 그것은 재림Parusie의 빛이다. 그것이 특별한 은혜이며, 우리는 그 은혜에 대해 매일 아침 기뻐해야 한다. 진실로 인간은 그 은혜를 수용할 자격이 없다. 그리스도인들은 세상의 자녀들보다 더 낫지 않다. 그러나 그리스도인들에게 문제가 되는 것은 그들의 앎을 알지 못하는 다른 사람들에게 어떤 것을 제시해야 한다는 것이다. 그리스도인들은 자신들에게 주어진 작은 빛을 밝혀야 한다.

교회와 세계는 모두 자신들이 유래한 근원인 그분을 **자신의 앞에** 두고 있다. 양쪽에 대한 기적은 다음 사실이다. 그 희망의 목적이 어떤 다른 곳에 있어서 우리가 노력하여 그곳에 이르는 길을 닦아야 하는 것이 아니라, 오히려 그 목적은 "그분이 오실 것이다!"*venturus est!*라는 신앙고백 안에 있다. 우리가 가야 하는 것이 아니다. 그분이 오신다. 우리의 달려감과 방랑에 의해 도대체 우리는 어디에 도달하려고 하고 또 도달할 수 있겠는가? 전쟁과 휴전들과 함께 온갖 것을 추구하는 세계사世界史 그리고 환상과 비현실적인 것들에 몰두하는 문화사文化史가 길인가? 우리는 웃지 않을 수 없다. 만일 그분이, 행동하는 자이신 그분이 오신다면, 우리가 '진보'를 위해 그렇게도 조바심을 내며 염려하는 모든 것이 전혀 다른 빛 안으로 옮겨진다. 교회 그리고 세상의 끔찍한 어리석음과 허약함이 그분에 의해 조명된다. "그리스도가 탄생하였다." 다시 한 번 대강절待降節이다. 그리스도의 재림은 과거 그곳에 계셨던 분의 다시 오심이다. 그와 함께 이방인들의 어리석음과 교회의 허약함은 변명할 수 없게 되며, 그들은 부활의 빛 안으로 들어선다. "세상은 사라졌고, 그리스도께서 탄생하셨다." 그리스도께서는 〔이방인은 빼고〕 다만 우리만 변호하지 않으신다. 〔오히려 이방인들과 함께〕 또한 우리도 변호해 주실 것이다. 그와 같이 인간적 그리스도교적 실존은 그들의 시초 그리고 그들의 종말에 의해 유지된다. 그리스도께서는 우리의 형제라고 불러지기를 부끄러워하지 않으셨고, 부끄러워하지 않으실 것이다.

"거기로부터 그분은 오실 것입니다." 이 '거기로부터' 안에는 우선 다음이 놓여 있다. 그분은 은폐성을 뚫고 밖으로 나오실 것이다. 아직 그분은 우리를 위해 은폐성 안에 계시며, 교회에 의해 다만 선포되고 믿어지며, 다만 그분의 말씀 안에서 우리에게 현재하신다. 그러나 그분은 은폐성 밖으로 나오실 것이다. 신약성서는 그러한 미래적 오심에 대하여 다음과 같이 말한다. "그분은 하늘 구름을 타시고 크나큰 능력과 영광으로 오실 것이다"(마 24:30, 막 13:26, 눅 21:27). 그리고 "번개가 동편에서 나서 서편까지 번쩍임 같이 인자의 임함도 그러하리라"(마 24:27). 이것들은 상상의 상이지만, 그러나 최후의 현실에 대한 상이며, 어떻든 다음을 예고한다. 그 사건은 더 이상 은폐성 안에서가 아니라, 철두철미 공개되면서 발생할 것이다. 그것이 현실이라는 것에 대해 그 누구도 혼동할 수 없을 것이다. **그와 같이** 그분은 오실 것이다. 그분은 하늘을 찢고 나오실 것이며, 아버지의 우편에 앉아 계신 것과 똑같은 존재로서 우리 앞에 서실 것이다. 그분은 하나님의 전능성을 소유하고 행사하면서 오신다. 그분은 우리의 실존 전체를 손에 쥐신[beschlossen] 분으로서 오신다. 우리는 그분을 기다린다. 우리가 지금 이미 알고 있는 그분이 오셔서 자신을 공개하실 것이다. 그 모든 것은 이미 발생하였다. 남은 것은 오직 덮개가 벗겨지는 일이며, 그래서 모든 사람이 그것을 눈으로 볼 수 있게 되는 일이다. 그분이 그 모든 것을 이미 완성하셨으며, 그분이 그것을 공개할 수 있는 권능을 갖고 계신다. 그분의 손안에 놓인 것은 참된 시간이며, 인간이 결코 갖지 못하는 저 끝없는 시간이 아니다. 지금 이미 그러한 충만이 현존한다. 우리의 생명은 충만하게 되었으며, 그것이 공개될 것이다. 미래에 우리는 우리의 실존과 이 악한 세계사와 더욱 악한 교회사 안의 모든 것이 올바르고 선하였다는 사실을—이것은 기적 중의 기적이다!—보게 될 것이다. 그것이 우리의 미래다. 지금 우리는 그것을 보지 못한다. 교회사 교수 호이시[Heussi]의 책 안에 있는 것이 선한 것이 아니며, 신문에 나온 것이 선한 것이 아니다.[2] 그러나 미래의 어느 때에는 그리스도께서 중심에 계셨기 때문에 그것이 올바른 것이었다는 사실이 드러나게 될 것이다. 그분은 아버지의 우편에 앉아 계시면서 통치하신다. 이 사실이 밝게 드러날 것이며, 모든 눈물이 씻어질 것이다. 이것은 우리가 마주 향해 나아가고 있는 기적이며, 예수 그리스도 안에서 과거에 존재했던 그대로 드러나게 될 기적이다. 동에서 서로 번쩍이는 번개와 같이 그분이 자신의 영광 안에서 오실 때, 그렇게 될 것이다.

"살아 있는 자와 죽은 자를 심판하러!" 이것을 바르게 이해하려면, 우리는 세계 심판의 여러 그림들을 미리 앞서서 (그것이 아무리 훌륭하다고 해도) 단번에 거부해야 하며, 그 말이 서술하는 것을 피상적으로 생각하지 않도록 노력해야 한다. 바티칸 시스티나 성당 제단의 미켈란젤로와 같은 위대한 화가들이 세계 심판에 대해 그렸던 비전들 안에서 그리스도는 굳게 쥔 주먹과 함께mit geballter Faust 등장하여 오른편에 속한 자들을 왼편에 속한 자들로부터 나누시며, 그러는 동안 그분의 시선은 왼편에 고정되어 있다. 그러한 화가들 중 일부는 왼편의 저주받은 자들이 어떻게 지옥의 연못 속으로 가라앉는지를 기쁨의 욕망을 가지고 상상하였다. 그러나 결정적으로 중요한 것은 그것이 아니다. 『하이델베르크 교리문답』 질문 52는 이렇게 묻고 답한다. "산 자와 죽은 자를 심판하러 오시는 그리스도의 재림은 당신에게 어떤 위로를 줍니까?" "나는 모든 비탄과 박해들에도 불구하고 머리를 곧게 세우고 저 하늘로부터 오실 심판자를 기다립니다. 그분은 하나님의 심판 앞에서 나를 위하여 자신을 버리셨으며, 내게서 모든 저주를 제거하셨습니다." 여기서는 어떤 다른 음색이 울린다. 산 자와 죽은 자를 심판하실 예수 그리스도의 재림은 기쁨의 소식이다. 당연히 그리고 마땅히 '머리를 곧게 세우고' 그리스도인과 교회는 그 미래를 바라보아야 한다. 왜냐하면 그때 오시는 분은 이전에 하나님의 심판 안에서 자기를 버리셨던 바로 그분이기 때문이다. **바로 그분**을 우리는 기다리고 있다. 미켈란젤로와 다른 화가들이 바로 그 사실을 듣고 볼 수 있었다면 너무도 좋았을 것이다!

심판을 위한 예수 그리스도의 재림, 그분의 궁극적이고 일반적인 가시화는 신약성서 안에서 **유일무이한** 계시라고 전해진다. 공동체에게만이 아니라, 모든 인간에게 그분은 그분의 존재 그대로 계시되실 것이다. 그분이 그때에 가서야 비로소 심판자가 되시는 것은 아니다. 그분은 이미 심판자이시다. 그때에 가서 비로소 문제가 되는 것은 우리의 '예'와 '아니오'도 아니며, 우리의 신앙과 불신앙도 아니라는 것이 볼 수 있게 드러날 것이다. "다 이루었다"가 완전한 명료성과 개방성 안에서 밝게 드러날 것이다. 교회는 그것을 기다리며, 또한 세상도 비록 알지는 못하지만 그것을 기다리고 있다. 우리 모두는 그렇게 공개될 것을 향해 나아가고 있다. 아직은 하나님의 은혜와 의가 인간성 전체와 각각의 인간을 측정하는 척도가 아닌 것처럼 보인다. 그것이 실제로 그러한가에 대해 사람들은 아직은 의심하고 염려한다. 아직은 소위 경건한 자들과 하나님 없는 자들의 행위의 자기칭의와 허영심의 공간이 남아 있다. 아직은 모든 것이 그렇지 않은 것처럼 보인다. 공동체는 그리스도 그리고 그분 안에서 내려진 결정을 선포한다. 그러나 공동체도 또한 아직은 종말을 향해 가는 이 시간 안에 살고 있으며, 그래서 큰 허약함의 많은 특성들을 지니고 있다. 미래는 무엇을 가져다 줄 것인가? 그것은 역사의 어떤 전환이 아니라, 오히려 이미 **존재**하는 것의 계시가 될 것이다. 그것은 미래지만, 그러나 교회가 이미 **기억**하고 있는 것의 미래다. 그것은 영원히 유일회적으로 이미 발생한 것이다. 알파와 오메가는 동일하다. 괴테는 예수 그리스도의 재림을 올바르게 표현하였다. "동쪽도 하나님의 것, 서쪽도 하나님의 것, 북쪽과 남쪽의 땅들도 그분의 손안에서 평화롭게 쉬고 있다."[3]

심판자는 성서적 사고의 세계 안에서 우선적으로 위협하고 타자를 징벌하는 자가 아니며, 오히려 질서를 창조하고 파괴된 것을 바로 세우는 사람이다. 우리는 그러한 심판자를, 그러한 재건을 혹은 재건의 계시를 무조건적으로 신뢰하면서 나아가야 한다, 왜냐하면 **그분**이 심판자이기 때문이다. 무조건적으로 신뢰해야 하는 것은 우리가 이미 그분의 계시로부터 유래하기 때문이다. 현재는 너무도 작고 염려스럽게 보이며, 우리를 만족시키지 못한다. 또한 교회와 그리스도교의 현재마저도 그러하다! 그러나 그리스도교는 당연히 그리고 마땅히 자신의 시초를 언제나 또다시 상기해야 하며, 되돌아보며 외침의 소리를 들어야 한다. 그와 동시에 그리스도교는 그리스도의 미래를 향해 나아가야 한다. 그것은 광채와 영광으로 덮인 하나님 자신의 미래이며, 그리스도께서는 어제나 오늘이나 또한 미래에도 동일하실 것이다. 그러나 심판의 사고의 심각성이 단절되어서는 안 된다. 왜냐하면 그때에 하나님의 은혜와 의가 인간성 전체와 모든 각각의 인간을 측정하는 척도임이 계시될 것이기 때문이다. "그분께서 심판하기 위하여 다시 오실 것이다"*Venturus iudicare*. 하나님께서는 현존하고 발생하는 모든 것을 아신다. 그때 사람들은 경악하게 될 것이다. 그 점에서 최후의 심판에 관한 저 화가들의 비전들은 무의미한 것이 아니다. 하나님의 은혜와 하나님의 의로부터 나온 것이 아닌 것은 존속할 수가 없다. 무수히 많은 인간적인, 그러나 또한 그리스도교적인 소위 '큰일들'이 그때에 아마도 극단적 어둠 속으로 추락할 것이다. 그와 같은 하나님의 '아니오'가 있다는 사실이 "심판하기 위하여"*iudicare*라는 표현 안에 있다. 그러나 그 사실을 인정하자마자, 우리는 다음 **진리**로 되돌아가야 한다. 한 사람을 왼쪽에 그리고 다른 사람을 오른쪽에 세우시는 그 **심판자**는 바로 나를 위해 하나님의 심판에 자신을 내어 주신 분이시며, 내게서 모든 저주를 취해 가신 분이시다. 바로 그 심판자는 십자가에서 죽으셨고 부활절에 다시 살아나신 분이시다. 예수 그리스도 안에서의 하나님께 대한 두려움은 다름이 아니라 "그리스도의 재림은 당신에게 어떤 위로를 줍니까?"라는 기쁨과 신뢰 안에 놓인다. 이것이 만인구원설로 인도하는 것은 아니다. 물론 결정과 구분은 있다. 그러나 그것을 행하시는 분은 우리를 대신하여 우리 자리에 서신 분이다. 오늘날 바로 그 심판자의 소식보다 더 날카로운 어떤 구분 그리고 더 긴급한 어떤 외침이 있을 수 있겠는가?

21

성령을 믿습니다

인간들은 자유를 소유하게 되면서 예수 그리스도와 밀접한 관계 안에 있게 된다. 자유 안에서 인간들은 그분의 말씀을 자신에게 전해진 말씀으로, 그분의 사역을 자신을 위해 행하여진 사역으로, 그분에 관한 소식을 또한 다른 모든 사람을 위해 최선의 것을 희망해야 하는 자신의 과제로 인식한다. 이 일은 물론 인간적 경험과 행동에 의해 발생하지만, 그러나 그들의 인간적 가능성과 결단과 노력의 능력 안에서가 아니라, 오히려 오직 하나님의 자유로운 은사에 근거하여 발생한다. 이 은사 안에서 그 모든 것이 인간들을 향해 주어진다. 그와 같은 향함 그리고 은사 안에 계신 하나님이 성령이시다.

사도신경은 이 자리에서 다시 한 번 "나는 믿습니다"를 반복한다. 이것은 다만 문체적인 강조가 아니다. 오히려 우리는 여기서 긴급하게 다음을 주시하게 된다. 그리스도교적 사도신경의 내용은 지금 다시 한 번 새로운 빛 안으로 옮겨지고 있으며, 뒤따라오는 것은 앞선 것에 자명하게 연결되지 않는다. 이것은 쉼표와 같으며, 승천과 오순절 사이의 특징적인 휴지기와도 같다.

셋째 조항의 진술들은 **인간**을 향한다. 첫째 조항이 하나님에 관하여, 둘째 조항이 '신-인'Gottmensch에 관하여 말한다면, 이제 셋째 조항은 인간에 관하여 말한다. 물론 우리는 여기서 세 개의 조항들을 분리시켜서는 안 되며, 오히려 통일성 안에서 이해해야 한다. 셋째 조항은 하나님의 행동에 참여하는, 그것도 능동적으로 참여하는 인간에 관계된다. 인간이 사도신경에 속한다. 바로 이것이 이제 우리가 입장入場해야 할 전대미문의 비밀이다. 인간이 자유롭고 능동적으로 하나님의 사역에 참여한다는 점에서, 인간에 대한 어떤 믿음이 존재한다. 이 일이 사건으로 발생한다는 것, 그것이 성령의 사역 곧 하나님의 땅 위에서의 사역이다. 이 〔땅 위의〕 사역은 아버지 그리고 아들로부터 출현하는 영 안의 사역 곧 하나님의 저 은폐된 사역에 상응한다.

인간이 하나님의 사역 곁에 자유롭고 능동적으로 현존하여 그 사역에 참여한다는 것은 무엇을 뜻하는가? 모든 것이 객관적 측면에 그친다면, 다만 암담할 뿐이다. 그러나 주관적 측면도 있다. 인간의 주관성에 대한 과도한 집중은 17세기 중반에 이미 시작되었고 슐라이어마허에 의해 체계적 질서 안으로 옮겨졌다. 우리는 그러한 그 주관성에 대한 현대 시대의 과도한 집중을 사도신경 셋째 조항의 진리를 타당하게 하려는 발작적인 시도로 이해할 수 있다.

모든 인간이 그리스도에 대하여 갖는 일반적 관계가 있다. 그 관계 안에서 모든 각각의 인간은 그분의 형제다. 그분은 모든 인간을 위해 죽으셨으며, 모든 인간을 위해 다시 살아나셨다. 그러므로 모든 각각의 인간은 예수 그리스도의 사역의 수령자受領者다. 사태가 그러하다는 것이 인류 전체를 위한 약속이다. 바로 그 약속이 우리가 **인간성**Humanität이라 부르는 것에 대한 가장 중요하고 가장 단호한 근거다. 하나님께서 인간이 되셨다는 사실을 한번 깨달은 사람은 더 이상 비인간적으로 말하거나 행동할 수 없다.

그러나 우리가 성령에 관하여 말할 때, 우리는 우선적으로 모든 인간이 아니라, 오히려 특별한 인간들의 예수 그리스도에 대한 **특별하고 밀접한 관계**를 바라보아야 한다. 우리가 성령에 관하여 말할 때, 예수 그리스도와 다음의 특별한 방식으로 밀접한 관계를 가졌던 사람들이 중심적 문제가 된다. 그들은 그분의 말씀과 사역과 소식을 특정한 방식으로 인식하고 그래서 다른 **모든** 사람을 위해 최선의 것을 희망할 수 있는 **자유**를 가졌다.

믿음에 관해 다루었을 때, 우리는 이미 **자유**의 개념을 강조했다. 주님의 영이 있는 곳에는 자유가 있다(고후 3:17). 성령의 비밀을 서술하려고 할 때, 그 개념을 선택하는 것이 최선이다. 성령을 받는다는 것과 성령을 갖는다는 것과 성령 안에서 산다는 것은 **자유롭게** 되었다는 것이며, 자유 안에서 살아갈 수 있다는 것이다. 모든 인간이 자유로운 것은 아니다. 자유란 저절로 이해되지 않으며, 인간 존재의 단순한 술어가 아니다. 모든 인간은 자유로 규정되어 있지만, 그러나 모든 인간이 자유 안에 있는 것은 아니다. 그것을 분리하는 선이 어디서 그어지는가 하는 것은 우리 인간에게는 은폐되어 있다. 영은 자신이 불고자 하는 곳으로 분다. 인간이 성령을 갖는다는 것은 자연적인 상태가 아니며, 오히려 그것은 언제나 영광스러운 일이며, **하나님의 은사**다. 그 문제의 핵심은 전적으로 예수 그리스도에 대한 밀접한 관계다. 성령은 예수 그리스도와 다른 어떤 것 혹은 새로운 것에 관계되지 않는다. 성령을 그렇게 취급하는 것은 언제나 성령에 대한 잘못된 이해였다. 성령은 예수 그리스도의 영이다. "그가 내 것을 취하여 너희에게 줄 것이다"(요 16:15). 성령은 다름이 아니라, **말씀의 인간에 대한 특정한 관계**이다. 오순절 날의 성령의 부어짐은 그리스도로부터 인간으로 향하는—프뉴마는 바람을 뜻한다—어떤 운동에 관계된다. 그리스도께서 인간들에게 숨을 내쉰다. "성령을 받으라!"(요 20:22) 그리스도인들이란 그렇게 그리스도에 의해 숨이 불어넣어진 자들이다. 그러므로 우리는 한 관점에서는 성령에 관하여 아무리 〔이성적으로〕 **냉철하게** 말해도 지나치지 않는다. 그 관점은 인간의 그리스도의 말씀과 사역에의 참여라는 관점이다.

그러나 그 단순한 것은 동시에 최고로 파악하기 어려운 어떤 것이다. 왜냐하면 인간의 그러한 참여는 **능동적** 참여를 뜻하기 때문이다. 우리는 이것이 최종 핵심에서 무엇을 뜻하는지 깊이 숙고해야 한다. 모든 인간에게 해당되는 예수 그리스도의 거대한 희망 안으로 능동적으로 수용된다는 것은 쉽게 이해되는 것이 아니다. 그것은 매일 아침 우리에게 새롭게 제기되는 질문에 대답해야 하는 것과 같다. 그것은 그리스도교적 교회가 전하는 소식이며, 내가 그 소식을 들을 때, 그것은 나의 고유한 과제가 된다. 한 그리스도인인 나에게 그 소식이 전해질 때, 나는 그 소식의 전달자가 된다. 그때 나는 나의 입장에서 인간들 곧 모든 인간을 이전과는 전혀 다르게 바라보아야 하는 상황에 처하게 된다. 이제 내게는 모든 인간들을 위해 최선의 것을 희망하는 것 외에 다른 가능성은 없다.

그리스도의 말씀에 대한 **내면의 귀**를 갖는 것, 그분의 사역에 대해 **감사하는** 것, 동시에 그분의 소식에 대해 **책임**을 지는 것, 마지막으로 그리스도 때문에 인간들을 **신뢰**하게 되는 것, 이것이 그리스도께서 우리에게 숨을 내쉴 때, 그분이 우리에게 그분의 거룩한 영을 보내실 때, 우리가 획득하는 자유다. 그분이 더 이상 역사적 혹은 천상적으로, 신학적 혹은 교회적으로 내게서 멀리 떨어진 곳에 계시지 않을 때, 그분이 내게 가까이 오시고 나를 소유로 삼으실 때, 그 결과는 다음과 같다. 나는 들을 수 있고, 나는 감사하게 되고, 나는 책임을 지게 되고, 마지막으로 나는 나와 모든 인간을 위한 희망을 갖게 된다. 다른 말로 하자면 나는 **그리스도교적**으로 **살아갈 수** 있게 된다. 이러한 **자유**를 획득한다는 것은 자명한 일이 아니며, 엄청나게 놀랍고 거대한 일이다. 그렇기 때문에 우리는 그리스도의 말씀을 들을 때 그리고 감사할 때, 매일 기도해야 한다. "오소서, 창조자 성령이시여!"*Veni creator Spiritus!* 이것은 폐쇄 회로이다. 우리는 그 자유를 '지속적으로 소유'할 수 없으며, 그 자유는 언제나 또다시 하나님에 의해 우리에게 수여되어야 한다.

나는 사도신경의 첫째 조항을 설명하면서 말했다. 창조는 그리스도의 동정녀 탄생보다 더 작은 어떤 기적이 아니다. 그리고 이제 나는 세 번째로 말해야 한다. 그러한 자유를 갖는 인간들인 그리스도인들이 있다는 사실은 예수 그리스도의 (성령과 동정녀로부터의) 탄생보다 그리고 세계의 (무로부터의) 창조보다 더 작은 기적이 아니다. 왜냐하면 우리가 우리의 존재란 무엇이며, 우리는 누구이며, 어떻게 우리가 존재하게 되었는가를 깊이 생각한다면, "주여, 불쌍히 여기소서!"라고 부르짖을 수밖에 없기 때문이다. 제자들은 주님의 승천 이후 열흘 동안 바로 그 기적을 기다린다. 이 휴지기 이후에 성령의 부어짐이 발생하며, 그것과 함께 새로운 공동체가 생성된다. 하나님의 한 새로운 행동이 발생한다. 그러나 이 행동도 모든 다른 하나님의 행동들과 마찬가지로 다만 이전에 발생했던 것의 확증이다. 성령은 예수 그리스도와 분리될 수 없다. 바울은 "주는 영이시다"(고후 3:17)라고 말한다.

인간들이 성령을 수용하고 소유하는 곳에서 물론 인간적 경험과 인간적 행동이 문제된다. 그것은 철두철미 **또한** 오성과 의지의 문제이며, 조심해서 덧붙여 말하자면, 환상Phantasie의 문제다. 또한 그러한 것들도 그리스도인-존재에 속한다. 인간 존재의 가장 깊은 배후에 놓인 소위 '무의식'까지 이르는 **전인**이 그곳에서 요청된다. 인간에 대한 하나님의 관계는 인간의 총체성을 요구한다. 그러나 이 점에서 성령이 마치 인간적 영〔정신〕의 형태인 것처럼 생각되는 오해가 발생해서는 안 된다. 신학은 예로부터 '정신과학'에 속한다고 여겨졌다. 여러분은 이것을 농담으로 듣고 잊어야 한다. 성령은 인간적 영과 동일하지 않으며, 오히려 그 영과 만나신다. 물론 우리는 인간의 영을 비하해서는 안 된다. 오히려 바로 여기 최근의 독일에서는 인간적 영〔정신〕을 약간 키워 주는 일이 긴급히 필요하다. 신학자들은 그곳에서 마치 자신이 교황인 것처럼 오만하게 외면해서는 안 될 것이다. 그러나 그리스도교적 삶의 저 자유는 **인간적** 영으로부터는 오지 않는다. 어떤 인간적 능력이나 가능성 혹은 노력들은 그 자유에 도달하지 못한다.

인간이 저 자유를 얻고, 그래서 듣는 자와 책임지는 자와 감사하는 자와 희망을 갖는 자가 되는 사건이 발생할 때, 그것은 어떤 인간적 영의 행위에 근거하여 발생하는 것이 아니라, 오히려 오직 성령의 행동에 근거하여 발생한다. 그렇기 때문에 그 사건은 다른 말로 하면 **하나님의 은사**다. 그 사건은 하나의 **새로운 탄생**이며, **성령**에 관계된다.

22

공동체 그 통일성, 거룩성, 보편성

> **인간들이 여기저기서 성령에 의해 예수 그리스도와 그리고 그들 서로와 결합될 때, 그리스도교적 공동체**Gemeinde**가 여기저기서 생성되고 지속된다. 공동체는 오직 자신의 근거인 예수 그리스도에 의해 통치되며, 오직 자신의 소식 전달의 직무를 성취하면서 살아가려고 하며, 오직 자신의 한계선인 희망 안에서 또한 자신의 목적을 인식한다. 이 점에서 공동체는 하나님 백성의 하나의 거룩하고 보편적인 형태이며, 거룩한 인간들과 사역들의 공동사회**Gemeinschaft**다.**

우리는 이 단원에서 원래는 상세하게 다루어져야 할 것들을 짧게 요약한다. 우리의 강의 시간이 얼마 남지 않았다. 그러나 아마도 별 문제는 없을 것이다. 오늘날 교회에 대해서는 적다기보다는 너무 많이 언급되고 있기 때문이다. 말보다 더 나은 것이 있다. 우리 모두가 교회가 **되면** 된다!Lassen Sie uns Kirche sein!

만일 루터의 긴급한 관심사가 관철될 수 있었다면, 그래서 교회Kirche라는 단어 대신 **공동체**Gemeinde라고 쓰일 수 있었다면, 사정은 훨씬 나았을 것이다. 물론 우리는 **교회**라는 단어 안에서도 좋은 것과 참된 것을 발견할 수는 있다. 교회라는 단어는 '주님의 집'*kyriake okia* 혹은 '원으로 둘러싸인 공간'*circa* 으로부터 유래한다. 양쪽의 설명 모두가 가능하다. 그러나 신약의 교회인 '에클레시아'ἐκκλησία는 틀림없이 **회중의 모임**인 공동체를 뜻하며, 어떤 불러내는 외침에 의해 생성되었다. 그것은 소식 전달자의 외침이나 혹은 전령의 트럼펫 소리에 의해 모여든 백성의 회중을 뜻한다.

공동체는 성령에 의해 예수 그리스도와 밀접한 관계를 갖게 된 사람들이 모인 회중이다. 우리는 예수 그리스도에 대해 특별한 사람들이 갖는 **특별히 밀접한 관계**가 있음을 다루었다. 공동체는 인간들이 성령에 의해 부르심을 받고 그리스도의 말씀과 사역에 참여할 때, 사건으로 발생한다. 그러한 특별히 밀접한 관계는 수평적 지반에서 상응되는 것을 갖는다. 그것은 **그러한 사람들의 서로에 대한 밀접한 관계**다. 성령의 부어짐은 직접적으로 그러한 사람들의 모임을 불러일으킨다. 우리는 "나는 교회의 존재를 믿습니다"*credo ecclesiam*를 뒤따라 말하지 않고서는 성령에 관하여 말할 수 없다. 그렇기 때문에 여기서도 성령론 다음에 직접적으로 공동체론이 온다. 그리고 거꾸로, 철두철미 성령의 사역에 근거하지 않고 교회에 관하여 말할 수 있다고 주장하는 사람에게는 화가 있을 것이다. 나는 성령을 믿는다*credo in Spiritum Sanctum*. 그러나 교회를 믿는 것*credo in ecclesiam*은 아니다! 오히려 나는 성령을 믿기 때문에 또한 교회 곧 공동체의 존재를 믿는다. 그러므로 우리는 부분적으로는 자연에 의해, 부분적으로는 계약과 합의에 근거한 역사에 의해 생성된 그 밖의 모든 인간적 회합들과 사회적 단체들에 대한 상상들을 버려야 한다. 그리스도교적 공동체는 자연에 의해서도 인간의 역사적 결정에 의해서도 생성되거나 존속되지 않으며, 오직 다수를 향한 하나님의 부르심*convocatio*에 의해 생성되었다. 성령의 사역에 의해 함께 부르심을 받은 자들은 그들의 왕의 명령에 따라 모인다. 교회가 예를 들어 민족과 같은 자연적 삶의 사회적 집단과 동일시될 때, 언제나 오해의 위험이 도사리고 있다. 교회는 인간의 손에 의해 만들어질 수 없다. 그렇기 때문에 미국과 최근의 네덜란드에서와 같은 성급하고 빠른 교회의 근거는 우려할 만한 일이다. 칼뱅은 교회에 대해 '믿는 자들의 군대'*la compagnie des fidèles*라는 군사적 개념을 기꺼이 사용하였다. 군대는 어떤 자유로운 합의가 아니라, 지휘관의 명령에 근거하여 움직인다.

사람들이 여기저기서 성령 안에서 모일 때, **그리스도교적 공동체**가 여기저기서 **볼 수 있게** 생성된다. 우리는 '보이지 않는 것'이라는 개념을 교회에는 차라리 적용하지 않는 것이 좋다. 그렇게 된다면 보이는 교회는 평가절하되는 반면에, 우리 모두는 잘못하여 플라톤적 이상 국가*civitas platonica* 혹은 그리스도인들이 내적으로 그리고 보이지 않게 통일된다는 어떤 이상향 쪽으로 빠져들기 쉽게 된다. 사도적 신앙고백 안에서 말해지는 것은 어떤 보이지 않는 상像이 아니며, 오히려 열두 사도들에게서 시작된 명확하게 볼 수 있는 회합이다. 최초의 공동체는 눈에 보이는 공적 소동을 야기했던 볼 수 있는 무리였다. 만일 교회가 그러한 가시성을 갖지 않는다면, 그것은 교회가 아니다. 내가 공동체를 말할 때, 나는 우선 특정한 장소에 있는 구체적 형태의 공동체를 생각하고 있다. 자명하게도 공동체들 중 각각은 자신만의 문제를 갖는다. 이것은 로마 공동체 혹은 예루살렘 공동체가 그러했던 것과 마찬가지다. 신약성서는 교회를 이러한 문제 없이는 결코 서술하지 않는다. 개별적 공동체들 사이의 상이함의 문제가 즉시 등장하며, 이것은 분리를 초래할 수도 있다. 이 모든 것이 교회의 가시성에 속하며, 셋째 조항은 그 가시성을 말하고 있다. 우리는 교회의 존재를 믿는다. 이것은 우리가 그러한 공동체들 **각각을** 그리스도의 공동체로 믿는다는 것을 뜻한다. 여러분은 이 점에 유의해야 한다. 남자와 여자들, 늙은 여자와 어린아이들이 있는 바로 이 구체적 공동체 안에 그리스도의 공동체가 존재한다는 것을 믿지 않는 어떤 목사는 교회의 존재를 전혀 믿지 않는 셈이 된다. '교회의 존재를 믿는다'*credo ecclesiam*는 다음을 뜻한다. 나는 여기서, 바로 이 특정한 장소에서 그리고 바로 이 볼 수 있는 모임 안에서 성령의 사역이 발생하는 것을 믿는다. 이것이 피조물의 신격화를 의미하지는 않는다. 교회가 믿음의 대상인 것은 아니며, 우리가 교회 그 자체를 믿는 것은 아니다. 오히려 우리는 그 공동체 안에서 성령의 사역이 발생한다는 것을 믿는다. 그와 같은 〔불완전한〕 형태를 갖는 것이 성령에게 결코 하찮은 일이 아니라는 것, 그것이 교회의 신비다. 그렇기 때문에 진실로 많은 교회들이 아니라 오직 **하나**의 교회만 있을 뿐이며, 각각은 특정하고 **구체적인** 교회이지만, 그러나 모든 다른 교회들 안에서도 오직 하나인 교회로서 스스로를 재차 인식할 수 있다.

나는 하나의 교회를 믿는다*credo unam ecclesiam*. 나는 주님의 음성을 들은 하나님의 백성의 하나의 형태를 믿는다. 물론 예를 들어 우리의 교회와 로마 가톨릭 교회 사이에서와 같이 위험한 상이성도 있다. 로마 가톨릭 교회 안에서 우리가 하나의 교회를 재인식한다는 것은 그렇게 단순하지 않다. 그러나 어떻든 그곳에서도 아직은 교회가 인식될 수는 있다. 그리스도인들은 교회로 부르심을 받을 때, 교회의 어떤 공통적 기원이나 공통적 목적보다는 우선 하나님을 믿도록 부르심을 받았다. 우리는 모든 상이한 교회들을 개관할 수 있는 어떤 높은 망대 위에 위치하고 있지 않다. 오히려 우리는 땅 위의 한 특정한 장소에 있다. 그곳에 어떤 교회가 있으며, 그 교회가 바로 하나의 교회다. 우리가 우리 각각의 구체적인 교회의 존재를 믿을 때, 우리는 또한 교회의 단일성 곧 공동체들의 통일성을 믿는다. 바로 이 **특정한** 교회 안에서 성령을 믿을 때, 우리는 다른 공동체들로부터 최악의 경우에도 전적으로 분리되지는 않는다. 교회들 사이의 차이점들을 무해화하고 그 위를 추상적으로 날아다니는 사람이 아니라, 오히려 각자의 교회 안에서 대단히 구체적 교회이고자 하는 사람이 참된 교회일치적 그리스도인이다. "두세 사람이 내 이름으로 모인 곳에는 나도 그들 중에 있느니라"(마 18:20). 그곳에 교회가 있다. 그분 안에서 우리는 개별적 공동체들의 온갖 상이성들에도 불구하고 어떻든 서로서로 연결되어 있다.

"나는 하나의 **거룩한**······ 교회를 믿습니다." 거룩한 교회*sancta ecclesia*는 무엇을 뜻하는가? '거룩'이라는 단어의 성서적 용법에 따르면 그것은 '따로 구분'하는 것을 뜻한다. 우리는 교회의 생성에서 '불러내어진 자들'을 생각한다. 교회는 언제나 따로 구분하는 것을 뜻할 것이다. 우리는 자연적 혹은 역사적인 사회적 단체들Gesellschaften이 있지만, 그러나 '거룩한 교회'는 그리스도교적 공동체Gemeinde라고 들었다. '거룩한 교회'는 자신의 사명과 근거와 목적에 의해 그러한 다른 모든 사회적 단체들과는 구분된다.

"나는 하나의 거룩한 **보편적**······ 교회*ecclesiam catholicam*를 믿습니다." 보편성의 개념은 우리에게 부담을 준다. 그것이 우리에게 로마 가톨릭 교회를 생각나게 하기 때문이다. 그렇지만 개혁자들은 이 개념을 철두철미 그 자체로서 요청하였다. 그것은 하나의 거룩하고 보편적인 하나님의 백성에 관계된다. 세 개념은 근본에서는 동일한 것을 말한다. '보편적 교회'는 그리스도교적 교회가 역사 전체에 걸쳐서 **언제나 자신과 동일하게** 지속된다는 것을 뜻한다. 교회는 본질에 있어서 결코 변화할 수 없다. 물론 많은 교회들의 많은 형태들이 있다. 또한 모든 교회에는 약함과 왜곡과 오류들이 있다. 그러나 실체적으로 구분되는 어떤 교회는 없다. 예외는 오직 참된 교회와 거짓 교회 사이의 구분이 될 것이다. 우리는 이 예외를 너무 성급하게 그리고 너무 자주 토론에 부치지 않는 것이 좋다.

교회는 성도들의 공동체*communio sanctorum*다. 여기서 해석의 문제가 하나 생긴다. '성도들의'*sanctorum*라는 명사의 뜻은 남성인 '거룩한 사람들'*sancti*인가 혹은 중성인 '거룩한 것들'*sancta*인가?[1] 나는 이 논쟁의 답을 정하는 것이 아니라, 다만 질문하려고 한다. 혹시 여기서 깊은 의미와 함께 주시되어야 하는 어떤 이중성이 의미되고 있지 않은가? 왜냐하면 첫째 우리가 양쪽 이해를 병렬시킬 때, 문제의 중심은 완전하고 좋은 의미를 얻기 때문이다. '거룩한 사람들'은 어떤 특별히 훌륭한 사람이 아니라, 오히려 좀 미심쩍은 성도들이었던 '고린도 교회의 성도들'과 같은 사람들을 뜻한다. 우리도 그 미심쩍은 성도들에 속한다. 그러나 그들이 바로 '거룩한 사람들'*sancti* 곧 '따로 분리된 자들'이며, 그들은 거룩한 은사와 사역들 곧 '거룩한 것들'*sancta*에 속한다. 공동체는 하나님의 말씀이 선포되고 성례전이 축제되고 마음을 함께하는 공동기도가 행하여지는 장소다. 또한 이러한 외적인 것들의 의미인 내적 은사 및 사역들의 장소임은 말할 필요도 없다. 이와 같이 '거룩한 사람들'은 '거룩한 것들'에 속하며, 그 역도 성립한다.

요약하면, 교회를 믿는다*credo ecclesiam*는 것은 다음을 뜻한다. 나는 내가 속한 교회가, 내가 믿음으로 부르심을 받고 그래서 내 믿음에 책임을 지게 된 나의 교회가, 내가 봉사하고 있는 교회가 바로 그 하나의 거룩하고 보편적인 교회임을 믿는다. 이것을 믿지 않는다면, 나는 전혀 믿지 않는 셈이 된다. 그 공동체의 어떤 아름답지 못한 것이나 '주름진 것과 얼룩'이 내가 그렇게 믿는 것을 잘못 인도할 수 없다. 이 문제는 **사도신경의 한 조항**에 관계된다. 어떤 '참된' 공동체를 찾아서 자신의 구체적 공동체를 버리는 것은 아무 의미가 없다. 공동체는 언제 어디서나 도처에서 '부족한 인간적 특성'을 드러낼 것이다. 교회 분열의 가능성이 배제될 수 없을 것이며, 오히려 필연적이 되는 경우도 있을 것이다. 그러나 어떤 교회 분열도 새롭게 분리된 성령의 공동체를 더 이상 '인간적 특성'을 나타내지 않는 곳으로 인도할 수는 없다. 개혁자들이 등장하여 로마 교회가 개혁교회의 뒤편에 머물게 되고 결국 개혁교회로부터 분리되었을 때, 그때 개신교회 안에서 어떤 흠 없는 교회가 등장했던 것이 아니다. 오히려 개신교회도 '주름과 얼룩들'로 가득 차 있었으며, 오늘에 이르기까지도 그러하다. 믿음 안에서 나는 이렇게 증거한다. 내가 구체적 공동체에 속해 있고, 그 공동체의 삶에 대해 내가 책임을 지고 있을 때, 그 구체적 공동체는 바로 그 장소에서 그리고 바로 그 형태 안에서 하나의 거룩하고 보편적인 교회를 가시화하도록 규정되어 있다. 내가 구체적 공동체를 성령에 의해 다른 모든 공동체와 밀접한 관계를 갖는 공동체로 긍정할 때, 그때 나는 다음을 기대하고 희망한다. 한분이신 예수 그리스도의 거룩한 영이 이제 바로 그 구체적 공동체 안에서 그리고 그 공동체를 통하여 다른 공동체들에도 스스로를 증거하고 확증하실 것이며, 바로 그 구체적 공동체 안에서 교회의 하나의 보편적이고 거룩한 본질이 가시화될 것이다.

니케아 신조에서는 교회의 그러한 세 가지 관형사에 넷째가 추가된다. 나는 하나의 거룩하고 보편적이고 **사도적인** 교회를 믿는다. 넷째 관형사는 다른 세 관형사 곁에 나란히 줄을 서는 것이 아니라, 오히려 그 세 관형사들을 설명해 준다. 통일성, 거룩성, 보편성이란 무엇인가? 무엇이 공동체를 자연적 혹은 역사적인 다른 모든 사회적 단체들로부터 구분하는가? 우리는 이렇게 말해야 할 것이다. 그것은 공동체가 '보편적 교회'라는 사실이다. 다시 말해 교회는 사도들의 증거에 근거하며, 그 증거를 계속 전하며, 그 증거를 사도들에게서 듣는다는 것에 의해 건립되고 언제나 또다시 건립될 것이다. 여기서 우리는 풍부하게 많은 교회의 존재 전체 앞에 서게 되며, 동시에 그만큼 많은 문제들 앞에도 서게 된다. 그러나 우리는 이 문제들을 정확하게 취급할 시간과 여지를 더 이상 갖고 있지 않다. 나는 교회의 사도성이 뜻하는 바를 **세 가지 노선**으로 설명한다.

우리는 도입 명제에서 말했다. 그리스도교적 "공동체는 **오직** 자신의 근거인 **예수 그리스도에 의해** 통치되며, **오직 자신의 소식 전달의 직무를 성취하면서** 살아가려고 하며, 오직 자신의 한계선인 **희망 안에서** 또한 자신의 목적을 인식한다." 여기서 우리는 세 가지의 중심적 노선을 읽을 수 있다.

1. 그리스도교적 교회가 있는 곳에서, 우리는 어떤 형식에서든 자명하게도 **예수 그리스도**에 관계된다. 그 이름이 교회의 통일성, 거룩성, 보편성을 지시한다. 바로 그 근거 그리고 바로 그분을 부르는 것이 원칙적으로 발생하고 있는가의 여부가 모든 장소의 모든 공동체에 제

기되어야 하는 질문이다. 사도적 교회 곧 사도들의 증거를 듣고 전하는 교회가 있는 곳에서는 한 특별한 교회의 표식*nota ecclesiae*이 살아 있다. 예수 그리스도께서 교회가 유래하는 근거가 되실 뿐만 아니라, 또한 공동체를 다스리는 분이시라는 것이다. 그분이, 그분만이 다스리신다! 교회는 어떤 시대에도 어떤 장소에서도 자기 힘으로 스스로를 유지하는 어떤 기관이 아니며—여기서 교회 통치에 관한 주요 명제가 뒤따라온다—근본적으로 교회는 군주적으로도 민주적으로도 통치될 수 없다. 오직 예수 그리스도께서 통치하시며, 인간의 다른 모든 통치들은 다만 그분의 통치를 묘사할 뿐이다. 그것들은 반드시 그분의 통치에 비추어 평가되어야 한다. 그런데 예수 그리스도께서는 그분의 말씀 안에서 성령을 통하여 통치하신다. 교회 통치는 성서와 동일하다. 왜냐하면 성서는 그분을 증거하기 때문이다. 그렇기 때문에 교회는 지속적으로 성서를 해석하고 적용하는 일에 몰두해야 한다. 성서가 금박지의 두꺼운 표지 위의 십자가와 함께 죽은 책이 될 때, 예수 그리스도의 교회 통치도 잠들게 된다. 그곳에서 교회는 더 이상 하나의 거룩하고 보편적인 교회가 아니며, 오히려 그곳에서는 속된 것들과 분리시키는 것들이 침입하려고 위협한다. 물론 그러한 소위 '교회'도 예수 그리스도의 이름을 부르면서 등장하지만, 그러나 문제는 말이 아니라 현실이다. 그러한 교회는 참된 교회의 현실성이 등장하도록 할 수 있는 위치에 있지 않다.

2. 하나의 거룩하고 보편적인 교회의 삶은 그 교회에 맡겨진 **소식 전달의 직무**를 성취하도록 규정된다. 교회는 다른 단체들이 살아 있는 것과 마찬가지로 살아 있다. 그러나 교회의 본질Wesen은 예배 안에서 드러난다. 하나님의 말씀의 선포, 성찬의 분배, 다소간에 전개되는

예전, 교회법의 적용(루돌프 좀Rudolph Sohm의 학설은 분명 터무니없는 주장이다.[2] 왜냐하면 이미 초대 공동체도 최소한도의 교회법적인 질서 곧 '사도들과 공동체'라는 질서를 갖추고 있었기 때문이다), 그리고 마지막으로 신학 등이 예배의 구성요소들이다. 교회가 언제나 또다시 대답해야만 하는 거대한 질문은 다음이다. 그 모든 기능 안에서 그리고 그것들에 의해 무엇이 발생하는가? 그것은 교회의 건립에 관계되는가? 그것은 개인 혹은 전체의 축복에 관계되는가? 종교적 삶의 양육에 관계되는가? 혹은 엄격하게 내용적으로 (교회의 존재론적 이해에 따르면) 하나님의 사역*opus dei*으로 실현되어야만 하는 어떤 질서에 관계되는가? 교회의 삶이 자기 자신에게 봉사하는 일에 소진되는 곳에는 죽음의 맛이 나면서 다음의 결정적 사실이 망각된다. 교회의 삶은 오직 우리가 소식 전달의 직무라 부르는 것을 실행하는 중에 살아 있게 된다. 그것은 케리그마κήρυγμα 곧 **선포**다. 자신의 사명이 무엇인지 알고 있는 교회는 어떤 기능의 수행에서도 거기에 머무르려고 하거나 머물 수 없으며, 자기 자신을 위한 교회로서 존재할 수 없다. 어떤 '그리스도를 믿는다고 하는 무리'가 있다. 그러나 그 무리는 **파송**된다. "가서 복음을 선포하라!" "가서 예배의 축제를 벌여라!"가 아니며, "가서 설교를 듣고 감동되어라!"가 아니며, "가서 성례전 예식을 거행하라!"가 아니며, "가서 아마도 천상의 제의를 반복하는 어떤 제의에 헌신하라!"가 아니며, "가서 토마스 아퀴나스의 신학대전과 같이 영광스럽게 전개될 수 있는 신학을 고안하라!"도 아니다. 물론 그 모든 것을 하지 말아야 할 금지조항은 없으며, 오히려 행하여야 할 많은 동기들이 있기는 하다. 그러나 그 어떤 것도 자기 자신을 위해 행해져서는 안 된다. 오히려 그 모든 것 안에서 오직 다음 한 가지가 중요하다. "가서 모든 피조물에게 복음을 선포하라!" 교회는 소식을 전하려는 전령과도 같이 달려간다. 교회는 등에 집을 지고 다니는 달팽이가 아니다. 교회는 때때로 더듬이를 내어 밀고 이제 '공적 요청'에 충분한 것을 행하였다고 주장할 수 없다. 교회는 자신의 소식 전달의 사명으로부터 **살아가며**, 하나님의 군대*la compagnie de Dieu*가 된다. 교회가 **살아 있는** 곳에서 다음은 항상 질문되어야 한다. 교회는 그 사명에 봉사하고 있는가, 아니면 자기목적적으로 존재하는가? 후자의 경우라면, 그때는 보통 형식적 '제의'sakral의 맛이 나며, 경건한 체하며 권위를 내세우며 불평하는 일이 시작된다. 좋은 후각을 가진 사람은 그 냄새를 맡을 것이며 혐오하게 될 것이다! 그리스도교는 제의가 아니며, 오히려 그 안에는 영의 신선한 공기가 분다. 그렇지 않으면 그리스도교가 아니다. 그리스도교는 철두철미 **'세상적인'** 업무이며, 인류를 향해 개방되어 있다. "온 세상으로 가서 모든 피조물에게 **복음**을 **선포**하라!"(막 15:16)

3. 이제 마지막이다. 교회가 존재할 때, 교회는 한 **목적**을 갖는다. 그것은 **하나님 나라**다. 교회의 목적은 (그 목적의 범위 안에 있지 않는 어떤 행위에 관련된) 교회 안의 사람들에게 어떻게 지속적 불안을 야기하지 않겠는가? 그 불안 때문에 사람들의 그리스도교적인, 다시 말해 교회적 혹은 신학적 실존이 손상을 입는 일이 일어나서는 안 될 것이다. 교회를 교회의 목표와 비교할 때, 우리는 쟁기를 잡고 있는 손을 놓아버리고 싶어지는 일이 발생할 수도 있다. 교회의 존재 전체가 싫어질 수도 있다. 이러한 압박을 알지 못하는 사람, 다만 교회의 담장 안에서 편안하다고 느끼는 사람은 아직 이 문제의 본래적 역동성을 발견하지 못한 사람이다. 교회 안에서 우리는 새장에 갇혀 창살에 계속 부딪치는 새와 같이 될 수도 있다. 우리의 약간의 제의와 약간의 설교보다 더

큰 어떤 것이 중요하다고 한다! 바로 **그러하다**. 사도적 교회가 살아 있는 곳에서 사람들은 그러한 향수鄕愁를 알고 우리를 위해 예비된 본향을 갈망하기는 하지만, 그러나 사람들은 그 갈망에 불이 붙듯이 사로잡히지는 않으며, 또한 그 갈망으로부터 도피하지도 않는다. 그곳에서 하나님 나라에 대한 〔참된〕 희망은 우리가 '하나님의 군대'의 한 병사로서 서는 것 그리고 그 목표를 향해 방랑하며 나아가는 것을 방해하지 않는다. 오히려 그 목표는 우리에게 우리의 한계선을 설정해 준다. 우리가 정말로 하나님 나라를 희망한다면, 그때 우리는 염려스러운 상태의 교회를 견딜 수 있다. 그때 우리는 바로 여기의 구체적 공동체 안에서 '하나의 거룩하고 보편적인 교회'를 발견하기를 부끄러워하지 않을 것이며, 그때 각각의 사람은 자신이 속한 교단의 신앙고백을 부끄러워하지 않을 것이다. 그리스도교적 희망은 우리가 생각할 수 있는 것 중 가장 혁명적인 희망이며, 그 곁에서 다른 모든 혁명은 다만 공포탄에 불과하다. 그러나 그 희망은 **규율에 의해 절제**된 희망이다. 그 희망은 인간에게 다음의 한계를 지시한다. "너는 그곳에서 지금은 인내**해야 한다**." 하나님 나라는 **오고 있다**. 그렇기 때문에 너는 하나님 나라를 향해 날아가려고 도약해서는 안 된다! 너의 자리를 지켜라. 그리고 너의 자리에서 성실한 하나님 말씀의 봉사자*minister verbi divini*가 되어라. 너는 혁명적으로 될 수도 있지만, 그러나 보수적으로 될 수도 있다. 혁명적인 것과 보수적인 것의 대조가 인간 안에서 합치될 때, 한 인간이 대단히 불안정하면서도 동시에 대단히 안정적일 수 있을 때, 그가 그와 같이 공동체 안에서 다른 사람들과 함께할 때(공동체 안에서 지체들은 갈망 안에 있는 지체와 겸손 안에 있는 지체를 신적 유머의 빛 안에서 각각 서로를 다시 알아본다), 그때 그는 행하여야 할 바를 행하는 셈이 된다. 바로 그 빛 안에서 우리의 모든 교회적 행동은 허용되며, 더 나아가 **명령된다**. 그와 같이 교회는 기다리는 동시에 서두르면서 주님의 미래를 향해 나아간다.

23

죄의 용서

그리스도인은 뒤돌아본다. 그리고 자신의 죄에도 불구하고 성령과 거룩한 세례의 증거를 수용한다. 성령과 세례의 증거는 예수 그리스도의 죽으심에 대한 그리고 그 인간의 고유한 삶의 칭의에 대한 증거다. 칭의에 대한 그의 믿음은 하나님 자신이 예수 그리스도 안에서 인간의 자리에 서셔서 그의 길을 위한 무한한 책임을 떠맡으셨다는 사실에 근거한다.

그리스도인의 길은 하나님의 은혜에 의해 예비되며, 공동체 안에 자신의 자리를 갖는다. 우리는 어떤 경우에도 우리가 이제 들어야 하는 것 곧 죄의 용서, 몸의 부활, 그리고 영원한 생명을 다음 사실과 분리시켜서는 안 된다. 그것은 하나님께서 그것들을 성령을 통해 창조하시며, 듣는 인간들에게 그것들을 수여하시며, 그 결과 공동체가 생성된다는 사실이다. 그리스도인의 길은 죄의 용서로부터 유래하며, 몸의 부활과 영원한 생명으로 인도된다. 그리스도인의 이러한 기원과 목표는 **현실**

적이며, 유일한 한 장소에 본질적으로 결정되어 있다. 그 장소는 둘째 조항의 중심, 곧 예수 그리스도의 고난과 행하심이다. 우리는 성령 안에서 그분과 밀접한 관계를 맺는다. 우리는 그분의 공동체이며, 우리가 소유하는 모든 것은 근원적·본래적으로 그분의 것이다. 우리는 그분의 것으로부터 살아간다. 우리는 모든 진리가 집중되는 그 중심으로부터 벗어나서는 안 된다. 죄의 용서, 부활, 영원한 생명은 그리스도 밖의 어떤 것이 아니며, 오히려 그분 안에서의 하나님의 행하심이다. 유일하신 그분이 빛을 밝히시며, 그리스도인은 그분의 빛 안에서 행한다. 그리스도인을 특징짓는 것은 그가 그리스도로부터 비치는 불빛 아래 선다는 사실이다. 그러나 빛 안에 있는 그리스도인의 실존은 자기 목적적이 아니다. 오히려 그리스도인은 자신이 또한 빛이 되기 위해 그 빛 안에서 행한다. 하나님께서 **세상**을 사랑하셔서 독생자를 주셨다. 그리스도인들은 그리스도를 대신하는 소식 전달자들이다. 여기 공동체 안에서 그리스도께서 모든 인간에게 의미하는 것이 인식되고 제시되고 경험된다. 이 사실은 공동체로부터 증거된다.

나는 죄의 용서를 믿는다. 여기서 그리스도인은 명백하게도 자신이 출발했던 그 길을 **뒤돌아본다**. 그리스도인이 뒤돌아볼 때, 죄의 용서를 바라보게 된다는 것은 "회심"의 순간에만 그런 것이 아니라, 언제나 그러하다. 그것은 그를 위로하고 바로 세우는 사건이다. 그것만 그렇게 하며 다른 어떤 것도 그렇게 하지 못한다. 죄의 용서에는 아무것도 추가로 등장할 수 없다. 예를 들어 죄의 용서와 나의 경험, 혹은 죄의 용서와 나의 업적이라는 것은 있을 수 없다! 뒤돌아보면서 우리가 우리 자신에 대해 알게 되는 것은 우리가 오직 용서로부터 살아간다는 사실뿐이다. 우리가 거지라는 사실, 그것은 참이다.

죄의 용서가 우리 뒤에 놓인 모든 것일 때, 그 안에서 우리의 생명에 대한 한 **판결**이 내려진다. 그곳에는 모든 경우에 어떤 공로도 있을 수 없다. 예를 들어 내가 사랑하는 하나님께 꽤 많이 바쳤던 감사 혹은 내가 열심 있는 투쟁자였다거나 혹은 내가 신학자였고 책도 많이 썼다는 것 등의 공로는 없다. 판결은 절대 그렇게 내려지지 않는다. 오히려 우리 과거의 존재와 행위 전부가 판결 아래 선다. 그것은 **죄**였다. 죄는 **위반** 혹은 벗어남을 뜻한다. 만일 그곳에 죄가 아닌 어떤 것이 있었다면, 그것은 위로부터 온 것이어서 우리가 자랑할 이유가 그 안에 없다. 그것은 하나님의 긍휼하심이었다. 매일 우리는 마땅히 그리고 당연히 다음 고백으로 시작해야 한다. "나는 죄를 용서받는 것을 믿습니다." 숨을 거두는 마지막 시간에도 우리는 다른 어떤 것을 말할 수 없을 것이다. 아마도 우리는 용서*remissio*의 개념을 다음에서 가장 잘 구체화할 수 있을 것이다. 어떤 글이 씌어 있고 그것이 우리의 인생이라 할 때, 이제 한 거대한 X표의 삭제 표시가 전체를 지워 버린다. 그것은 삭제될 만하며—하나님께 감사하게도!—실제로 삭제되었다. 내 죄에도 불구하고 나는 이제 나의 죄가 내게 **계산되지 않는다**는 증거를 수용할 수 있다. 그 증거를 나 스스로 수용할 수는 없다. 죄는 각각의 인간의 영원한 상실을 뜻한다. 우리가 그러한 죄를 어떻게 스스로 제거할 수 있겠는가? 내가 죄를 범하였다는 것은 **내가 죄인**임을 뜻한다.

그 사실에 대하여 그리고 그 사실에도 불구하고 **성령의 증거**, 들려진 하나님 말씀의 증거, 그리고 **세례**의 증거가 공표된다. 이 자리에 말하자면 거룩한 세례의 주제가 속한다. 우리는 우리의 삶 전체를 루터처럼 우리가 세례를 받았다는 사실과 결부시켜 생각해야 한다. 루터는 시험을 당하였을 때, 분필을 집어 들고 탁자에 "나는 세례를 받았다"*baptizatus sum*라고 적었다고 한다. 세례는 나의 전인全人에 관계된다. 그것은 내가 성령의 증거를 항상 생생하게 인지하였는가의 문제와는 별개이다. 그 증거에 대한 우리의 인지에는 부족한 점이 많다. 우리의 인지에는 굴곡이 있으며, 그래서 **말씀**이 내게 더 이상 생동적이지 않은 시간들도 있다. 바로 그때 내가 세례를 받았다는 사실이 개입한다. 내 삶 속에 한 번 표징이 **확립**되었으며, 나는 그것을 성령의 증거가 내게 도달하지 않을 때에도 붙들 수 있다. 내가 태어났다는 것과 정확하게 마찬가지로 나는 한 번 세례를 받았다. 세례 받은 자로서 나는 나 자신에 대해 **증인**이 된다. 세례는 성령께서 증거하시는 것이 아닌 다른 어떤 것도 증거할 수 없지만, 그러나 나 자신은 세례를 받은 자로서 내게 성령의 증인이 될 수 있으며, 그 증거에 비추어 나 자신을 다시 바르게 세울 수 있다. 세례는 매일의 참회를 기억나게 함으로써, 나를 다시 한 번 증인의 직무로 부른다. 세례는 우리의 삶 안에서 울리는 경보다. 물에 빠진 사람에게 수영 동작이 다시 생각나듯이, 그렇게 세례는 우리에게 그 증거가 생각나도록 해준다.

그 증거는 우리에 대한 하나님의 말씀이다. "너 인간은 너의 죄와 함께 파악될 수 없는 하나님의 긍휼의 영역 안에서 철두철미 예수 그리스도의 소유에 속한다." 그분은 우리를 죄가 시키는 대로 살아간 사람 그리고 죄가 행하는 대로 행동한 사람으로 여기지 않으시고, 오히려 우리에게 말씀하신다. "너는 의롭게 되었다. 그리고 너는 나에게 있어서 더 이상 죄인이 아니며, 오히려 네가 서 있었던 그곳에는 한 타자他者가 서 있다. 나는 그 타자를 보고 있다." 어떻게 참회를 해야 할지 염려하는 곳에서 너는 다음 말씀을 들어야 한다. "너를 위한 참회는 이미 행하여졌다." 내가 무엇을 할 수 있을지, 하나님과의 연합 안에서 내가 내 삶을 어떻게 형성해야 할지를 질문할 때, 여러분은 다음의 대답을 들어야 한다. "너의 삶을 위한 속죄는 이미 수행되었으며, 너와 하나님과의 연합은 이미 완성되었다. 오 인간이여, 너는 다만 하나님께서 너를 너의 존재 그대로의 피조물로서 그분의 빛 안에서 새롭게 보고 새롭게 수용하신다는 상황을 다만 **인정**할 수 있을 뿐이다." "우리가 그의 죽으심과 합하여 세례를 받음으로 그리스도와 함께 장사되었나니"(롬 6:4). 세례는 우리 삶 한가운데서의 그리스도의 죽으심의 표현이다. 이것은 그리스도께서 죽으시고 장사된 **그곳에서** 위반자와 죄인인 우리도 함께 죽었고 장사되었다는 것을 말해 준다. 세례받은 자로서 우리는 우리 자신을 죽은 자로 여길 수 있다. 죄의 용서는 그 죽음이 그때에 골고다에서 발생하였다는 사실에 근거한다. 세례는 우리에게 말한다. "저 죽음은 또한 **너의** 죽음이었다."

하나님 자신이 예수 그리스도 안에서 인간의 자리에 서셨다. 우리는 **교환**이라는 맥락에서 살펴보았던 **화해**를 다시 한 번 생각한다. 하나님께서 이제 우리의 **책임**을 떠맡으신다. 우리는 지금 그분의 소유이며, 그분이 우리를 처분하신다. 우리의 고유한 무가치성은 우리와 아무 관계도 없다. 우리는 하나님께서 그것을 행하신다는 사실로부터 살아간다. 이것은 수동적 실존이 아니라 오히려 최고로 능동적인 실존을 뜻한다. 예를 하나 들자면, 우리는 어떤 대상을 그리는 한 아이를 생각할 수 있다. 그 아이는 그리는 것에 성공하지 못한다. 그때 선생님이 그 아이의 자리에 앉아서 그 대상을 그려 준다. 그 아이는 곁에 서서 선생님이 자신의 노트에 그 대상을 어떻게 아름답게 그리는지를 본다. 그것이 '칭의'이다. 하나님께서 우리가 할 수 없는 것을 우리의 자리에서 완수하신다. 나는 의자로부터 밀려났다. 이제 어떤 것이 나를 반대하여 언급되어져야 한다면, 그것은 더 이상 내가 아니라, 나 대신 나의 자리에 앉아 계신 분께 적중한다. 나를 비난해야만 하는 자 곧 마귀와 그의 군대 전체와 그리고 또한 사랑하는 동료 인간들은 나를 헐뜯기를 감행하지만, 그러나 그분이 내 자리에 앉아 계신다. 이것이 나의 상황이다. 그렇게 나는 무죄방면되었으며, 나를 향한 비난들이 더 이상 나와 관계없기 때문에 전심으로 기뻐할 수 있다. 예수 그리스도의 의로우심이 이제 나의 의로움이다. 그것이 '죄의 용서'이다. "어떻게 당신은 하나님 앞에서 의로울 수 있는가? 오직 예수 그리스도에 대한 참된 믿음을 통하여"(『하이델베르크 교리문답』 질문 60). 종교개혁은 이 문제를 그렇게 보았고 말했다. 종교개혁으로부터 유래하는 진리와 생명의 충만함에 우리가 다시 한 번 도달하고 다시 한 번 배울 수 있도록 하나님께서 우리를 인도하시기를!

이제 우리는 '오직'nur 죄의 용서로부터 살아간다고 말해서는 안 된다는 주장이 있다. 그런 말은 충분하지 못하다는 것이다. 그러한 항의는 이미 사도신경에 대해서도 제기되었고, 종교개혁자들에 대해서는 더욱 강해졌다. 그러나 그 항의는 얼마나 어리석은 것인가! 유일하며 우리의 삶이 의존하는 '죄의 용서'가 마치 모든 능력의 능력이 아닌 것처럼! 마치 죄의 용서에 의해 **모든 것**이 말해지지 않은 것처럼! 하나님께서 우리를 위하신다는 것을 알게 되는 바로 그때에 우리는 참된 의미에서 **책임적**으로 된다. 왜냐하면 오직 그곳으로부터 참된 윤리가 존재하며, 오직 그곳으로부터 우리는 선과 악에 대한 기준을 갖게 되기 때문이다. 그러므로 죄의 용서로부터 살아가는 삶은 어떤 경우에도 수동성이 아니라 오히려 완전한 능동성 안에 있는 그리스도교적 삶을 뜻한다. 우리가 그러한 그리스도교적 삶을 거대한 자유라고 서술하든지, 혹은 엄격한 규율, 경건성 혹은 참된 세상성, 사적 도덕 혹은 사회적 도덕 등으로 서술하든지 관계없이, 혹은 우리가 그 삶을 거대한 희망 아래서 혹은 매일의 인내 아래서 이해하든지 관계없이, 삶은 모든 경우에 '오직' 죄의 용서로부터 살아간다. **여기서** 그리스도인과 이방인이, 그리스도인과 유대인이 구분된다. 죄의 용서 곧 은혜라는 날카로운 산마루를 넘어가지 않는 어떤 것은 그리스도교적인 것이 **아니다**. 우리가 심판받게 되고, 심판자가 우리에게 질문하게 될 것은 다음이다. "너는 은혜로 살았는가? 너는 너 자신에게 우상을 세우거나 혹은 스스로 우상이 되려고 하였는가? 너는 아무것도 자랑할 것이 없는 충성된 종이었는가? 그렇다면 너는 통과되었다. 왜냐하면 그때 너는 틀림없이 **긍휼히** 여겼을 것이며, 네게 빚진 자들을 용서했을 것이며, 틀림없이 다른 사람들을 위로했을 것이며, 스스로 빛이 되었을 것이며, 너의 행위들이 틀림없이 선했을 것이며, 그것이 죄의 용서로부터 흘러나오는 행위였을 것이기 때문이다." 그러한 행위들에 대한 질문이 바로 우리가 대면하기 위해 나아가고 있는 심판자의 질문이다.

24

몸의 부활과 영원한 생명

그리스도인은 앞을 내다본다. 그리고 자신의 죽음에도 불구하고 성령과 거룩한 성만찬의 증거를 수용한다. 그 증거는 예수 그리스도의 부활 그리고 그 인간 자신의 고유한 삶의 완성에 대한 증거다. 삶의 완성에 대한 그의 믿음은 그가 (예수 그리스도 안에서 하나님의 자리에 서게 됨으로써) 하나님의 영광에의 무조건적인 참여가 그에게 수여되었다는 사실에 근거한다.

"그리스도인은 뒤돌아본다"고 앞 장의 도입 명제에서 말했다. 이제 우리는 "그리스도인은 **앞을 내다본다**"고 말한다. 이와 같은 뒤돌아봄과 앞을 내다봄이 그리스도인의 삶*vita humana christiana*을 구성한다. 그 삶은 성령을 받아들이고, 공동체 안에서 살도록 부르심을 받고, 공동체 안에서 세상의 빛이 되는 한 인간의 삶을 뜻한다.

인간은 앞을 내다본다. 우리는 말하자면 180도 전환을 수행한다. 우리의 뒤편에는 우리의 죄가 놓여 있으며, 우리의 앞에는 **죽음**, 임종,

관, 무덤, 종말이 놓여 있다. 우리가 이것들을 향해 나아가고 있다는 사실을 심각하게 받아들이지 못하는 사람, 죽는다는 것이 무엇인지 자각하지 못한 사람, 거기서 경악하지 않는 사람, 아마도 삶이 오로지 즐겁기만 하여 종말의 두려움을 알지 못하는 사람, 이 삶이 하나님의 선물이라는 사실을 아직 이해하지 못한 사람, 100세를 넘어서 300 혹은 400 혹은 그 이상의 나이가 되도록 살았다는 족장들의 긴 생애에 부러움을 못 느끼는 사람, 다른 말로 하자면 이 삶의 아름다움을 아직 충분히 이해하지 못한 사람은 또한 '부활'이 무엇을 뜻하는지도 이해하지 못한다. 왜냐하면 부활이라는 단어는 죽음의 경악성, 이 삶이 언젠가 종말을 맞고 그 종말이 우리 실존의 지평이라는 사실의 경악성에 대한 대답이기 때문이다. "삶의 한가운데서 우리는 죽음에 둘러싸여 있다."[1] 인간 존재는 그러한 위협 아래 있는 현존재이며, 그러한 종말에 의해 그리고 그 종말로부터 계속해서 우리의 실존에 반대하여 제기되는 모순에 의해 특징지어진다. "너는 살 수 없다! 너는 예수를 믿는다고 하지만, 믿을 뿐이며 볼 수는 없다!" 여러분이 하나님 앞에서 현존한다고 하고, 그래서 기뻐하기 원하고 또 기뻐할 수 있다고 하지만, 그러나 여러분은 어떻게 여러분의 죄가 매일 아침 새로워지는지를 반드시 경험하지 않으면 안 된다. 평화가 있다고는 하지만, 그것은 다만 투쟁 중에 확증될 수 있는 평화일 뿐이다. 우리가 이해한다고는 하지만, 아주 압도적으로 적게 이해할 뿐이다. 삶이 있다고는 하지만, 다만 죽음의 그림자 안에 있는 삶일 뿐이다. 우리가 함께 있다고는 하지만, 그러나 언젠가는 서로 헤어져야 한다. 죽음이 삶 전체에 확인도장을 찍으며, 죽음이 죄의 값이다. 계산은 끝났다. 관과 소멸이 최종적 언어다. 승부는 우리에게 불리하게 결정되었다. 그것이 죽음이다.

여기서 **그리스도인**은 앞을 내다본다. 그러한 삶 안에서 그리스도교적 **희망**은 무엇을 뜻하는가? 죽음 이후의 삶? 죽음 건너편의 어떤 사건? 나비가 무덤 위로 가볍게 훨훨 날아가는 것과 같이 어떤 다른 곳에서 보존되어 계속해서 죽지 않고 살아가는 영혼? 이방인들은 죽음 이후의 삶을 그와 같이 상상하였다. 그러나 그것은 그리스도교적 희망이 아니다. "나는 **몸의 부활**을 믿습니다." '육체'는 성서 안에서 대단히 단순하게 인간이며, 그것도 죄의 표징 아래서 심한 타격을 받은 인간을 뜻한다. 바로 그 인간에게 전해진다. "네가 부활할 것이다." 부활은 이 삶의 계속을 뜻하지 않으며, 오히려 그 삶의 **완성**을 뜻한다. 바로 그 사람에게, 죽음의 그림자를 아직 벗어나지 못한 자에게 '예'가 전해진다. 부활은 우리가 지금 존재하고 경험하는 삶 자체에, 그러한 우리 인간들 자체에 관계된다. **우리**가 부활하며, 그 누구도 우리 자리에 설 수 없다. "우리가 홀연히 다 변화되리라"(고전 15:51). 이것은 어떤 전혀 다른 삶이 시작된다는 것이 아니라, 오히려 **이 세상의** "썩을 것이 썩지 아니함을 입겠고, 죽을 것이 죽지 아니함을 입을 것"(고전 15:54)을 뜻한다. 그때 다음이 계시될 것이다. "사망을 삼키고 이기리라"(고전 15:54). 그러므로 그리스도교적 희망은 우리의 삶 전체에 관계된다. **이 세상**에서의 우리의 삶은 완성될 것이다. 보잘것없고 허약한 가운데 뿌려진 씨앗이 영광과 능력 안에서 부활할 것이다. 그리스도교적 희망이 우리를 이 세상의 삶으로부터 멀리 분리시키는 것이 아니라, 오히려 그 희망은 하나님께서 우리의 삶을 바라보시는 바로 그 진리의 덮개를 벗긴다. 그 희망은 죽음의 극복이지만, 어떤 저 세상으로의 도피가 아니다. 그 희망은 이 세상 삶의 **현실성**에 관계된다. 종말론은 올바로 이해된다면 우리가 생각할 수 있는 것 중 최고로 **실천적**

인 것이다. 종말의 실재 안에서 위로부터 한 빛이 우리 삶 안으로 떨어진다. 우리는 그 빛을 기다린다. "우리는 당신들에게 희망하라고 명한다"고 괴테는 노래하였다.[2] 아마 그도 그 빛을 알고 있었을 것이다. 어떻든 그리스도교적 소식은 그 빛을 확신하고 신뢰하면서 선포한다.

우리의 삶이 완성될 것이라는 희망을 물론 우리가 스스로 수여할 수 없고, 스스로 설득할 수도 없다. 그 희망은 오직 죽음에도 불구하고 **믿어질** 수 있을 뿐이다. 죽음이 무엇인지 알지 못하는 사람은 또한 부활이 무엇인지 알지 못한다. [죽음 이후에] 빛이 있을 것이고 그 빛이 우리의 불완전한 삶을 완성시킬 것이라는 사실을 믿기 위해서는 성령의 증거와 성서에서 선포되고 들려진 하나님의 말씀의 증거와 부활하신 예수 그리스도의 증거가 필요하다. 성서 안에서 우리에게 말씀하시는 성령께서는 우리가 그러한 거대한 희망 안에서 살도록 허용되었다고 말씀해 주신다.

성만찬은 일반적인 경우보다 더욱 강력하게 **부활절**로부터 이해되어야 한다. 성만찬은 일차적으로 슬픔의 혹은 장례식의 만찬이 아니며, 오히려 어린양의 혼인 잔치의 선취이다. 성만찬은 **기쁨의 만찬**이다. 예수 그리스도의 살을 먹는 것, 그분의 피를 마시는 것은 우리 삶의 한가운데서 영원한 생명을 먹고 마시는 것이다. 우리는 그분의 식탁으로 초대받은 자들이며, 더 이상 그분 자신으로부터 분리되지 않는다. 이 표징 안에서 그분의 만찬과 성령의 증거가 합일된다. 그 증거는 우리에게 현실적으로 말한다. "너는 죽지 않을 것이다. 오히려 너는 살아서 주님의 행사를 선포하게 될 것이다!"(시 118:17) 우리가 주님의 식탁에 초대받은 자들이라는 것, 그것은 은유가 아니며, 오히려 발생한 사건이다. "나를 믿는 자는 영원한 생명을 가졌다"(요 6:47). 여러분의 죽음은 죽음을 당하였다. 여러분은 이미 죽었다. 여러분은 회피할 수 없는 그 경악을 이미 철두철미 여러분 뒤편에 두고 있다. 여러분은 초대받은 자로서 그 식탁에서 살아갈 수 있다. 그 식사의 능력 안에서 여러분은 40주 40야를 달려갈 수 있다. 그 능력 안에서 그것은 가능하다. 여러분이 먹고 마셨다는 것이 그 능력을 나타내도록 하라! 여러분 주변의 모든 사멸적인 것이 극복되도록 하라! 여러분의 슬픔을 애지중지하며 돌아다니지 말며, 풀이 죽어 축 늘어진 수양버들을 가지고 슬픔의 작은 정원을 만들지 말라! "우수에 의해 우리는 우리의 십자가와 슬픔을 더욱 크게 만들 뿐이다."[3] 우리는 전혀 다른 상황으로 부르심을 받고 있다. "만일 우리가 그리스도와 함께 죽었으면 또한 그와 함께 살 줄을 **믿는다**"(롬 6:8). 이것을 믿는 사람은 이미 지금 여기서 완성된 삶을 살기 시작한다.

그리스도교적 희망은 이미 영원한 생명의 씨앗으로서 **존재**한다. 예수 그리스도 안에서 나는 내가 죽을 수 있는 곳에 더 이상 있지 않다. 그분 안에서 우리의 육체는 이미 하늘에 있다(『하이델베르크 교리문답』 질문 49).[4] 우리가 성만찬의 증거를 수용할 때, 우리는 지금 여기서 이미 하나님께서 만물 안에 계실 **종말을 선취**하면서 살아간다.

주

머리말

1 1935년 6월, 히틀러 총통에 대한 충성서약을 거부했다는 이유로 독일 본Bonn 대학교에서 해직되었던 바젤 대학교 교수 칼 바르트는 제2차 세계대전이 끝나고 10여년 만인 1946년 4월 본 대학교로 돌아와, 객원교수 자격으로 두 학기 강의를 한다. 바르트는 독일 재건에 힘을 보태고 싶었다. 이때 바르트의 심경과 전후 상황은 에버하르트 부쉬, 『칼 바르트』, 손성현 옮김, 복 있는 사람, 2014, 571-594쪽을 보라. 특히 1946년 여름 학기 본 대학교에서 행한, 이 책의 토대가 된 강의 '교의학 개요'에 관한 기록은 575-577쪽을 보라.

2 1935년 2-3월 매주 금요일, 바르트가 네덜란드 우트레흐트 대학교에서 행한 16차례 강연을 묶은 책. 강연 주제는 '교의학의 주요 문제들: 사도신경을 중심으로'였다. 에버하르트 부쉬, 『칼 바르트』, 손성현 옮김, 복 있는 사람, 2014, 444-445쪽을 보라. 이 책의 한글 번역본: 칼 바르트, 『사도신경 해설』, 신경수 옮김, 크리스챤다이제스트, 2001.

3 바르트는 스위스 뇌샤텔에서 프랑스어권 목회자들을 대상으로 1940년 10월부터 6년에 걸쳐 '칼뱅의 신앙문답서에 따른 사도신경'을 해설하는 강연을 했고, 제자인 장-루이 뢰바Jean-Louis Leuba가 그것을 필기해 훗날 책으로 펴냈다. 에버하르트 부쉬, 『칼 바르트』, 손성현 옮김, 복 있는 사람, 2014, 511-512쪽을 보라. 이 책의 한글 번역은 『칼 바르트가 읽은 주의 기도 ; 사도신조』, 최영 옮김, 다산글방, 2000, 89-245쪽을 보라.

01 | 교의학의 과제

1 바르트는 교의학을 수행하는 '주체'Subjekt가 교회 밖의 개인적 신학자가 아니라 '교회' 임을 강조하고 있다. 교회가 교의학을 주체적으로 수행한다는 바르트적 대전제는 이 장의 도입 명제에서 이미 언급되고 있다.

2 괴테Johann Wolfgang von Goethe가 1815-1827년에 쓴 시 「온순한 크세니엔」Zahme Xenien IX 9연을 참조하라.

02 | 믿음은 신뢰다

1 루터가 1529년에 작성한 『소요리문답』*Der Kleine Katechismus* 제2부 제3조 '성화에 관하여'를 보라.

03 | 믿음은 앎이다

1 괴테의 『파우스트』 비극 제1부 '서재' 장면 1851-1852행을 보라.

05 | 높은 곳에 계신 하나님

1 토마스 아퀴나스의 『신학대전』 1권 제3문제 제5절 '하느님은 어떤 유類에 속하는가'를 보라.

2 현대 표준 독일어는 전치사 an을 써서, 'Ich glaube an Gott'(나는 하나님을 믿는다)라고 표현한다. 하지만 19세기 말까지, 그리고 지금도 사투리를 쓰는 일부 지방에서는 an 대신 in을 쓴다. 전치사 in을 사용하는 것은 라틴어 표현credo in의 영향이다.

08 | 창조주 하나님

1 루터의 『소요리문답』1529 제2부 제1조 '창조에 관하여'를 보라.

09 | 하늘과 땅

1 루터의 『소요리문답』1529 제2부 제1조 '창조에 관하여' 첫 번째 문장을 보라.

10 | 예수 그리스도

1 가장 유명한 독일어 성탄 노래 「오, 너 기쁜 성탄절이여!」O du fröhliche의 1절 가사. 작사자는 요한네스 다니엘 팔크Johannes Daniel Falk, 1768-1826. 현재, 스위스 찬송가RG 409장,

독일 찬송가EG 44장.

2 도로시 세이어즈1893-1957는 20세기 영국에서 활동한 작가이자 기독교 사상가로, 뛰어난 추리소설과 기독교 교리와 신앙을 표현해 내는 비범한 재능으로 다양한 종교 희곡과 에세이를 썼다. 칼 바르트는 세이어즈가 1938년에 발표한, 기독교 교리의 핵심인 성육신 사건을 다룬 『역사상 가장 위대한 드라마』*The Greatest Drama Ever Staged*를 1939년 여름 독일어로 번역했다(이 번역은 바르트의 해설과 함께 1959년 출판되었다. 독일어 제목: *Das größte Drama aller Zeiten*. 에버하르트 부쉬, 『칼 바르트』, 손성현 옮김, 복 있는 사람, 2014, 505-506쪽을 참조하라.

3 파울 게르하르트Paul Gerhardt가 1653년 작사한 성탄 찬송 「기뻐 내 마음 뛰도다」Fröhlich soll mein Herze springen의 2절. 현재, 스위스 찬송가 400장과 401장, 독일 찬송가 36장.

4 이그나츠 프란츠Ignaz Franz가 1771(1768)년 작사한 찬송 「위대하신 하나님, 당신을 찬양합니다」Großer Gott, wir loben dich의 1절. 현재, 스위스 찬송가 247장과 518장, 독일 찬송가 331장.

11 | 구원자요 하나님의 종

1 요한 게오르크 침머만Johann Georg Zimmermann, 1728-1795은 스위스 아르가우 주州의 브룩Brugg 출신 의사로, 1786년 프로이센 왕 프리드리히 대제1712-1786를 포츠담과 상수시에서 치료했다. 이 때 나눈 대화와 치료 과정을 기록해 침머만은 1788년 『프리드리히 대제, 서거 직전 그와 나눈 대화에 관하여』*Ueber Friedrich den Grossen und meine Unterredungen mit Ihm kurz vor seinem Tode*라는 제목의 책을 펴냈다.

2 시편 83:18, 86:10을 보라.

12 | 하나님의 유일하신 아들

1 에른스트 트뢸치Ernst Troeltsch, 1865-1923는 1902년 『기독교의 절대성과 종교사』*Die Absolutheit des Christentums und die Religionsgeschichte*라는 소책자를 펴냈다.

2 고대 로마 시인 호라티우스BC 65-BC 8의 『송시』*Carmina* 3권 3장 7-8행을 보라. "Si fractus inlabatur orbis, Impavidum ferient ruinae"

13 | 우리의 주

1 루터의 『소요리문답』1529 제2부 제2조 '속죄에 관하여'를 보라.

2 세 인용문 모두 루터의 『소요리문답』1529 제2부 제2조 '속죄에 관하여'를 보라.

14 | 성탄의 비밀과 기적

1 독일 시인 크리스티안 퓌르히테고트 겔레르트Christian Fürchtegott Gellert, 1715-1769가 1757년 작사한 성탄 찬송 「이는 하나님이 만드신 날일세」Dies ist der Tag, den Gott gemacht 3절. 현재, 스위스 찬송가 408장, 독일 찬송가 42장.

15 | 고난을 받으신 분

1 2012년 발간된 칼 바르트 전집Karl Barth Gesamtausgabe 48권, 『강연과 소논문1914-1921』 *Vorträge und kleinere Arbeiten* 1914-1921은 라인하르트 브라이마이어Reinhard Breymayer의 최근 연구를 수용하여 'spirant resurrectionem'의 출처가 프리드리히 크리스토프 외팅어Friedrich Christoph Oetinger, 1702-1782의 1765년 저서 『생명사상의 신학』*Theologia ex idea vitae deducta*임을 밝히고 있다. 칼 바르트 전집 48권의 책임편집자 한스-안톤 드레베스Hans-Anton Drewes가 쓴 서문 XⅧ쪽과 567쪽 각주 75번을 보라.

2 『하이델베르크 교리문답』 질문 37을 보라.

16 | 본디오 빌라도에게

1 괴테의 『파우스트』 비극 제1부 '라이프치히 아우어바흐 지하 술집' 장면 2092행을 보라.

2 영국 BBC가 1941년 12월부터 1942년 10월까지 12회에 걸쳐 예수의 탄생에서 부활까지를 다룬 방송극. 이 방송극은 1943년 책으로 출판되었다.

3 독일 철학자이자 작가 요한 게오르크 하만Johann Georg Hamann, 1730-1788이 1778년 스위스 목사 요한 카스파르 라바터Johann Caspar Lavater, 1741-1801에게 쓴 편지에서 빌라도를 지칭한 말이다.

17 | 십자가에 못 박혀 죽으시고 장사되시고 음부에 내려가시다

1 요한 세바스티안 바흐Johann Sebastian Bach, 1685-1750가 1726년 예수 승천을 기념하여 작곡한 교회 칸타타BWV 43.

2 파울 게르하르트가 1653년 작사한 찬송 「내 하나님께 나 찬양하지 않을 수 없으리」Sollt ich meinem Gott nicht singen의 3절. 현재, 스위스 찬송가 724장과 725장, 독일 찬송가 325장.

18 | 제3일에 죽은 자 가운데서 다시 살아나시다

1 바르트의 『교회교의학』 4권KD IV 3.1 화해론 § 69.3의 '예수는 승리자이시다'Jesus ist Sieger!를 참조하라.

20 | 심판자 예수 그리스도의 미래

1 가장 유명한 독일어 성탄 노래 「오, 너 기쁜 성탄절이여!」O du fröhliche의 2절 가사. 작사자는 하인리히 홀츠슈어Heinrich Holzschuher, 1798-1847. 현 스위스 찬송가 409장, 독일 찬송가 44장.

2 칼 호이시Karl Heussi, 1877-1961: 독일 예나 대학교 교회사 교수1924-1953. 그의 『칼 호이시의 세계 교회사』*Kompendium der Kirchengeschichte*는 1907년 출간된 이래 18판1991을 거듭한 대표적인 교회사 책이다.

3 괴테가 1819년 발표한 『서동 시집』*West-Östlicher Divan*의 '시인 시편'Buch des Sängers 호부 첫 4행을 보라.

22 | 공동체 그 통일성, 거룩성, 보편성

1 남성 복수 santi(거룩한 사람들)와 중성 복수 sancta(거룩한 것들)의 소유격은 똑같이 sanctorum이어서 중성 2격인지 남성 2격인지는 문맥에 따라 판단할 수밖에 없다.

2 루돌프 좀1841-1971: 라이프치히 대학교의 교회법과 독일법 교수. 주요 저서: 『교회법』1권 1892, 2권 1923. 루돌프 좀이 주장하는 학설 가운데 하나는 "초대 공동체에는 교회법이 없다"는 것이다.

24 | 몸의 부활과 영원한 생명

1 마르틴 루터가 1456년 작사한 찬송 「삶의 한가운데에서 우리는」Mitten wir im Leben sind의 1절 첫 소절. 이는 루터가 11세기 라틴어 찬송 Media vita in morte sumus을 독일어로 번안한 것이다. 현재, 스위스 찬송가 648장, 독일 찬송가 518장.

2 괴테가 1815년경에 발표한 시 「상징」Symbolum의 6연 마지막 5행을 보라.

3 독일 시인이자 개신교 찬송 작곡자 게오르크 노이마르크Georg Neumark, 1621-1681가 1657년 작사한 찬송 「사랑의 하나님께 다스림을 받는 자만이」Wer nur den lieben Gott läßt walten 2절 끝부분. 현재, 스위스 찬송가 682장, 독일 찬송가 369장. 이 찬송의 가락은 『21세기 찬송가』 312장(「너 하나님께 이끌리어」)의 선율과 같다.

4 그 질문과 답은 다음과 같다. “질문: 그리스도의 승천은 우리에게 어떠한 유익을 줍니까? 답: 첫째, 그리스도는 하늘 곧 그의 아버지 앞에서 우리를 위하여 변호하고 계십니다. 둘째, 그리스도께서 하늘에 계시므로 우리의 육체도 하늘에 있습니다. 그것은 우리의 머리되신 그리스도께서 그의 지체인 우리를 하늘의 자신에게로 데려가실 것의 보증입니다. 셋째, 그에 대한 보증으로 그리스도께서 성령을 이 땅의 우리에게 보내십니다. 성령의 능력을 힘입어, 우리는 이 땅의 것들을 추구하는 것이 아니라 그리스도께서 하나님 우편에 앉아 계신 위의 것들로 우리의 목표를 삼게 됩니다.”